残障观察丛书

中国残障观察报告 2017

ANNUAL OBSERVATION REPORT ON DISABILITY 2017

解岩／主编

社会科学文献出版社
SOCIAL SCIENCES ACADEMIC PRESS (CHINA)

残障是人性的尺度

——解岩

目　录

自　序

2017 年初拿到《中国残障观察报告 2016》一书之际，萦绕我很久的困扰终于爆发。“残障观察丛书”第一部作品印刷出版用了近一年的时间，包括出版社、编辑和我在内的所有参与者都在一种莫名的力量的驱动下，伴随懵懂和这种困扰一步步向前迈进。

当这种困扰还没散去的时候，《中国残障观察报告 2017》（以下简称《报告》）的撰写已然来临，一开始我选择了躲避。

从 2014 年开始撰写年度报告，迄今已是第四个年头，每年十几万字的落笔过程，验证了写作是一场清心寡欲的修行。但我并没有因此得到身体和心灵上的解脱，反而各种枷锁和限制越来越多。身体上的疲惫是长期写作带来的必然后果，可这心理上的困扰，却怎么也摆脱不了。客观上，无法停下的行动的脚步和日常事务性的工作，使我没有集中、安静的写作时间，每每只能挑灯夜战。虽然出版社的老师一直在给予我温暖的鼓励，但这似乎接近常态化的写作竟令自诩勤奋的我萌生了某种惰性，更何况还有难以名状又如影随形的困扰搅动着我的内心，躲避也就自然而然地发生了。

可躲避终究不是解决问题的办法。当我再次拿出 2018 年 1 月就已经罗列完毕的《报告》的写作清单时，已经是 5 月底。躲避了 4 个多月，最终还是要面对。那么，我这是在躲避什么呢？我在躲避对自己的困扰，可这困扰又是什么呢？

为什么要有这份《报告》？在我的主观期待中，希望《报告》成为残障者的主体意识觉醒和残障权利意识启蒙的工具，特别是残障社群。那么，“主体意识”到底指什么？判断一个人或者一群人有没有“主体意识”的标准是什么？就算残障社群的“主体意识”觉醒了，有何现实意义和价值，或者即刻能得到什么实惠？等等，这些问题，我知道是需要向读者或者影响的对象说明的，但我说不清楚，或者没有系统性地阐述过自己的看法。我只是以自身的行动为基础，一味地记录、思考、写作、出书，以为这些努力会唤醒残障社群的“主体意识”，每年这样的知识生产过程是不是我的一厢情愿，我困扰着。

对于《报告》，我又是谁？我是主编和主笔，没错，这不用解释。但在社会建构或意识形态中，我是残障者，是受益者；在残障社群运动中，我是残障 DPO 的领导者，是社群倡导者；而在这类出版物中，我似乎应该是个研究者。作为受益者的时候，我时刻谨防，无论我是从哪里来、怎么来、来做什么，我就是残障者，天然的弱势群体，你们必须正视我，善待我，我这么写是为了残障社群好。作为倡导者的时候，我时刻保持清醒，无论谁把我当作社群领导者，当作社群的代言人，当作为残障发声的被神化后的领导者，我不需要一个标签去丰富我的实践，而是需要一个去标签化的状态。作为研究者的时候，我时刻提醒自己，无论我做何种观察和记录，不要失去自身的“主体性”和“文化自觉”，不要被既有观念利用，被现实的利益融化，最终反倒固化已经十分严重的刻板印象和社群现实。我到底是谁呢？我困扰着。

我能否支撑起《报告》？虽然在 2016 年度的报告中，残障观察 CDO 这样一群人已经开始为中国残障观察报告的思想和文字贡献力量，但这是我的主要职责，每年大部分文字自然出自我之手，在吸收集体的营养后，能否原样呈现，这是我对自己产生怀疑的一个方面。另外，从书名看，“残障”这一异质性极高的群体，如此庞杂，每年我对谁观察，要不要分类，该怎么分类，是仅以残障类别进行分类，还是以议题进行分类，彼此间应如何组合才能使论述更为条理，不会顾此失彼，从而使读者可以从更多的角度去了解残障社群当下的真实状况。书名中“观察”二字所代表的研究方法是什么，是“无预设研究法”还是“拼图研究法”，在事先没有假设，甚至没有研究题目和结构，只是把每年发生的事实提炼出很多“小组合”，再把它们拼成“大组合”，但这样做的后果是碎片化的，难以集中，我困扰着。

《报告》的效果会不会适得其反？我的预期不再多言。而我大胆运用评论形式的写作手法，包括现实罗列、问题提出、监督评论、倡导呼吁等。为残障社群的权利鼓呼，理所应当，但我对具体问题所进行的描述和分析，没有定量研究，所做的描述和分析又带有局限性。即使我尽可能多地了解问题发生的内在逻辑，我的描述和分析依然会非常空泛，大多数情况下还不能给出明确的意见和建议，那么势必造成一些“就我明白”“负能量太多，不利于团结”“只批评不建议等于没事找事”等印象，由此引起社群、同行、研究者、政策制定者等的反感，本来的期望成为距离产生的原因，我也掉进了“政治正确但对方就是不改”的怪圈，我困扰着。

除以上基于《报告》所产生的困扰之外，基于我个人产生的困扰也不少。

我的学识困扰着我。我认为我是刻苦的，哪怕这种刻苦的动力仅限于完成每年的残障观察报告，但我仍然要不断学习，因为一旦停止学习，别人眼里的残障 DPO 的水平就是这么差，现实社会中残障社群被矮化或“被励志”得无所不能的形象，不自然地就跳出来了。我当然不怕这样的贬损，或者说我在正视这样的欲望，不然也不会在这里写出来。

我的所见困扰着我。《报告》的内容除了靠日常的积累，还靠我们展开的项目和活动中的收获。如果没有这些所见，我的眼界一定会变窄。但边做边观察边思考，着实艰难，精力也在分散。说到底，就是没钱的时候我还会思考吗？可有钱就一定会思考吗？

我的人情困扰着我。越深入问题的核心，越能推动现实的改变，越能触及一些人的利益和人性。这些人又都是各行业里的熟人、朋友，甚至是资助者，而他们彼此之间的关系，以及这些关系与我之间又会产生千丝万缕的联结。关系的平衡、问题的提出、行业的发展最终落到人情上，剪不断理还乱。但《报告》要忠于现实，这活儿自然也是我干。

我不想再肆意放纵我的困扰，但我明确，这些困扰还在持续增加和变化。因为当我带着这些困扰上路，继续开始 2017 年度报告的撰写时，困扰中的疑惑和问题，有的清晰了许多，有的依然混沌，有的似是而非，有的虚情假意。我不需要去摆脱困扰，它会始终伴随我，我更应该感谢它时刻在我身边，与它相处并记录下它的变化，建立起亲密的关系。

如今，写完 2017 年度报告，我更喜欢和享受这场与困扰的恋爱。于是，我“春心”萌动又迫不及待地告诉你这其中的经历。

对比 2016 年度的报告结构，2017 年报告在结构上最大的变化是将“权利事件”从“监测分析”中分离出来，独立成章。如此安排，一方面得益于 2017 年度的“权利事件”新增“心智障碍十大权利事件”，内容更加丰富，覆盖面更加广泛。另一方面，2016 年度报告将“权利事件”放在第一部分“监测分析”中，除造成该部分与其他章节在文章结构上产生混乱之外，其以“事件”为主的内容也与“监测分析”其他章节的主旨不同。现在将其分离出来，也有效仿和遵循联合国《残疾人权利公约》（以下简称《公约》）第八条提高认识之意。同时，蔡聪从 2013 年开始主持“权利事件”的评选，如此终于也有了一个固定的“家”。

对比 2016 年度的报告内容，2017 年度报告在内容方面更加明确“行动研究”的部分，将以某一具体权利为主题，收集民间的研究报告，以备未来参考使用。做此安排的主旨，即达成未来的行动研究，基于《公约》第十条至第三十三条之具体权利的章节布置和命题，使民间研究的目标得以明确和集中。2017 年度报告，率先选取《公约》第二十四条教育之融合教育作为该部分的主题。在此，我诚挚地感谢全国心智障碍者家长组织联盟理事长戴榕女士、北京市晓更助残基金会理事长李红女士的鼎力支持，她们所贡献的《适龄残障儿童入学状况在线调研报告》、家长组织发展的相关行业报告及基于融合教育的全国两会提案等，不仅坚定了我们在“行动研究”部分做此安排的决心，更是代表心智障碍领域对《报告》及残障领域行业发展的支持。

除以上两大发展变化之外，2017 年度报告呈现几大看点，供各位参考。

第一，梳理发展历史。分析现实状况无法忽视历史发展的脉络，但遗憾的是，我就某一个主题所做的历史事件梳理很是欠缺，对其理解、分析会有失偏颇。于是，借“关联词”做相关整理，以此呈现更为完整的议题走势。

第二，整理民间事件。以“一加一”这一残障 DPO 所发起、创立的民间事件为例，通过对其整理，梳理出中国民间残障领域自 2006 年进入《公约》时代之后的行动逻辑和行业发展脉络。

第三，复盘趋势猜想。以 2014~2015 年报告的趋势猜想为基础，对其进行回顾和反思、复盘和检验、效果评价、原因分析，以期为未来的行业发展提供参考、指导。

以上 2017 年度报告的变化和安排，仅仅是基于对以往的实践所做的判断和选择，至于是否妥当，有待读者和同人予以评判。衷心希望得到大家的批评和指正，以使《报告》更臻于完善。

最后，为 2017 年度报告的撰写贡献智慧和行动的各位老师，崔凤鸣、马志莹、丁雨婷、李学会、马腾、李冰，必须感谢但不多言，我知道你们已经给我太多的鼓励和支持。更要感谢的是和我常年一起工作的伙伴、战友、兄弟蔡聪，分担了很多日常的工作以保障我充足的写作时间。

每每至此，内心总是不舍，想有更多的吐露。然，此情若是长久时，又岂在朝朝暮暮。在想该如何收尾之时，随意翻看去年的文字，忽然发现此刻的心境如同那时，故不再犹豫，结尾部分稍做修改，以表归零之意。

观察、记录、思考是自我发展的方式，也是参与外部环境发展变化的行动，我们扇动翅膀不是期许风暴，而是为生命奔跑。在记录和分享心路历程的过程中，我们遇见与我们同呼吸共命运的思考者、呼吸者、奔跑者……

那么，就让我们一起感谢为《报告》供稿的所有作者，感谢那些在 2017 年度为中国残障领域发展进行实践的人。无论对错，也没有对错；是否刺痛，也无所谓刺痛；或许改变，也不止于改变。“改变，不只是我”，是我们的口号，也是《报告》的践行诺言。“残障是人性的尺度”，是我们的警示语，也是《报告》的精髓。下一年，我会一如既往地在此等候！

当下别过，明年再见！

解　岩

第一部分

2017中国残障年度监测分析

残障作为一个领域，其深度、广度和容量，足以延伸至社会中各个行业和部门；其影响、推动和改变，足以触及社会各个阶层。这不是夸大其词，而是一个现实的结果。即使当下的公众认知，对残障所涉及的从业机构和人员，以及残障所影响的人群还没有普遍觉醒和认同，但残障议题作为一个跨领域和多领域的趋势和事实已经势不可当、如期到来。此时的DPO，以年度为单元进行监测分析，观察、思考和记录中国残障领域的点滴。

第一章　年度关联词

作为独立的观察者，笔者截取完整的自然年即 2017 年 1 月至 12 月，然后仔细搜集、反复咀嚼、审慎梳理，以中国社会发展进程中的 2017 年为时间背景，选择和确定基于残障的、非民间和国际的，与中国经济、社会、文化发展直接相关的，由中国残联代表中国政府实施的词语，并以“关联词”命名之，借此记录和呈现承前启后、上传下达、左挈右提的工作脉络与联结，试图勾勒和阐释出一副现实版的中国残障领域形象。

干部培养

文 / 解岩

中国延安干部学院和中国浦东干部学院作为国家级干部培训基地，为中国培养了大批精英领导干部。2017 年，两所干部学院相继迎来全国残联系统中青年干部培训班，其规模之大、规格之高是近年来所不多见的。

关于全国及各级残联系统中的残障干部比例，在 2013 年中共中央组织部等七部门《关于促进残疾人按比例就业的意见》（残联发〔2013〕11 号）中就有相关的规定：到 2020 年，所有省级党政机关、地市级残工委主要成员单位至少安排 1 名残疾人；各级残联机关干部队伍中都要有一定数量的残疾人干部，其中省级残联机关干部队伍中残疾人干部的比例应达到 15% 以上。追溯更早的文件，1996 年《中国残疾人事业“九五”计划纲要（1996 年 ~2000 年）》实施方案中明确规定：省级残联正副理事长中要有残疾人；机关干部中残疾人比例不低于 10%；市、县残联工作人员中有残疾人。

从 10% 到 15%，呈现了比例上的绝对增长，2017 年的这两期培训引起我们更大的好奇和关注。让我们先来梳理一下这两期培训所处的发展阶段。

首先，不可否认，最近几年中国政府在促进残障者高等融合教育和就业方面的政策、举措和力度都是空前的，使残障者在就业和社会发展的机会和空间增加。随之而来的变化是，残障者，尤其是具备一定学历的残障者，在就业市场炙手可热。从企业端而言，残疾人就业保障金制度的变化带给企业现实的利益驱动和改变，使他们更有意愿雇用残障员工。同时，跨国企业在中国的实践，增强了中国国有和民营企业雇用残障者的信心和意愿。但就残障者而言，他们经过长期隔离式的特殊教育，即便通过单考、单招获得接受大学教育的机会，一旦进入社会就业市场，长期积累的差距便会被集中放大，残障员工工作能力与企业用人标准很难匹配。自身能力跟不上的同时，更加剧了残障员工数量上的供给不足。缺人，这几乎成了当下残障用工市场上的“通病”。

其次，通过公务员考试进入政府公务员队伍也是残障者就业的选择之一，但同样存在缺人的现实问题。当然，必须指出的是，虽然现阶段有出台相关政策，促进各级党政机关录用残障公务员，但实际的录用情况和趋势是以轻度肢体残障者为主要被录用者，以残联为主要录用单位。相对广大残障者而言，工作机会少之又少不说，工作单位依旧离不开自己的“娘家”——残联。

最后，套用一句话描述：“外面的人想进去，里面的人正在流失。”从 1981 年北京青年病残俱乐部成立开始，各地病残青年俱乐部的残障青年领导，随着 1988 年中国残联的成立，大多被所在地残联吸收，成为残联的干部。时至今日，当年的姑娘、小伙子纷纷到了退休年龄，或离开残联的工作岗位，或退居二线，或进入各级残联的事业单位。而这期间，“70 后”和“85 后”的中青年残障者人数，在各级残联人员迅速扩张的同时，更显得微不足道。断档成为当下残联系统普遍存在的问题。即便是这些老一代和中青代的残障者，观察他们在各级残联的职务分布，多出现在各级理事会、组联部、研究室、维权部以及各驻会的各类专门协会，均为与残障者联络居多的部门，而其他业务部门鲜有出现。那么，即便是在残联系统发展的残障者，其职业生涯中的“玻璃天花板”，看不见的歧视，一样带给他们困惑和无奈，更带给中青年残障者无法磨灭的影响和阴影。

以上三点不足以全面解释残联系统里残障干部数量少这一状况，但至少为残障者的就业之路，尤其是在残联系统的发展前景勾画出一个基本的轮廓。这也是为什么我们会对 2017 年两次全国性的中青年残障干部比例占大多数的培训产生如此巨大的好奇和兴趣，并对这两次培训的背后充满关注和期待。

我们关注，这些中青年残障干部在残联系统的职业发展空间是如同他们的前辈循环往复，还是有所突破；我们关注，这些没有经过类似病残青年俱乐部这样的民间残障运动洗礼的中青年残障干部是在新时代依旧坚守以残障者为本的理念，还是在随波逐流中迷失自己；我们关注，这些中青年残障干部在残联系统里及政府部门间的合作中，能否像一名共产党员或作为人民公仆的公务员那样尽职尽责，代表残障社群在政府系统中发挥中流砥柱的作用。

2017 年，我们选取“干部培养”作为年度关联词，它将关联和关系到残障社群的未来，乃至更为长远和深远的意义和改变。所以，我们把关注变为期待，始终不渝的期待！

研讨无障碍

文 / 解岩

又是“无障碍”，又见“无障碍”。2016 年的《中国残障观察报告》关联词部分，我们选择了“无障碍落实”。落实，这是过去我们殷切的期待。时间来到 2017 年，还是当下不得不说的“无障碍”。我们发现“研讨”一词成为今年的主旋律。

盲人聋人信息无障碍需求咨询对接研讨会、北京按摩医院扩建项目无障碍通用设计研讨会、《导盲犬》国家标准编制研讨会、《北京 2022 年冬奥会和冬残奥会无障碍指南》课题研究专家论证会、北京新机场无障碍通用设计建设研讨会、《残疾人航空运输管理评定标准》征求意见座谈会、“融合 通用 共享”国家无障碍卫生间设施设备配套标准导则研讨会、多层工业厂房无障碍指南编制启动等以“无障碍”为主题，各种物理场景下的研讨会络绎不绝。

“无障碍”不仅是因为相关的工作会议多、研讨多、标准多，也不仅是因为“无障碍”的话题官方和民间都在说，更不仅是因为联合国《残疾人权利公约》第九条无障碍的内容推进国内改变才说；再说“无障碍”，是因为在梳理中国无障碍发展历史的过程中，我们发现国内无障碍发展的历史，甚至比中国残联成立的时间还长、重大的历史节点还多。于是，好奇和不解持续激荡着我们的内心，想要仔细研讨一下“无障碍”。

1974 年联合国首次提出“无障碍设计”的概念，在召开的城镇无障碍环境设计专家会议报告中提出:“我们所要建立的城市，就是健全人、病人、孩子、老年人、残疾人等，没有任何不方便和障碍，能够共同自由地生活与行动的城市。”1979 年，联合国提出无障碍设计指导大纲，被纳入国际标准化（ISO/TC59/WG1）宣言中。

中国无障碍的发展按照时间顺序和事件的进程如下。

1985 年 3 月，在残疾人与社会环境研讨会上，中国残疾人福利基金会、北京市残疾人协会、北京市建筑设计院联合发出了“为残疾人创造便利的生活环境”的倡议。北京市政府决定将西单至西四等四条街道作为无障碍改造试点。1985 年 4 月，在六届全国人大三次会议和全国政协六届三次会议上，部分人大代表、政协委员提出在建筑设计规范和市政设计规范中考虑残疾人需要的特殊设置的建议。

1986 年 7 月，建设部、民政部、中国残疾人福利基金会共同编制了我国第一部《方便残疾人使用的城市道路和建筑物设计规范（试行）》。

1988 年 9 月 20 日，建设部、民政部、中国残联联合发出《关于发布专业标准〈方便残疾人使用的城市道路和建筑物设计规范〉的通知》（〔88〕建标字第 204 号），并于 1989 年 4 月 1 日颁布实施。

1990 年 12 月全国人大常委会颁布的《中华人民共和国残疾人保障法》规定:“国家和社会逐步实行方便残疾人的城市道路和建筑物设计规范，采取无障碍措施。”国务院批准执行的中国残疾人事业五年工作纲要（1988~1992），以及“八五”“九五”“十五”计划纲要，也都规定了建设无障碍设施的任务与措施。

1998 年 4 月，建设部发出《关于做好城市无障碍设施建设的通知》（建规〔1998〕93 号），主要内容是有关部门应加强城市道路、大型公共建筑、居住区等建设的无障碍规划、设计审查和批后管理、监督。1998 年 6 月，建设部、民政部、中国残联联合发布关于贯彻实施《方便残疾人使用的城市道路和建筑物设计规范的若干补充规定的通知》（建标〔1998〕177 号），主要内容是切实有效加强工程审批管理，严格把好工程验收关，公共建筑和公共设施的入口、室内，新建和在建高层住宅，新建道路和立体交叉中的人行道，各道路路口、单位门口，人行天桥和人行地道，居住小区等均应进行有关无障碍设计。

2001 年，中国建筑科学研究院、民政部、中国残联联合编制《城市道路和建筑物无障碍设计规范》(JGJ 50-2001)，同年 8 月 1 日起正式实施。

2006 年起，建设部、民政部、中国残联、全国老龄办在全国 100 个城市部署开展创建全国无障碍建设城市工作。

2008 年，北京残奥会召开，城市和场馆无障碍的改造和建设全面开展。

2012 年 6 月 28 日，国务院发布《无障碍环境建设条例》，同年 8 月 1 日起施行。

2012 年，住房和城乡建设部批准发布了新的国家标准——《无障碍设计规范 (GB50763-2012)》，并于 9 月 1 日起正式实施。

2015 年 7 月 31 日，北京获得 2022 年冬奥会及冬残奥会主办权。

……

回顾历史，如果说过去我们总是强调受困于经济发展，无障碍建设只是可有可无、可多可少、可大可小、锦上添花的事情，我们尚可理解。

反思现在，假如再以经济为挡箭牌和理由，忽视和不落实无障碍建设，着实无法让人接受。并且这些年无障碍建设已经有一定的标准、实践和认知积累过程，此刻的研讨，坐而论道不如扎根于现实，以更积极、负责任和扎实的工作实现无障碍设计和践行无障碍理念。

展望未来，纸面无障碍、会议室内无障碍、口号无障碍等，都不如行动无障碍、执行无障碍、权责无障碍。一句话，人的观念无障碍。

几十年过去，如果无障碍还只是研讨，一个个工程的逐一研讨；如果无障碍还只是等待下一个历史事件的推动，比如 2022 年北京冬残奥会；如果无障碍还只是在标准上不断增加和修订；如果无障碍还只是靠一个个残障者在各种场合下的哭诉和祈求，等待施舍；如果无障碍还只是停留在节日化的宣传、宣讲中，那么我们将很难等到实质性的变化。

2017 年，我们依然选择“无障碍”为关联词，并在前面加上“研讨”二字，这不是真研讨，是真批评。“无障碍”后加上“制度”二字，这是我们未来的期待！

主席落选

文 / 解岩

梳理回顾每一年中国残障领域在国际社会的合作交流与事件，一条脉络和趋势越来越清晰地展现出来，即中国正在积极谋划、努力开创残障领域国际交流合作新局面，争取在国际残障事务中有更大的作为。这其中的代表人物，中国残联主席张海迪当仁不让。

自 2014 年第一份年度《中国残障观察报告》开始，张海迪便成为其中最浓重的一笔，不仅仅是因为中国残联主席这一领袖身份，更为重要的是她作为领袖的一言一行所反映的政策信息和发展动向，以此把握、揭示和对照中国特色残障事业对中国和国际残障社群，以及中国社会乃至全世界所做出的贡献。

2017 年，张海迪的一次竞选和两次采访，其背后所传递出的信息尤为引人关注。

当地时间 6 月 19 日，总部设在德国波恩的国际残奥委会宣布，中国残联主席、北京冬奥组委执行主席、中国残奥委会主席张海迪获得提名，将作为候选人之一与来自加拿大、巴西、丹麦的另外三名候选人共同角逐国际残奥委会主席。

当地时间 9 月 6 日，参加竞选国际残奥委会新一届主席和执委的中国残奥委会主席、中国残联主席张海迪，在阿拉伯联合酋长国阿布扎比举行的 2017 年国际残奥委会大会上发表竞选演讲。9 月 8 日，大会选举产生新一届主席、副主席和执委会。中国残奥委会提名的主席候选人张海迪在四名候选人中得票数位居第二，来自巴西的候选人安德鲁·帕森斯当选。张海迪落选国际残奥会主席。

从 2014 年当选康复国际的主席，到 2016 年正式出任，张海迪走上国际残障事务的舞台，是在中国国力增强之后全方位走入国际社会的背景下，通过各方的努力逐渐达成的。中国残障事业的优势，在张海迪竞选国际残奥会主席的主张中可见："让更多的人凝聚在国际残奥委会的旗帜下；办好残奥会，让它公平公正，纯洁干净；解决资金问题，让赞助商为能够赞助残奥会感到骄傲；为国际残奥委会创造最卓越的品牌，让残奥遗产成为历史和文化的财富；设立残奥文学艺术奖，让残奥精神像火炬一样传递下去；加强与国际奥委会、国际单项体育组织和其他国际体育组织的密切联系，促进体育更多地造福世界。"

关于本次落选，仔细思考后我认为既在意料之外，又在情理之中。本次竞选，不仅有 2008 年北京残奥会成功举办的先例，还有中国政府的支持和强大的经济实力做后盾，落选的确出乎意料。然而，作为代表中国的残奥会主席，同时又是另一家国际机构，即康复国际的主席，再去竞选国际残奥会的主席，这里会不会有利益冲突的考量？目前，我们暂且没有渠道获得完整的国际残奥委会的竞选规则去证实这一猜想，但可以肯定的是，类似这种国与国之间的角力背后，不仅是经济实力，还包括意识形态、地区间利益平衡等多种因素的干扰。正如 1990 年中国第一次提出申办 2000 年第 27 届奥运会。1993 年 9 月 23 日，在蒙特卡洛，北京以 2 票之差落败于悉尼，北京与 2000 年奥运会举办权擦肩而过。本次落选，也可以接受。

但是，我们把时间回溯到 2014 年前后，那时候中国已经开始筹备 2022 年冬奥运会及冬残奥会的申办工作，我们也已知新一届的国际残奥会主席会在 2017 年换届，而那时张海迪刚好当选康复国际的主席，并且到 2016 年才能上任。假如配合中国走向国际社会的战略，那么当选国际残奥会的主席显然要比行业内的国际机构主席所获得的国际和社会影响力大。即便是去竞选康复国际的主席，实施海外援助等战略，国内还有其他残障领袖可以去竞选，而不一定是张海迪。由此，我们大胆假设和判断，至少在过去的几年中，中国残联在国际交流与合作的战略上举棋不定。

我们得出这个结论，除了竞选之外，张海迪的两次媒体发声，一是 2017 年 4 月 22 日在《人民日报》07 版撰文《努力为国际残疾人事务提供中国方案》，二是同年 8 月接受英国广播公司（BBC）专访，也从侧面反映出中国残障事务在与国际社会交流中所遇到的理念冲击。

在《人民日报》的撰文中，我们了解了中国残障事业的发展历程、大国的责任、领袖的担当等。但同时，我们也发现了类似“残疾不是哪一个人的痛苦，而是人类的痛苦”的语句。这样的叙述，是我们最不愿意看到的，与联合国《残疾人权利公约》精神不相符的。如果说这只是接受国内媒体采访那也罢了，而当张海迪接受 BBC 采访时，谈及残奥运动最卓越的成就是什么时，其回答仅仅停留在体育层面，“对于残奥运动来说，重要的是要实现激励你我、无处不在。我们并不是为了金牌而工作，而是为了让更多的残疾人广泛参与残奥运动。许许多多的残疾人一起参与体育，这是非常重要的。毫无疑问，中国获得了最多的金牌，但是我真正为之高兴的，是越来越多的残疾人广泛参与到了残奥运动中。所以，我认为广泛的参与对残奥运动至关重要”。而早在 2008 年北京残奥会前，类似的问题，中国残联荣誉主席邓朴方先生在《求是》杂志上撰文写道：开展残疾人体育运动，一是康复治疗、强身健体，二是突破局限和障碍，三是融入社会，四是影响和改变社会。

我们呈现对同一问题的不同理解，不是为了对比，而是为了真实地反映当下国内对残障理念理解的现状。2017 年，我们基于“主席落选”这一事实，结合国内外的两个媒体采访，对残障理念的不同理解做了感性解读，以期带给大家不同的思考和视角。此外，中国残障事务的海外战略未来会怎样，时间告诉你答案!

申领残疾人证

文 / 解岩

自 1995 年第一代中华人民共和国残疾人证统一制发以来，到 2009 年 12 月 31 日第一代残疾人证换发第二代残疾人证完毕，再到 2014 年 11 月 28 日中国残联新一代智能化残疾人证在北京发放，最后到 2017 年 5 月 27 日中国残联、国家卫生计生委联合印发新修订的《中华人民共和国残疾人证管理办法》(以下简称《管理办法》)，残疾人证经历了一波又一波的改革。身份证大小的残疾人证，记录着每一名残障者的真实信息，其背后也承载着中国残障事业发展的进程和迷局。

比对第二代与第一代残疾人证，二代证在分类分级、评定标准、证件编码、操作方法等方面有明显不同。第二代残疾人证的核定残疾种类，由原先的六类变为视力残疾、听力残疾、言语残疾、智力残疾、肢体残疾、精神残疾和多重残疾七类，盲人使用红色残疾证，其他则为绿色残疾证，自闭症 / 孤独症被列入精神残疾。第二代残疾人证采用全国统一编码，由 18 位身份证号加 1 位残疾类别代码和 1 位残疾人等级代码组成，并采用防伪水印，残疾人证一律用计算机打印。还有一些隐性的变化，比如第二代残疾人证统一录入电脑，评定标准更加细化等。在 2017 年的《管理办法》中，我们发现除了下放审批权限、简化审批流程、厘清审批权责、科学管理等变化之外，仅就残疾人证的材质方面而言，并没有新的改变。2014 年试点的智能化残疾人证去哪儿了?

从中国残联信息中心公开的信息中，我们梳理一下新一代智能化残疾人证的出炉过程。

中国残联按照统一身份编号、统一标识设计、统一基础信息、统一服务功能、统一密钥体系、统一卡片选型、统一证卡管理的原则，起草完成《新一代智能化残疾人证密钥管理系统技术方案》，并报请国家密码管理局进行审定论证。2014 年 9 月 9 日，国家密码管理局组织国内相关领域的专家对中国残联《新一代智能化残疾人证密钥管理系统技术方案》进行论证。经专家讨论，认为《新一代智能化残疾人证密钥管理系统技术方案》设计合理，结构清晰，可满足新一代智能化残疾人证建设需求，一致同意通过方案。

2014 年 9 月 23 日，新一代智能化残疾人证试点工作专题会召开。会议认为，建设以智能化残疾人证为基础的新型服务体系，是中国残联加快信息化建设、为残疾人提供精细化服务的迫切要求，是让残疾人实实在在地享受社会基本公共服务的有效载体。要统筹考虑经济发达地区与边远落后地区的不同情况，在总结试点经验基础上稳步推开。

2014 年 11 月 14 日，智能化残疾人证试点密钥生成专题会召开。会议认为，智能化残疾人证工作要在“十三五”期间（2016~2020）从试点起步，由大中城市逐步推进。作为智能化残疾人证的核心内容，密钥的生成为建立严谨、安全的密钥系统提供了重要支撑。

2014 年 11 月 28 日，中国残联新一代智能化残疾人证在北京发放。

2015 年 10 月 21 日，新一代智能化残疾人证试点工作现场研讨会召开。会议介绍了新一代智能化残疾人证北京试点工作的总体情况；各省份残联领导就本省份开展智能化残疾人证试点工作相关问题进行了研讨。

之后，每年的全国动态更新办及专家指导委员会联席会议，以及一些试点城市的调研中提及了智能化残疾人证。最新的信息在《2017 年中国残疾人事业发展统计公报》（残联发〔2018〕24 号）中进一步明确：“积极推动残疾人证（智能化）工作，全国共有 21 个省申请智能化残疾人证试点。完成浙江省杭州、宁波市与江苏省苏州市两省三市先行发卡。同时开展残疾证电子证照建设，为“互联网 + 残疾人服务”应用奠定技术基础。”

虽然从 2014 年甚至更早就开始筹备智能化残疾人证，然而从《管理办法》和最近中国残联及各地残联的工作发现，方向并不明朗。智能化残疾人证从芯片、密钥等技术本身而言，并不神秘，已在身份证、社保卡，甚至各大银行的卡业务等诸多领域的应用中得到实践。中国残联的研讨进程也证实，技术层面的问题基本在 2014 年前后就已得以解决。但结合 2014 年底开始在北京试点的观察，我们发现中国残联推行智能化残疾人证的过程引发了一些有挑战的思考。

智能化残疾人证从现有的试点城市所展现的功能，包括身份识别、业务管理、社会服务、金融应用。

身份识别，作为残疾人证的基本功能，即便是第一代、第二代残疾人证也有此项作用。

业务管理，在目前的应用中，主要是各项政策补贴、福利补贴的认定和发放。但该项功能在北京的试点中，经历了从残联发放改为民政部门发放的变化。的确，政府部门的职责划分，民政部门承担着社会福利和保障的工作，残障者作为弱势群体，其各项补贴的发放，在各级政府的财政预算归口是一致的，但最终由谁发放只是职能划分有差异而已。在政府部门的职责划分中，民政部门承担着社会福利和保障的工作。从管理角度来分析，由民政部门发放更便于动态掌握发放的数额和效果监测，以便进一步制定相关政策。当然，现在的规定是由各级残联发放。

社会服务，包括可享受政府提供的各项公共服务，比如免费乘公交、进公园等。但这些功能，第一代、第二代残疾人证同样可以实现。同时该项功能与身份识别产生部分重叠，身份识别是接受服务的前提。至于社会服务的具体事项和内容，会受到该项公共服务中对残障定义的影响。

金融应用，是未来扩展性和想象力最丰富的应用。假如我们把辅具补贴的发放，归为金融应用而非业务管理，那么，智能化残疾人证可以说相当于一张银行卡，辅具从采购到补贴返还或直接代扣，直接通过银行卡业务操作，不需要再经过基层部门的层层转交，领取变得方便快捷。我们更为大胆地假设一下，目前残障者很难办理各类银行贷款，如果该项金融服务的功能能够实现，如贷款资质的审批和发放，将极大地降低残障者被拒的风险。

经过以上分析，在我们当下的认知基础上对智能化残疾人证的功能进行总结，身份识别是手段，社会保障（业务管理）是基础，社会服务是目标，金融应用是增值。智能化残疾人证是残障者享有社会保障、融 入社会生活的媒介。再结合国外的实践，那么，现有的社会保障卡是不是可以通过不同颜色的识别满足上述功能呢？也就是说，要不要再单独配置智能化残疾人证呢？智能化，不仅是为了防止伪造证件，还有利于各项政策实施的无障碍和畅通。由此，我们甚至更加大胆地提出，是否可以直接在居民身份证上做特殊标识呢？

理想是丰满的，现实是骨感的。回到现实，我们暂且认定要有智能化残疾人证，那么，我们就要先回答智能化残疾人证究竟由谁发？残疾人证由残联发，这合情合理。但是，通过我们的分析发现，发证的目的不仅仅是评鉴残疾类别和等级，确定残障人口数量，更多的是以证为基础的应用，其背后是整个社会保障和社会支持服务体系。

我们意识到纠结由谁发证的问题是残联的定位。如果现有残联的各项业务都回归到各级政府部门，“代表、服务、管理”残联的三大职能，就会只保留“代表”一项。那时，“证”就真只是一个身份的识别。

智能化残疾人证所引发的思考还有很多，如中国残联的大数据建设和动态更新工作的关系，是否有必要开展第三次全国残疾人人口抽样调查，以及调查的难点、谁来调查等。正当笔者撰写此文的时候，2018 年国务院机构改革的方案出炉，国家卫生计生委不再保留，职能划归到国家卫生健康委员会。而 2017 年刚刚实施的《管理办法》，其中一个主责单位即国家卫生计生委。

2017 年，命运叵测的残疾人证，未来将考验中国政府和中国残联的勇气和智慧。但不能考验和等待的是中国残障者的福祉，一个都不能少！

寻找残疾人专职委员

文 / 解岩

2017 年，首届全国残疾人专职委员知识竞赛在辽宁省大连市举办。残疾人专职委员这一公益性岗位终于有了全国性的、集体的亮相机会。江苏代表队荣获本届比赛的冠军。笔者作为江苏赛区初赛阶段的嘉宾，亲身经历“残疾人专职委员”的洗礼。

2017 年，中国残联已成立近三十年（1988 年成立）。同为残障者的我，一直在等待时机就残疾人专职委员的现状进行记录、观察和思考。于是，今年我们选择残疾人专职委员作为关联词，并以动词“寻找”进行修饰。

残疾人专职委员，是指在乡（镇、街道）残联和村（社区）残协，通过购买公益性岗位或协商推举方式选聘产生的，专职协助残联理事长或残协主席开展残疾人工作的残疾人委员。选聘残疾人专职委员是近年来加强基层残疾人组织建设、夯实基层工作力量的一项举措。目前，全国 60 多万的专职委员（绝大部分是残障者）与全国各级残联组织 10 多万专职工作者（绝大多数是非残障者），共同构成残联的组织体系。

要梳理残疾人专职委员的发展历程，首先要梳理我国残联的组织建设发展历程，以此为背景，而后才好开展分析。根据掌握的资料，从时间上大致可以分为以下五个重要时间段。

1. 新中国成立后至“文革”期间

1953 年，经人民政府批准成立中国盲人福利会。

1956 年，成立中国聋人福利会。

1960 年，召开全国盲人聋哑人第一届代表会议，将前述两会合并，成立中国盲人聋哑人协会。

“文革”期间，工作陷入停顿。

2.“文革”后至 1988 年中国残联成立

1978 年，中国盲人聋哑人协会恢复活动。

1984 年 3 月，中国残疾人福利基金会成立。

1986 年 7 月，联合国“残疾人十年”（1983 ~ 1992）中国组织委员会成立。

1987 年 4 月，进行了全国第一次残疾人抽样调查。

1987 年 12 月，国务院批准组建中国残疾人联合会，明确中国残联是半官方半民间的事业团体，与国务院和各省、自治区、直辖市建立业务关系，并要求地方按照此精神建立各级残疾人联合会。

1988 年 3 月 11 日，中国残联成立，在北京首次召开全国代表大会，审议通过了《中国残疾人联合会章程》，确定了各专门协会领导机构和人选，确定了地方残联组建的指导原则、体制序列和组织制度。

3. 1988~1993 年

1988 年 9 月，经国务院批准颁布实施《中国残疾人事业五年工作纲要》。

1990 年 12 月，全国人大常委会审议通过《中华人民共和国残疾人保障法》。

1991 年 12 月，国务院批准颁布《中国残疾人事业“八五”计划纲要》及其 16 个实施方案。

1993 年 9 月，国务院批准成立由 32 个部委负责人组成的国务院残疾人工作协调委员会。

到 1993 年底，我国残联组织体系基本形成。

4. 1994~2006 年

1995 年，在国家党政机关机构改革中，中央明确了中国残联由国务院直接领导，不再由民政部代管，增加了内设机构和人员编制，提出了“进一步加强残疾人工作与残联建设”的要求，大力推进地方各级残联的组织建设。

2002 年，中央在新一轮机构改革中，重新审定了中国残联及地方各级残联机关的三定（机构主要职责、内设机构和人员编制）方案。

2005 年，国务院残工委下发《关于进一步加强基层残疾人组织建设的意见》（残工委〔2005〕4 号）。同年在成都召开全国基层残疾人组织建设工作会议，推广成都市“量体裁衣”式个性化服务理念，提出要建立健全县、乡、村三级组织网络，完善“机构健全规范、队伍稳定实干、服务功能完善”三个要素。

2006 年，在《中华人民共和国公务员法》实施期间，中央组织部、人事部印发《工会、共青团、妇联等人民团体和群众团体机关参照〈中华人民共和国公务员法〉管理的意见》（组通字〔2006〕28 号），明确残联归口人民团体，参照《中华人民共和国公务员法》管理，进一步加强了残联的组织机构建设和干部队伍建设。

5. 2006 年后

2007 年 3 月 30 日在纽约联合国总部，中国常驻联合国代表王光亚代表中国在《残疾人权利公约》上签字。

2008 年 6 月 26 日，全国人大常委会批准加入联合国《残疾人权利公约》。中国残联进入公约时代。

在以上残联组织建设发展的背景下，我们再来梳理基础残障人组织建设的发展轨迹。

2003年，中国残联和民政部在济南市召开全国社区残疾人工作现场会，推广了济南市“情系我的兄弟姐妹”理念，提出建立社区残疾人协会、配备残疾人专职委员。同年，上海开发“社区残疾人工作助理员”岗位。

2005年，中国残联在成都市召开全国基层残疾人组织建设工作会议，推广了成都市“量体裁衣”式个性化服务理念，提出了建立专职残疾人工作者队伍、专职委员队伍、志愿者队伍，明确提出要在乡镇（街道）残联配备专职委员。

2007年，中国残联在哈尔滨市召开全国基层组织建设经验交流会，提出采取协商推举方式，配备村残协专职委员，并给予误工补助。

2009年9月，全国农村基层残疾人组织建设会议在山东临沂召开。民政部、财政部、人保部、中国残联联合出台《关于进一步加强和规范基层残疾人组织建设的意见》（残联发〔2009〕13号）。推广山东省临沂市“组织全覆盖，整村赶平均”农村基层残疾人组织建设经验。全国基层残疾人组织建设工作重心转向农村。

2012年7月，全国城乡社区残疾人组织建设工作经验交流会在甘肃金昌召开，推广甘肃省“组织沉到底、服务零距离”工作理念，推动城乡社区残疾人工作实现由“有”向“好”的转变。

至此，“残疾人专职委员”一职在全国推行得更加深入、覆盖面更广。同时，这一角色的出现也带来了相关的追踪和研究，以及更多残疾人专职委员多年的呼声，总结起来包括以下几点。

（1）待遇低，收入水平低且严重落后，福利保障差，各地方发展不均衡。

（2）人员编制模糊，职业发展不明朗，既要参加社会工作者职业资格考试，又要接受残联的培训。

（3）工作压力大，承担街道、社区、残联等多部门的工作安排，职业倦怠感更大。

（4）人员老化，青黄不接，受教育程度普遍低，业务能力与业务需要不匹配，长期得不到持续性、连贯性的培训。

（5）个体间、群体间缺乏支持和联系，受被动的、行政性、模式化、官僚化的工作支配，缺乏职业和残障社群的归属感和认同感。

现实情况绝不仅限于以上问题。这一次，我们提炼总结并不是为了探究原因（事实上，这些问题几乎是全国各地普遍性、众所周知的问题，不用我们再加以分析），而是直面与残障者直接打交道的 60 多万残疾人专职委员每天所处的境遇。

当我们谈残障者的就业问题，这 60 多万残疾人专职委员，是残障集中就业里工作岗位一致、人数最多的；当我们谈残障者的社会保障问题，这 60 多万残疾人专职委员，恰是能解决其他残障者的社会保障问题，却不一定能解决自身社会保障问题的人群；当我们谈残障者的社会融入问题，这 60 多万残疾人专职委员，就是天天在社会底层与社会各阶层打交道最频繁的人群。

这边厢，我们期望这些残疾人专职委员当好党委和政府的通讯员、调研员、助理员的“三员”，当好残联的“千里眼、顺风耳、千面手”，当好残障者的代言人、知心人、造福人；那边厢，这些残疾人专职委员所面临的上述问题却迟迟不能得到解决。既想让马儿快跑，又不给马儿吃草。培育还是忽视，支持还是命令，倚仗还是随意……我们对残疾人专职委员持何种态度，就会对残障者持何种态度。

抬头仰望，那些楼宇中 10 多万专职工作者——分布在各级残联组织里的公务员；低头凝视，那些乡野间和城市角落里散布在社会底层的 60 多万残疾人专职委员。我们无法绝对化地衡量和判断谁的人数更庞大，更不能武断地认定谁更重要，此刻，唯有从残障者的需要出发。

经过梳理残联的组织系统发展，发现是因需要而建立基层残疾人组织和残疾人专职委员，是自上而下的催熟，不是自下而上的破土。那么，此需要是残障社群的需要，还是组织发展的需要?

这个问题，显然又是一个极具挑战和刺激的话题。2017 年，这一关联词，收笔于此。我们只想借首届全国残疾人专职委员知识竞赛的机会，寻找 60 多万残疾人专职委员的身影，试图未来伺机展开以残障者为本的需求之战!

第二章　年度关键词

作为独立的观察者和参与者，来自中国残障社群的我们，截取完整的自然年度即 2017 年 1 月至 12 月，使其“运动”，然后反复揣摩、循环论证、持续迭代，对照官方背景出炉的年度关联词，选择和确定中国民间残障领域的词语，并以“关键词”命名之，借此记录和呈现残障社群的关键节点，试图勾勒和阐释出一个个鲜活的中国残障者形象，并诚意期盼未来某一年“关联词”和“关键词”可以合并，实现官方与民间的关注议题趋于一致。

老残游记

文 / 蔡聪

2017 年 11 月 6 日，中国残联举办“残疾人文化进家庭”发布会。会上宣布由相关企业赞助的 7000 万张旅游年卡将发放到全国各地的残疾人手中，凭卡可实现全国 500 家知名景区的免费观光旅游。这一官方举措一时间引发讨论不断。

不管是同情还是权利，在认知里，残障人都应该共享社会文明发展成果。然而在现实中，残障人能出门旅游吗？残障人出门怎么旅游？残障人出门旅游能游个什么？这些一直是包括残障人在内的很多人迟疑与犹豫的问题，也是很多残障人个体与组织尝试与探索的方向。

从别人有我也有、别人行我也行开始，这些年，我们看到了不少充满勇气与梦想的残障人通过自身的努力，出现在名山大泽之畔、月落日出之交，到慢慢地在诸多需要协调的服务和克服的障碍面前，有组织地进行团队行动。我们看到了诸如“生命之歌公益论坛”这样一路坚持，发动各地志愿者，动员各地资源，组织大型轮椅团队出游的自发组织；也看到了由官方支持的中康残疾人旅游俱乐部的成立和博爱之光残疾人康复旅游活动的发展；还看到了四川圆梦助残服务中心这样的民间助残组织以政府和学术资源为依托，推动的“圆梦之旅”无障碍爱心联盟和四川师范大学无障碍旅游研究与发展中心。他们不仅组织肢体障碍人士出游，也逐渐转向将无障碍与出游结合，形成一种在旅游中促进无障碍发展，在无障碍发展中继续旅游的模式，为残障人旅游增添了一个重要的附加值和不同于非残障人的正当性。这一认知，在 2015 年 5 月于四川举办的全国首届无障碍旅游发展论坛上得以明确。而近两年来，视力障碍人士也纷纷加入“出走”的行列，更是对“无障碍旅游”的意涵进行了延伸与拓展，也让更多人看到了其中的商机。

2017 年，我们看到上海知了公益文化传播中心推出的残障人士迪斯尼专线游，结合其无障碍状况，根据残障人的情况提供订制服务，在无障碍的基础之上，看到了残障人旅游品质的关注与探索，似乎又给了残障人出游一个新答案。

而中国残联发布旅游年卡，显然是这些年在官方与民间的积累与推动下所释放的一种信号，关于残障人旅游已然产业化的信号，号召旅游业全面提升自我，更好地服务于残障人的需要与要求的信号。

但是这种信号会被怎样解读，又会催生出什么样的服务？是又一次各方参与利用残障的收割，还是每个残障人切实利益的促进？最终写下这篇老残游记的，不是某个组织，也不是某个残障名人，而是每个残障者。

黑科技

文 / 蔡聪

随着 2016 年人工智能击败围棋世界冠军李世石，全世界在或喜或忧中惊呼一个新时代的到来。而在这个新时代下，残障从某种意义上来讲，离真正被“消灭”已然不远。

2017 年，人工智能火爆依旧。如果自动驾驶全面应用，那盲人也可以开车。而人工智能能够剪辑恐怖电影的宣传片，那显然离读懂人类的情绪，与自闭症人士良好沟通亦不远。但是，当人工智能在残障领域稍慢一步于 2017 年呈现之时，我们更多看到的，不是眼前一亮的黑科技和关于人类的想象力，而是仍旧以医疗和功能补偿为主的换汤不换药。

导盲眼镜、导盲腰带、导盲头盔、导盲太阳帽……被冠以人工智能技术之名的各类科技产品，纷纷向残障人发出邀请，在一轮又一轮的测试与体验中，人们畅想着技术能够让盲人重见光明。而对此最为激动的，显然是我们的家长。而很多从来就没有见过光明的盲人，还停留在“就算我真的能看见了，那为什么要叫重见呢”这一疑惑之中，更何况，这不是生物意义上的看见。

当轮椅不再是为了代步，而是让你重新站起，当盲杖不再是为了帮你扩大信息感知范围，而是试图让你看见，当 APP 只是将声音转成文字，却并不关心究竟什么是最有效的沟通方式之时，即使我们有再多的黑科技，对于要使用它的人来说，在这个仍旧将你视为不正常和要揪正的环境中，也只能永远是科技而已。

录 取

文 / 蔡聪

随着 2017 年 4 月《残疾人参加普通高等学校招生全国统一考试管理规定》正式颁布，残障人高等融合教育的大门似乎就此敞开。6 月高考过后，高考放开之后必然要面临的问题被推到了风口浪尖——大学到底应该如何应对残障大学生的到来?

这显然不是一个新问题，但在 2017 年尤为突出。围绕甘肃轮椅考生魏翔与清华大学的互动，以及安徽视障考生王宠与东北师范大学的互动，同样是因为宿舍，轮椅考生写信只求学校给陋室一间以供其母陪读，学校回信鼓励，网友一度被感动与温暖刷屏；而盲人王宠的学校，却因劝其校外租房且带母陪读引发骂声一片。

在这个过程中，想必高校都有点懵，不知道这些残障学生到底要闹哪样，后面还会不会带来更多麻烦。显然，录取之后的合理便利如何提供，已然来到台前。

录取就像结婚，它不是童话里王子和公主从此幸福地生活在一起，而是《亮剑》中抠脚大汉李云龙和旗袍碧玉田雨的生活的开始。不管清华与东北师大如何，其他高校有没有反思，我们都知道观念的转变需要一个过程，而推动这个过程加速的，是残障人本身。在清华回信刷屏后，有残障人组织以“清华还欠我们一个世界一流大学”为题展开传播，也有残障人组织起来到清华进行轮椅无障碍体验，这都是通过主体的参与来推动问题从感动中走出，迈向制度化的解决。而东北师大面对舆论压力，邀请了北京声波的视障人专家来为王宠做评估、出方案，让我们看到了未来 DPO 以专家的身份平等参与各项事务的可能。

但当我们以为这就是方向的时候，9 月又出现一起浙江工商大学城市学院将视障学生“劝出”宿舍，却无多少媒体关注的事件，让我们从清华的那则“人生实苦，但请你足够相信”里读出了“人生实苦，但请你足够优秀”的感慨，也对更多不是那么优秀的残障学生能否被录取，以及录取后有什么机制来保障他们的权利产生了担忧。

盲　怒

文 / 蔡聪

2017 年 3 月 20 日，国内多个盲人论坛出现一份名为“视障者抵制深圳市信息无障碍研究会的联名信”的签名帖，该帖未见发起者署名，号召视障人士抵制该机构。

该机构自 2014 年以专业的身份进入信息无障碍领域，并为国内一些互联网科技公司提供信息无障碍测评服务以来，与视障群体数度爆发矛盾。视障群体的指责主要在于该机构垄断话语权，使合作的互联网科技公司不再直接与视障群体沟通，同时该机构参与的诸多 APP 信息无障碍改进工作结果都是越改越糟等。该机构负责人也多次回应表示他们同样雇用了视障员工，并不是健全人代言，之所以出现问题，是因为对于那些公司产品他们只有评测与建议权，但无最终决定权，也没有阻拦视障群体的参与，但视障群体仍旧多次在各大盲人论坛和微博等公开平台进行抵制，直至这次两千多名视障者签名联合抵制。

我们大多数不是事件的当事人，即使是当事人，也无法断定自己所见即真相，但是对于视障群体的“盲怒”，有一些观察与思考。因为它直指联合国《残疾人权利公约》的核心，“没有我们的参与，不要做有关我们的决定”，以及第四条和第三十三条所言明的残障人组织的参与。参与并不是简单地出现在现场，而是有一全套支持机制和公平议事机制保障下的信息充分获取与理解、意见充分表达与被聆听和是否采纳的明确反馈与讨论。而参与者对于社群的代表性，更是社群所在意的事情。

看似这是深圳市信息无障碍研究会与视障社群的矛盾，但这种怒气的爆发，根本上是充斥在各行各业的助残组织（Organization for Disabled Person）和社群自身期待但无什么地位的残障人自助组织（Organization of Person with Disability），for 与 of 之间话语权的争夺。尤其是越来越多的组织将“参与”解释成他们的机构里也雇用了“残疾人”之后，更让残障人难以在非残障人占据话语权的场域里发出声音。所以出现了残障社群“盲怒”的情况，因为他们只剩下了情绪表达的空间，只剩下了“不理性地”“盲目”表达情绪的空间，甚至不管在非残障人居多的以怜悯同情为基础的公共空间里，人们会如何看待这群人。但是从国际残障权利运动的发展历史来看，愤怒恰恰就是社群主体意识觉醒的标志。只是在中国讲求阴阳平衡、凡事不可太过的文化里，显得有那么一点不合时宜，不知感恩。

因此，我们看到的盲怒来自盲人的自发，诸如北京声波这样的盲人社群组织，却并没有什么公开的参与与支持。可能他们受限于残障人社群本就可怜的资源，不敢得罪人，可能是他们已经过了情绪爆发期，更关心如何纳入更多的利益相关方来推动改变。但是作为伞形 Umbrella 的 DPO 组织一加一，在 2017 年 12 月 10 日与中国人民大学法学院和哈佛大学法学院残障项目共同面向科技企业发布了《关于科技产品遵守信息无障碍相关原则的北京倡议》，专门提出残障人及其代表组织在科技产品的各个环节过程中参与的重要性，以及对我国相关法律的期待，延续了这场盲怒。在情绪中探索方向，也为未来从时间的维度上看待中国残障权利运动的发展留下了一个因果。

拜　托

文 / 蔡聪

2016 年，中国智协、广东智协发起全国特殊家庭养老 + 托养调研项目，北京、岳阳等地相继成立了侧重点不同的服务养老 + 托养机构。心智障碍人士家庭的父母养老问题以及父母逝世后心智障碍子女的养老问题，近年来越发受到关注。心智障碍子女随父母一起入住养老机构进行家庭式托养，父母逝世后财产信托以支持子女生活及托养，成为应对心智障碍人士尚很难融入社会的无奈的现实策略。

虽然这些讨论由来已久，且也得到了一些官方回应，但随着 2017 年 5 月 9 日广州一位 83 岁的老人将 46 岁的智障儿子杀死这一事件的报出，再度引发广泛的讨论及心智障碍人士家庭新一轮的焦虑高峰。

诚然，这是一个家庭的悲剧，是社会支持系统不完善的悲哀，也看到了心智障碍人士家庭支持系统需求的迫切性，但有些显得不合时宜的探讨也有必要在 2017 年提出，并且留下痕迹。

心智障碍人士家庭在父母老迈之时的子女双托模式，被广大家长普遍认同并期待，但这是以家长的需求为核心，并非心智障碍人士自身权利的最好体现。从联合国《残疾人权利公约》的角度来看，他们能够融入社会并且独立生活，和非残障人一样地发展，才是其最根本的权利与需求。虽说这种选择里带着一些现实系统不完善的无奈，但当我们一边倒地去呼吁双托，理所当然地认为家长最了解自己的孩子、最能代表自己孩子的权利之时，应当跳出现实，多一些反思。呼吁双托，确实符合家长的利益，也至少不会让心智障碍人士无人照料，但那些可能还不是紧急需要这些的家长，以组织的方式出现在倡导的空间中时，是不是应该去反思，或者推动心智障碍人士自主决策、独立生活的支持系统，而不是看似一劳永逸的各阶段托养工程呢?

残障者站在自身的残障上，有局限；而家长，这个与残障本来无关，却又被迫有关的群体，站在家长的位置上，同样有自身的局限。我们可以顺应这些局限，就此放弃，但我们更想拜托家长看到这些局限，选择逆流而上。

爆 效

文 / 蔡聪

谈到 2017 年中国公益发展的状况，有一件事情注定不能绕过，那就是刷爆网络、半天筹款 1500 万元的“一元画作”。这次成功的传播与筹款，是很多公益机构梦寐以求的，也是资助者无比期待的。然而，传播得有多广，有多成功，引发的争议就有多大，有多深。这件事情之于残障领域来说，最大的反思在于它是否在利用公众的同情，加深自闭症人士的刻板印象，让自闭症人士只能以儿童的形象出现在人们面前，并且拥有艺术天赋，这才是有价值和值得关注的。显然，这样的效果，从残障人士和家长组织的角度都不期望看到。

而在这样一个爆点之后，又有一个没能爆起来的残障项目，一开始传播便遭遇巨大质疑。它是中国听力医学发展基金会于 2016 年发起的橙色书包项目。当它因为明星的参与进入公众视野，呼吁大家“看到背橙色书包的孩子放慢车速”之时，不仅遭遇残障人组织认为其“隔离化”“标签化”的质疑，也被有些人调侃道“遇到其他孩子那要不要踩油门”。

当然，在一元画作和橙色书包的背后，还有关于捐款的去向与监督的讨论、橙色书包价格与采购程序的讨论等。但这些讨论最终都被有没有成为爆点所淹没。而这样的对爆点的追求，对巨额捐款的追求，自腾讯举办“99 公益”以来，越来越多地出现在公益机构发展的面前，有可能出现因为走得太远、走得太快，却忘记了为什么要出发的情况。因为一切都走向配合资源导向，迎合公众关注导向，而不再是问题解决导向，也不再是从公益出发，去影响和改变更多人。

一个爆点的效果，可能是使人们记住了这个爆点，但是它背后的讨论与反思会渐渐模糊。所以，我们需要记录。

对于爆点的追求与效仿，是资源不均衡导致的行业生态，但就如同高考，在疯狂训练得高分的经验分享之余，从中跳出来看到整个教育制度的改革，应该更为重要。所以，我们需要反思。

第三章　年度发现

人从动物世界的自发状态发展到人类的自觉状态，包含了人类实践行为中具有的发现及创新两大核心能力。发现，是人类对于自我的内在、具体性的自然及其整体的认识或再创造。

多数情况下的我们，一旦对固有而习以为常的错误、认识和知识视而不见，进而习非为是的时候，我们便失去了发现的能力，失去了以大量知识为依托，进行有理有据的辩驳或考证，得出全新的论断和成果的过程。直到有一天，我们豁然顿悟，原来我们失去了自己，失去了发现的心，失去了我是谁、从哪里来到哪里去的自问。

所以，我们脚踏实地、扪心自问、使命必达，与诸位一起发现，从Discover探索和发掘，到Find找到和知道，完成观念更新、知识更新、视角更新。

年度中国心智障碍十大权利事件

文 / 解岩

每一年借助“年度残障十大权利事件”，对中国发生的残障权利事件进行回顾，我们都进一步得到确认和确信：以联合国《残疾人权利公约》（下称《公约》）为准绳进行的分析和评论，寻找人权模式下带给我们的在残障权益保障、新闻媒介研究、残障者能力建设等方面的重要意义和实践效果。通过梳理，我们重新反省从基于残障的权利框架报道残障事件的意义和伦理原则，督促新闻报道充分发挥其影响社会的作用，提炼残障权益保障的关键议题和核心挑战。而以上工作，恰恰成为一个高效、有力的工具，引领残障社群中的从业者，尤其是残障者，将《公约》的精神和各项具体权利，逐一与自己身边的现实事件进行对照和理解。

2017 年，恰逢“年度残障十大权利事件”诞生的第五个年头，我们一边梳理过往几年的经历，一边筹备 2017 年中国残障十大权利事件的评选。在此过程中，一个不争的事实逐渐显现，即心智障碍领域的事件越来越多，并且与其他残障类别发生的事件在类型、性质等方面截然不同。过往几年，我们已经有所察觉，只是不断地去平衡其数量的增长和内容的典型性，以降低带给其他障别的巨大冲击。2017 年心智障碍领域的媒体报道数量猛增，更加引发我们的思考。

一方面，其得益于 2014 年之后，以家长组织、残障自我倡导者为代表的民间力量的涌现和活跃，给尘封已久的心智障碍领域一记重拳，震落尘土之后一件件活生生的现实浮现。另一方面，获益于移动互联网的发展，网络媒体、自媒体雨后春笋般的出现，原本发声闭塞的渠道变得相对多元，使心智障碍者及其家庭的困境越来越多地被公众看到，影响力也日趋增强。同时，“年度残障十大权利事件”发展到 2017 年，愈来愈清晰地体会和感受到事件的评选对中国残障领域发展的重要性和意义。定位从混沌到清晰，事件从少到多，评选主体从单一到联合，这演变，伴随着中国残障领域的发展。

基于此，我们在总结 2017“年度残障十大权利事件”评选的基础上，面对心智障碍领域的媒体报道数量越来越多，议题和内容越来越广，复杂程度越来越深的现状，我们认为心智障碍领域独立评选的时机已经成熟，完全可以从“年度残障十大权利事件”的框架中分离，成为独立的“年度中国心智障碍十大权利事件”评选。尽管在分离的过程中，诸如评选的主体性、代表性，评选的现实价值和意义，心智障碍的定义与中国残疾分类标准的不同等很多问题还需要面对和处理，但这恰恰从一个侧面证明，这一领域的事件评选是一项系统工程，是一项在行动中研究的课题。心智障碍领域的事件隐藏得太久，发生即恶劣、辐射面广、社会参与度高的特性，阻挡不住现实解决的迫切和紧迫，现在呈现，适时可行，无法回避！

然而，我们审视 2017 年度心智障碍十大权利事件的评选，并不是因为这是心智障碍领域的第一次，也不是因为该事项的紧迫，反而是它出现前后的经历过程，所反映的点滴情景，使我们意识到需要记录下来这些发现。

事情最初的起因，源于 2017 年 10 月底媒体报道“黄老太药杀智障儿子事件”。此类事件在国内已经不是第一次发生，再次引发社会广泛关注的同时，以中国智协为代表的行业协会率先发出声音。民间方面，“当我们老去，孩子该怎么办”，一句发自肺腑又充满无奈的疑问，是心智障碍者家长对自己的提问，家长组织的焦点全部指向“双老问题”（心智障碍者及其父母的老龄化）。但是，作为服务提供者的残障康复机构，在该事件前后始终处于“失声”状态。

残障观察 CDO，作为一加一旗下的智库，观察到这一现状，逐一询问残障康复机构代表性机构慧灵智障人士服务集团，全国心智障碍者家长组织联盟、守望心智障碍者家长组织联盟等全国性的心智障碍者家长组织联盟，以及中国智力残疾人及亲友协会、中国精神残疾人及亲友协会等的意向，率先发起建议召开“黄老太药杀智障儿子事件”广州媒体倡导会暨残障议题民间多方协作网络会议。建议迅速得到响应，各方组建讨论平台，筹备召开会议。

如同大多数的议事场景，从最初的热情，慢慢地变成各方利益诉求的纠葛和纠缠。虽然各方的目标都是借事件进行“双老问题”的研讨、家长赋能和政策倡导，但是工作的手法选择、倡导态度以及费用预算和执行工作的承担、召开时间和地点的确定等现实情况，都影响着会议的推进。

在形式上，我们都习惯于一场会议的召开有严密的纪律和组织，甚至会议的议题和内容都不如会议的组织重要。同时，以会议的形式解决问题，还只局限于宣告性地走过场。在诉求上，在共同议事的过程中动机产生了偏移。各方遵从原本的意愿，否则也不会走进讨论组。随着讨论逐渐深入，基于个中缘由，各方每每讨论的时候，总爱回到最初大家为什么要做这件事上，停滞不前。与其说为什么要做，不如说各方在做的过程遇到各种挑战，动机上产生了犹豫和不确定。在程序上，每次的讨论虽有主持人、会议纪要，有议事规则的意识，但很难组织起有效的罗伯特议事规则的应用，以至于经常出现跑题和个人演讲的现象。程序上还有一个非常微妙的地方，就是个人与组织的关系，议事的个人是否能代表组织就会议议事进行表决。

细心琢磨和体会，以上三点的确是讨论中所面临的挑战和障碍，但各方似乎总有一种难言之隐没有表达出来。地点的变更、时间的推迟、内容的更换等状况的发生是表象，“怕”这个字始终萦绕在大家心头。这是DPO 在当时深切感受到的，这也是选取心智障碍十大权利事件作为年度发现的理由之一，“怕”字当头，不展开分析。

我们深知 DPO 在家长组织、残障小组、学者、媒体等不同利益相关者的民间协作中，扮演着穿针引线的角色。各方都难以启齿，有畏难的情绪，有停滞的迹象，但事情还是要往下推进，该怎么办?

此时“年度心智障碍十大权利事件”才正式登场。

如本文前述的内容，“年度心智障碍十大权利事件”是“年度残障十大权利事件”的扩展和精耕细作，也秉承了“年度残障十大权利事件”的定位和功能，是心智障碍领域的一个补充和贡献。但事实上，“年度心智障碍十大权利事件”的出现，在当时是权宜之计。

残障观察 CDO，介绍、类比“年度残障十大权利事件”的发展历程，各方“怕”的心态降低一些；残障观察 CDO，请来中国人民大学残疾人权益保障法律研究与服务中心、复旦大学国家人权教育与培训基地、中国社会科学院新闻与传播研究所青少年媒介与发展研究中心、武汉大学公益与发展法律研究中心等学术机构做专业支持，各方“怕”的心态又降低一些；力邀中国智力残疾人及亲友协会加入，各方“怕”的再降低一些。全国心智障碍者家长组织联盟的鼎力支持，包括在费用、执行、协调等方面的协作，助推“年度心智障碍十大权利事件”的最终出炉。

2013 年“年度残障十大权利事件”诞生的时候，一加一同样经历着“怕”的心态，一步步在担惊受怕中成长，现在亦然。为此，对于“怕”的心态丝毫不敢怠慢和轻视，我们承认人性的弱，但同时也知道不要怕、怕不要、要不怕，是一个力量充盈的过程。

2017 年末，借各大媒体的年度评选季，选择 12 月 10 日“世界人权日”之际，选取 2016 年 12 月 1 日至 2017 年 11 月 30 日发生的中国心智障碍事件，评选“年度心智障碍十大权利事件”。请记住以下参与各方及其角色，这是大家共同努力、选择和突破的结果。这也是我们选取“年度心智障碍十大权利事件”作为年度发现的又一个理由。

资助方

有人公益基金会

主办方

残障观察 CDO/ 一加一残障人公益集团

协办方

全国心智障碍者家长组织联盟

专业支持

中国人民大学残疾人权益保障法律研究与服务中心

复旦大学国家人权教育与培训基地

中国社会科学院新闻与传播研究所青少年媒介与发展研究中心

武汉大学公益与发展法律研究中心

社团支持

中国智力残疾人及亲友协会

伙伴协作

慧灵智障人士服务集团

守望心智障碍者家长组织联盟

2017 年度以“黄老太药杀智障儿子”事件为契机，长期从事残障社会服务的康复机构、民间的心智障碍者家长组织及其联盟和 DPO，经过多年的实践和发展，形成以联合国《残疾人权利公约》为根本理念的共识，并初步实现在各自领域的遵循和实践。这一次，面对残障议题本身的复杂性、系统性，各自突破专注或固守的领域，呈现“年度心智障碍十大权利事件”。这三方以心智障碍者及其家庭的福祉为宗旨，求同存异，群策群力，实现多方协作网络机制，达成民间共识，为中国残障事业发展贡献民间智慧。这三方在以残障者为本的服务、受益、监督等角色中，相互依存、相互制约、相互促进，形成有机统一的三大核心支柱。围绕三大核心支柱的利益相关方，包括法律、媒体、政策制定者、研究者等，为心智障碍者及三大核心支柱带来跨领域的支持与协作，形成有力的“三轮驱动”模式。这更是我们选取心智障碍十大权利事件作为年度发现的一个重要理由。

2017 年，我们选择心智障碍十大权利事件作为年度发现，发现的是其背后所经历的隐痛和隐忍。我们无法预估未来的“年度心智障碍十大权利事件”是什么样态，由谁主导，事件有何新变化，但我们不希望再发生同样的媒体事件，一次次、重复地出现在“年度心智障碍十大权利事件”中。

为此，我们坚信“年度心智障碍十大权利事件”带着使命而来，是在为我们大家做出提示和预示！

第四章　年度收藏

收藏，是一种爱好，无论物件大小，搜集、储存、分类、维护，每一步都小心翼翼。

收藏，是一种生活，随时随地，闻风而动，深入探究，在点滴细微中探寻博大精深的奥秘。

收藏，是一种投资，着手当下，只为未来，不可替代，保值升值。

收藏，是一种哲学，伺机而动，少即是多，得失来去，聚散离合。

收藏，还是一种财富，金钱在外，精神在内，随着时间，久远发酵，传承发扬。

每一年，我们依仗生命财富和实践积累，适时出手，锁定收藏，期待在未来的中国社会和残障领域，持续升温，落实行动，促进改变。

中国康复大学

文 / 蔡聪

中国残联主席张海迪最早提出建设“中国康复大学”是在 2014 年，之后，中国康复大学建设纳入国家“十三五”规划纲要（2016~2020）；4 年多过去了，“十三五”已步入中期，《残疾预防与康复条例》已然实施，康复大学成立仍处于论证之中。显然，要建一所大学，还是国际一流的大学，涉及学校选址、政策支持、资金保障、人才引进、资源整合等多方面，其中各方利益协调，颇值得玩味。但作为写进“十三五”规划的康复大学，无论是“健康中国”战略的实现，还是张海迪出任康复国际主席的国际战略的需要，抑或中国特色残障事业的具体体现，其成立已是板上钉钉的事情。然而，民间对于建立康复大学，实存一些疑虑。

2017 年 3 月 23 日，张海迪出席康复大学建设专家咨询会，指出：康复是生命的重建，是残疾人最迫切的需求，也是老年人、伤残者的基本需求。残疾人工作，康复要优先做好。身体条件是实现美好理想的基础。早一天得到康复，生命就多一分希望。发展康复事业，既符合“健康中国”发展战略，也有望成为我国经济新的增长点。但目前我国康复人才总量严重不足，且结构不合理，学科与专业建设严重滞后，亟须加快康复专业人才的培养，提高人才质量。

康复，确如张海迪所言，是残障人士最基本、最迫切的需求。但康复的内涵是不是如其发言中所说聚焦于“身体条件”，是不是又如其在 2016 年国务院《“十三五”加快残疾人小康进程规划纲要》新闻发布会（下文简称国务院新闻发布会）上答记者问时所说：“残疾人的康复是通过康复治疗、训练、辅助器具等方式实现康复、重建和功能恢复。”这是第一个疑问。因为康复被视为残障人士参与并融入社会的一个重要前提，而这个前提，就此看来，当下还是被基本等同身体功能的恢复与补偿。

世界卫生组织定义残障人的康复为“一个过程，旨在使残障人能够达到或保持他们最佳的肢体、感官、智力、心理和社会功能水平。康复为残障人提供他们获得独立和自我决断所需的工具和手段”。2010 年，世界卫生组织以提倡“朝向包容性社区”为核心，出版了《社区康复指南》，中国残联对该指南进行同步翻译、出版和发布。该指南的总体目标为：

★ 提供如何发起与加强社区康复的指导，开展与共同文件及《残疾人权利公约》原则相一致的社区康复项目。

★ 促进社区康复作为社区包容性发展策略，以帮助残疾人主流化发展，尤其是减轻贫困。

★ 支持有关方面满足残疾人的基本需求，使能获得健康、教育、谋生及社会层面的机会，以提高残疾人及其家庭的生活质量。

★ 鼓励项目人通过促进残疾人融入与参与发展及决策过程，促进残疾人及其家庭提高社会地位。

从世界卫生组织的阐释来看，康复不再是一个前提，也不仅仅是身体功能的恢复，而是残障人参与并融入社会这一动态过程中的支持系统建设。因此，康复如张海迪所言，是一个综合的、全面的、多学科的体系。同时，康复也是一个生命全过程的、全人的、发展的支持体系。康复大学的学科建设会如何呈现，唯有先收藏，待日后再品玩。

无论康复是残障人参与并融入社会，享有其权利与基本自由的必要支持，还是前提，它都需要相关专业人才。张海迪在国务院新闻发布会上答记者问时指出："目前能够提供的康复服务远远不能满足大家的需求。2015 年全国有 2600 多万持证的残疾人中，只有不到 30% 的人得到过康复服务，康复服务还是参差不齐的。我们希望的是高水平的，而不是低水平的。主要问题是人才缺乏。全国现在只有 70 多所本、专科院校开设了康复专业，还没有建立完整的康复学科体系。康复学科不仅仅是医学，包括人体工程学等都需要研究。每年培养出来的专业人才不到 8000 人，70% 是专科学历，远远不能满足未来科学康复的需求。"

相关人才的缺乏是一个不争的事实，解决这一问题的途径，或者说必要条件，是建设一所专门的康复大学，还是跨学科、多学科的建设或更多大学学科基础建设与人才培养？如果一所康复大学是必要条件，其宗旨与目标又应该是什么样的，才能承载培养满足广大残障人士康复需求的人才梯队？或者作为金字塔的顶端，如何才能从康复的根本目的上起到很好的引领作用？这是第二个疑问，也是将之收藏，以待未来的又一原因。

第三个疑问是，这样一所康复大学，它会以什么样的形式存在？是一所以医学院校为主体的独立的康复大学，还是吸纳了中国康复研究中心、中国听力言语康复研究中心等机构，以及更多专科类高校的联合体、综合体？张海迪在国务院新闻发布会上还谈道：“现在各地建立了这么多条件很好的残疾人综合服务中心和康复服务中心，比如，河南综合服务中心有十几万平方米，青岛新规划的残疾人康复中心是 10 万平方米，还有其他一些地方康复中心的规模都很大，设施也都很好。”像这样已建成的大楼与康复大学的关系，除了人才培养与输送，还会有什么呢？

正是因为认识到康复的重要性，我们才如此关注康复大学的建设进程；正是因为知道康复理念的落后与基础康复服务的缺乏，我们才以提问的方式表达我们对康复大学这个联系各方的概念的期待。

人人享有康复服务。康复服务不只是在机构里，也不只是服务送上门，无论在乡村还是在城市，无论是从躺在床上到可以架起双拐前行，还是躺在床上功能无法恢复，每个人都能得到适合的支持，找到己身最佳的状态，自由地、自主地决定自己的生活。

2017 年我们才将“中国康复大学”列入年度收藏，而不是在“十三五”规划发布的 2016 年，因为我们内心的疑问酝酿越多，揭开谜底的日子越临近。

第五章　年度法律 / 政策

两张牌，“法律”和“政策”；两只手，一只捂住“法律”，一只捂住“政策”；此刻，聚焦和吸引在场所有人的注视，博弈已经结束，结果即将揭晓。而此时的我们，翘首等待的只是翻牌那一刻，去察觉和发现每一位身在其中的参与者以及周围看客的脸上瞬间拂过的那一丝表情、那一缕情绪，还有下一步的动作。

法律和政策走向成熟和完善，这是已知和必然，尤其是中国的残障领域。于是，我们放弃预测，静观立法者和政策制定者每一次的出牌，见招拆招，促使中国残障社群成为法律、政策的受益者。

残疾人教育条例

文 / 丁雨婷

一个人，作为一个独立个体及社会的组成部分，无论是在家的小天地，还是走出家门与他人、与社会碰触，除去要承担的责任和义务之外，更关键的是其各项权利的被保障。残障者也不例外。但因为比普通人多了一个身份属性——“残障”，所以就医、就学、就业、就养等贯穿一个普通人一生的事情，似乎也相应地需要多一重界定和保障。

2017 年，对于中国残障领域未来发展极其重要的一份条例修订出台，即《残疾人教育条例》（1994 年颁布施行，2017 年修订）。截止到 2017 年底，聚焦于残障者的几部法律法规有《中华人民共和国残疾人保障法》（1990 年颁布施行，2008 年修订）、《残疾人教育条例》、《残疾人就业条例》（2007 年颁布施行）、《残疾预防与残疾人康复条例》（2017 年颁布施行）。面对这样一幅拼图，终于有了一次机会，透过《残疾人教育条例》之修订变化，来尝试解读残障人士受教育权利的历史变迁及其历史意义。

一　新《残疾人教育条例》修订的背景

20 世纪末，我国实现了基本普及九年义务教育的宏伟目标，国家的教育事业目标转为推进各个地区的教育均衡发展和教育公平，从追求“一个都不能少”的入学率到关注每一个学生所接受的教育水平。中国作为一个人口基数大的教育大国，从追求教育对象的数量转变为追求教育内容的质量，面临的挑战和困难自然不小。

2017 年全国教育事业发展统计公报显示，全国共有义务教育阶段学校 21.89 万所，在校生 1.45 亿人，专任教师 949.36 万人。其中，小学的生师比为 16.98 : 1，初中的生师比为 12.52 : 1。小学学龄儿童净入学率达到 99.91%（连续五年入学率维持在 99% 以上），初中阶段毛入学率为 103.5%（连续五年毛入学率维持在 100% 以上）。

当普通教育的入学率已多年实现 100% 时，残障儿童的入学率却一直是未知数。不过《第二期特殊教育提升计划（2017~2020）》（下称二期提升计划）提出，到 2020 年要实现残障儿童 95% 的入学率。再看公布的 2017 年数据，全国共有特殊教育学校 2107 所（比 2016 年增加 27 所），在校生 57.88 万人，特殊教育学校共有专任教师 5.60 万人，生师比约为 10.3 : 1。普通小学、初中随班就读和附设特教班在校生 30.40 万人，占特殊教育在校生总数的 52.52%（即融合教育的比例）。

整理教育部公布的数据统计（见图 1），发现一个有意思的现象：从 2001 年公布在普校的特殊学生的数据以来，2001 年融合教育比例

（71.49%）一直未被超越，2017 年的融合教育比例未升反降。尽管融合教育比例并不能反映特殊教育的质量，但从 2011 年以来该比例就一直徘徊在 55% 左右，换句话说，也就是近一半的特殊学生待在特殊学校接受隔离式教育。且特殊学校在逐年增加。而这既不符合残障儿童家长的心理期待，也不符合联合国《残疾人权利公约》（以下简称《公约》）所倡导的融合教育的理念。

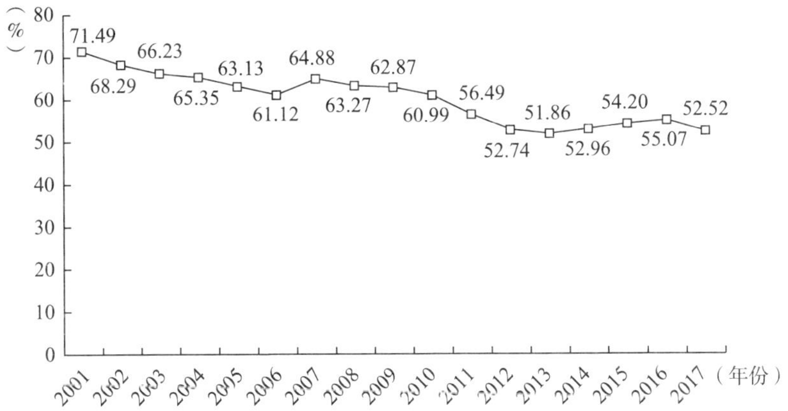

图 1　2001~2017 年我国融合教育比例变化趋势

逐年攀升的特殊教育学校的数量，以及并没有实质提升的融合教育比例，让家长和家长组织不得已行动起来去维护自己的残障孩子到普通学校上学的权益。但巨大的升学压力、精英式的教育模式，使普通教育的课堂很难容下一个残障儿童。这是每一所普通学校现在和未来都要面临的挑战。我们时常可以看到残障儿童被排斥在普校校门外的新闻，残障儿童的平等受教育权在现实生活中得不到有效保障，依然是不争的事实。

我们梳理了近十年来与残障人士受教育权利相关的法规条例（见表 1），发现无论是《公约》，还是国家教育整体层面的规划，大到保障法，小到计划，国家都重视残障人士的平等受教育权，且重点是要落实“办好特殊教育”和“推行融合教育”。

表 1 残障人士受教育权利相关法规条例

重要文件	时间	重要内容
《残疾人权利公约》	2006 年 12 月 13 日由联合国大会通过，2008 年 5 月 3 日正式生效	第二十四条具体定义了为实现残障人士平等受教育权，缔约国需履约执行的各项规定
《残疾人保障法》	2008 年 4 月 24 日修订通过，自 2008 年 7 月 1 日起施行	第三章明确指出残障人士被保障的各项教育权益
《国家中长期教育改革和发展规划纲要（2010~2020 年）》	2010 年 7 月 29 日正式全文发布	特殊教育领域的发展任务：关心和支持特殊教育、完善特殊教育体系、健全特殊教育保障机制
《特殊教育提升计划（2014~2016 年）》	2014 年 1 月 8 日国务院办公厅转发	“加快推进特殊教育发展，大力提升特殊教育水平，切实保障残疾人受教育权利”
《国民经济和社会发展第十三个五年规划纲要》	2016 年 3 月 17 日全文发布	在第五十九章“推进教育现代化”中，提出要“提升残疾人群特殊教育普及水平、条件保障和教育质量”
《“十三五”加快残疾人小康进程规划纲要》	2016 年 8 月 3 日印发并实施	明确指出残疾儿童少年接受义务教育比例要达到 95%，要“提高残疾人受教育水平”，“巩固特殊教育发展基础”，并提出了一系列的要求
《国家教育事业发展“十三五”规划》	2017 年 1 月 10 日印发并实施	“办好特殊教育”，“完善随班就读支持保障政策体系，重点支持贫困地区和农村地区普通中小学开展随班就读，推行融合教育”

此外，2012 年联合国残疾人权利委员会在中国政府首次履约，给出的

结论性意见中的第 35/36 条明确提出：

> 35. 委员会感到关切的是，特殊学校数量众多，且缔约国有积极发展这些学校的政策。委员会特别担忧的是，实际上，只有存在某些种类的障碍的学生（身体残疾或轻度视觉残疾）能够接受主流教育，而所有其他残疾儿童都被强制就读特殊学校或者干脆辍学。
>
> 36. 委员会希望提醒缔约国，包容性概念是《公约》的主要理念之一，应该在教育领域特别坚守这一概念。就此，委员会建议缔约国将特殊教育体系中的资源转用于促进主流学校中的包容性教育，从而确保更多的残疾儿童可以接受主流教育。

由此，深受《公约》影响的中国民间残障领域，在 DPO 和家长组织的推动下，融合教育在民间的呼声持续升温。在 2013 年国务院法制办公室关于《残疾人教育条例（修改草案）（送审稿）》公开征求意见之后，民间研讨会、入学经验分享会、融合教育研究报告及手册等活动和成果纷纷涌现，融合教育成为大势所趋。

2017 年，中国政府审时度势，顺势而为。在新时代背景下，修订不再适用的 1994 年版《残疾人教育条例》。1 月 11 日，国务院常务会议修订通过《残疾人教育条例》，5 月 1 日起正式施行。

二　新《残疾人教育条例》的重要内容

2017 年修订版《残疾人教育条例》（以下简称新《条例》）与 1994 年

《残疾人教育条例》(以下简称旧《条例》)相较，新《条例》突出强调：禁止任何基于残疾的教育歧视——零拒绝、优先采取普通教育方式——融合教育、保障教育经费的投入、多部门之间的协作。这体现了新《条例》的与时俱进，以及明显强于旧《条例》的执行力度，也透出了不少《公约》的痕迹。

（一）残障儿童人口统计

数据是最直观的表达，残障情况的准确统计对后续的政策制定、工作筹划等都具有非常重要的指导意义。新《条例》强调多部门要协同做好新生儿疾病筛查、学龄前儿童残疾筛查、残疾人统计信息、残疾儿童入学前等统计。例如，资源教室的配置、从业人员的数量等单独列出，可见对其重视程度。

（二）安置类型变化及学籍转换保障

残障学生的安置类型由三种变成四种：普通学校、有相应资源的普通学校、特殊教育学校、送教上门或远程教育。相较于旧《条例》而言，这次的修订因应了新的时代发展和残障学生的就学需求。但仅此一点比对2017年教育统计报告，安置类型分为特殊教育学校、小学附设特教班、小学随班就读、初中附设特教班、初中随班就读、其他学校附设特教班等，与新《条例》中的安置形式并不完全吻合，不知未来会以何为统计依据。

在学籍转换保障方面，新《条例》中第十八条为残障儿童学籍转换这个非常现实的问题指出了两条转换通道：从特殊教育学校转入普通学校，从普通学校转入指定的普通学校或特殊教育学校。

（三）残疾人教育专家委员会制度

新《条例》中出现了一个新的名词：“残疾人教育专家委员会”。这个委员会涉及四个部门——教育行政部门、卫生行政部门、民政部门、残疾人联合会，需要组建一个专业人士团队，包含教育、心理、康复、社会工作等方面的专家。该委员会需要实现：评估残障儿童接受教育的能力和适应学校学习生活的能力，为其入学、转学提供专业建议。残疾人教育专家委员会给出的入学意见是具备行政效力的，如果发生争议，可以申请教育行政部门进行处理。

（四）特殊教育资源中心制度

新《条例》中支持特殊教育学校建立特殊教育资源中心，提供区域内的特殊教育指导和支持服务，并定义了其作为特殊教育资源中心的五大职能。支持建立特殊教育资源中心，其实就是为推进融合教育做准备，发挥特殊教育学校的专业力量，去协助解决随班就读过程中会遇到的现实问题和挑战，提高融合教育的质量。

（五）特殊教育教师制度

新《条例》明确定义了特殊教育教师的入职标准、教职工编制配置、师资培养机制及职后培训等内容。

在入职标准中，除了旧《条例》中的原有规定，增加了细致的有指向性的指标：要取得教师资格，特殊教育专业毕业或者经受培训并合格，手语和盲文对应的等级标准。也就是说，要成为一名特殊教育教师，有专业的准入门槛。

国家要根据需求制定特殊教育教职工编制标准，在编制总额内，配备相应的特殊教育教师和其他专业人员。而有招收残障学生的普通学校，其校内特殊教育教师的专职岗位编制也要被考量在内。这条规定也间接体现了对融合教育的偏倚。

在师资培养机制方面，新《条例》特别指出：在一般的师范专业课程中，应当设置特殊教育课程；在职后培训中，要将特殊教育教师培训纳入培训计划；普通教师培训也应当增加一定比例的特殊教育内容和知识。

（六）残障人士教育条件保障

财政部门和教育行政部门要做到，按照特殊教育学校生均预算内公用经费标准足额拨付费用。这是《特殊教育提升计划（2014~2016）》（以下简称一期提升计划）之后的延续保障，提出特殊学生的生均公用经费不可低于 6000 元；残疾人就业保障金的用途之一是特殊教育学校开展各种残疾人职业教育；特殊教育学校的设置要依据相关规定，配备教育教学、康复评估和康复训练等仪器设备，要符合无障碍环境建设条例。条例中还特别指出国家教育考试应当为残障学生提供合理便利，教育考试机构、学校要予以提供支持。

三　新《残疾人教育条例》面临的挑战及建议

从新《条例》中我们看到，其努力践行《公约》理念，强调残障人士享有不受歧视和平等受教育的权利，如“禁止教育歧视”“不得拒收”“提供合理便利”等。除此之外，新《条例》在尝试明确职责部门、执行标准，使条例更细致、更具体、更有迹可循。新《条例》还吸纳了特殊教育发达地区行之有效的理念和做法，如“推进融合教育”“根据残疾人的身心特性和需要”“个别化教育计划”等，以此适应国情复杂、差异性大的中国。这些都足以证明国家对残障人士平等受教育权利的重视。

然而，现实总归需要面对，落实新《条例》，我们须正视挑战。

（一）持续推进融合教育

新《条例》中，一个很重要的基调就是推进融合教育，文本之中处处弥漫着对此的关注，包括入学安置形式、普特学籍转换、普校特殊教育教师的编制、普校教师的特殊教育培训等。我们来看一下数据，2015 年在特校的残障学生比例为 45.29%，2016 年在特校的残障学生比例为 44.93%，2017 年在特校的残障学生比例为 47.48%，也就是仍有近乎一半的残障学生在隔离式的特殊教育学校就读。现实情况并没有如新《条例》所期待的、一期提升计划总结时所言的实现了“以普通学校随班就读 / 融合教育为主体”。结合长久并直接的观察而言，融合教育并非易事。

第一，政策之间有矛盾。新《条例》要推进融合教育，但是另一端，一期提升计划提出 30 万人口以上的区县要建立一所特殊教育学校，这样大的建设投入，难免会强化“特殊孩子就应该送特殊教育学校”的认知。如果不能避免特殊教育学校的兴建，那是否可以积极推进特殊教育学校的职能转变，成为区域内的特殊教育资源中心，发挥特殊教育学校教师的专业力量，支援区域内融合教育的开展。但这里会十分强调特殊教育资源中心的巧妙运作，包括与普校之间的角色定位、协作、统筹安排等。

第二，很多概念含糊不清。虽然新《条例》以不同的形式几次提到普通学校特殊教育教师，但并没有明确定义该类教师的身份。没有采用一个统一名词（比如一期提升计划中提到的“资源教师”一词），也就无法明确该类教师的定位、职责和功能，而这类教师又是推行融合教育十分重要的角色。在实际工作中，大多数的资源教师被挪为他用，并没有在为残障学生提供教学。推行融合教育，决然不是光靠喊口号就能实现的，残障学生有其实实在在的差异化的教育需求。 教育部门需要基于区域内残障学生的人口统计学数据来统筹配置资源教师，明确其定位、职责和功能，并且要落实。

（二）组建残疾人教育专家委员会

在新《条例》中，“残疾人教育专家委员会”是第一次出现的名词。它的设计或初衷是好的，为了解决残障学生在入学安置时遇到的各类问题，让残障儿童的入学安置形式的决定具备了行政效力。这样的专家委员会由教育行政部门、卫生行政部门、民政部门、残疾人联合会一起，由教育、心理、康复、社会工作等专家组成。但是一旦牵涉多部门联动合作时，很多事情往往就会变得比较复杂且多变。

以最先推行医教结合试点的上海为例。2015 年，《上海特殊教育三年行动计划（2014~2016）》明确规定，“各区县要建立由教育管理、特殊教育、普通教育、医学、康复、心理等专家及家长代表组成的残疾儿童入学鉴定委员会，负责本地区残疾儿童的入学安置工作”。实际工作中，这样的残障儿童入学鉴定会议，至少会有华东师大特教系的专家教授、有诊断资格的儿科医生、市教委教研室的人员、特殊教育学校校长、区特殊教育指导中心主任、家长共同参与，以决定残障儿童的入学。

在这样的模式中，调动卫生部门的配合，其他非医教结合试点地区较难直接照搬，而华东师大特教系教师资源也是其他地区较难复制的资源。但这不代表就无法实现残障儿童的入学安置功能。若是该地区残联力量比较强大，可以尝试调动已有的资源，比如日常工作中有合作的妇幼医院里的儿科医生，将其培养为具有诊断资格的医生；而特殊教育专业人士，则可以试着由特殊教育资源中心或特殊教育学校的资深教师担任。在实践中利用已有资源，摸索成长，也能逐渐承担该地区的残障儿童入学安置流程。

（三）明确特殊教育教师制度

新《条例》中最大的可喜的变化是明确定义了特殊教育教师的入职标准，必须要有教师资格，必须要有特殊教育相关知识背景（特殊教育专业毕业或者接受特殊教育专业培训并考核合格），从事听障或视障教育的教师分别要达到国家规定的手语、盲文等级标准。且不说这样的入职标准能否提升目前我国特殊教育教师的专业水平，但至少在从业标准上，明确了特殊教育教师的专业性，不是一项随便谁都能从事的工作。

在新《条例》中，提到特殊教育学校配备相关专业人员，这一点落实起来有难度。因为长期的落后发展，特殊教育学校对于相关专业人员并没有特别的认知，招聘条件多为“毕业于特殊教育专业”，所以特殊教育教师除了承担教学的任务之外，常常需兼任各类康复师的职责，康复、教学分不清楚。国际上通行的职能治疗师、物理治疗师、言语治疗师（这三类人员在国内没有相应的资格证，只有临床医学、康复医学及康复治疗相关专业）等医学体系培养出来的相关专业人员，以何形式和身份进入特殊教育学校，与特殊教育教师各司其职，满足残障学生在学习和康复上的专业需求，就成了一大难题。无论是以专职招聘还是聘任制，当地学校和教育局需要细致科学评估学生需求，结合当地的资源，来制定相关专业人员的招聘规划。

新《条例》意识到了师资培训机制的重要性，对职前培养及职后培训都做出了指引，尤其是提到普通师范生掌握特教知识以应对随班就读学生的教学需要，普通教师职后培训中加入一定比例的特殊教育内容和知识，提高其特殊教育能力。只是这些指引若没有一个具体的指标，落实到一般师范生的毕业或入职门槛，抑或在职教师的职称评定要求时，条例的执行力度能到哪里，是否会变成剃头挑子一头热，还有待观察。

（四）保障残疾人教育经费

要干事儿，缺不了钱，钱是重要保障。新《条例》中明确，加大残障经费投入力度是残障人教育的基础，明确各级人民政府在经费投入方面的保障义务，拓展经费来源渠道，地方各级政府用于义务教育的财政拨款和征收的教育费附加要有一定比例用于残障儿童义务教育等。详读这些描述，使用的语言大多如“将所需经费纳入本级政府预算”、“根据需要可以设立专项补助款”、“应当有一定比例”（见新《条例》第 48 条），以及提到减免学费和其他费用，推行免费的学前教育和高中教育。

作为全国性的新《条例》，需要各地方做进一步的解读和落实，但目前我们仍然感觉一头雾水。只是在 2017 年教育部七部门印发的二期提升计划的条文里，我们能发现一些明确的规定，“落实特殊教育学校生均公用经费 6000 元补助标准……随班就读、特教班、送教上门的义务教育阶段生均公用经费按照特殊教育学校执行”；除去“两免一补”之外，要提高补助水平，要建立完善特殊学习用品、教育训练、交通费等补助政策等。

新《条例》和二期提升计划的双重重视，可见残障人教育经费之重要。经过梳理已有资料，了解到：特殊教育学校的经费来源于国家财政性教育经费（其中以财政预算内经费为主）、社会团体和公民个人办学经费、社会捐资经费、事业收入及其他收入，特殊教育学校的经费收入主要是国家财政性教育经费；特殊教育经费支出分为事业性经费支出和基本建设支出两部分（随着两期提升计划的出台，基础建设支出比例有所提升），其中事业性经费支出又分为“个人部分”（教师工资福利及对个人和家庭的补助）和“公用部分”（购买商品和服务、购置固定资产设备、购建基础设施及大型修缮）两部分支出；生均教育经费支出分为生均事业性经费支出、生均基本建设支出。

那么，既然如此明确，钱来自哪里？构成如何？花在何处？我们以为在中央政府及地方政府的预算编制中，以及当年度教育经费的预算编制中，单独编列一定不是一件难事。只可惜这个数字是一个谜，我们只能从新《条例》里知道是“一定比例”，从宽编制、更细致的专项经费、更灵活的使用规定就更是奢望。

我们清楚地知道，发展有阶段，地区有差异，同时，经费具备数据化、明确化的特征，各级政府对残障人教育的重视，无论发布多少文件或规定，最终都会体现在“钱”上。现阶段，该怎么在经费预算上迈出示范性的一步呢？

为此，我们呼吁残障人教育的投入请单独列支，并请教育部在其部门预算中率先启动，即在教育部的年度部门预算中、部门职责中除有对少数民族和少数民族地区的教育援助外，单独列明对残障人教育的投入保障，以此促进中央及地方政府的改变；请明确和使用科学的统计方式，随班就读、特教班、送教上门等特殊学生的数据不可遗漏；特殊教育有其自身的特点，特殊学生有其自身的特点，特殊教育经费的补助范畴需要合理规划和细致分配；随着特殊教育质量的提升，教育经费的监控和评估也是需要做到的。

（五）为考试提供合理便利

在新《条例》条件保障中，单独提出一条“残疾人参加国家教育考试，需要提供必要支持条件和合理便利的，可以提出申请。教育考试机构、学校应当按照国家有关规定予以提供”，也就是说，国家意识到了残障人士在平等参与考试上面临的挑战。并非因为他们的能力有限，而是因为“残障”，其无法平等参加国家考试。

但是这样一则条例还是过于粗糙和漏洞满满。究竟不同残障类型的残障人士在参加国家考试的各个环节中，都存在什么样的阻碍？我们需要提供什么样的合理便利去保障其参加考试的权利？

举例而言，残障人士报名考试时是否存在阻碍，是否会因为残障而不具备考试资格？考题以什么形式呈现，只有统一的字号和对比度的纸质考卷的话，视障考生怎么办？用什么方式作答，对于无法顺利书写的人而言，可以用口答或者电脑形式辅助作答吗？不适应大考场的人，是否可以单独或小组参加考试呢？对于体弱的人而言，是否可以允许考试中间有小段休息时间？因为残障原因书写比较慢的人，是否可以延长其考试时间？

上述简单的讨论就看出了残障的复杂差异性，我们清楚地明白很难有统一的标准，但这就更加考验我们在制定条例时，既要精准又要留有相应的弹性，以应对残障者的真实需要。在此还要慎重地指出，谨防基于残障的过度保护，损害非残障者的利益；也要谨防借合理便利一词，偷换无障碍的政府责任和义务。考场的无障碍环境建设，无障碍环境是建筑设施必须达标的制度，而考试的合理便利单指残障考生在考试环节中存在的隐形障碍，两者不可混为一谈。

结 语

有人说，1994 年旧《条例》里的内容，在 20 年后才得以落实和执行，2017 年新《条例》大多数内容，都停留在宣告性或者文本性阶段。但相较于 1994 年旧《条例》的粗糙和粗犷，2017 年新《条例》不管是从理念还是具体内容上，都显示出残障人士的受教育权利逐渐受到重视和慎重对待。不管这是因应时代的发展变化，还是因应残障人士权利意识的觉醒，皆为进步之举，是值得肯定和期待的。唯在条例修订出台之后，去落实和践行条例的过程中，需要更多的更细致的考量和行动，才是残障人士平等受教育权利的真正实现。

2017 年法律 / 政策，我们唯独选取《残疾人教育条例》，正是想借此明确、强调和提示诸位，教育对残障社群的意义和重要性。而教育对于每个人来说，其意义和重要性难道不是众所周知的吗？那么如此刻意和着力，本身就表明我们对残障人教育的态度和期盼！

第六章　年度汉字

汉语，可以说是世界上最复杂的语言。每一个汉字，能表形、表声，还能表达多重含义。

每一年，以中国为背景，以残障为领域，我们选出一个汉字，去记录这一年我们看到的重要事情，去观察它的过去、现在和未来，看到事情的形、事情的声、事情的意。

怼

文 / 蔡聪

“怼”，拼音是 duì，但网络上通常念作第三声。说文，心部，从对声；对，相持也，意为互相对峙。北方方言中表达“用手推撞”或者“用语言拒斥反驳”的意思。

2017 年，残障社群与不少利益相关者展开了多轮单方面直怼和互怼。

先是视障人士在盲人网络社区中公开发起签名，号召视障人士联合起来抵制深圳信息无障碍研究会及其负责人，认为其以专业机构和专家身份隔离了社群与互联网公司间的沟通，且其专业介入的结果是诸多互联网产品的信息无障碍愈发糟糕。紧接着，清华大学回复甘肃轮椅考生的《人生实苦，但请你选择相信》刷屏后，遭遇残障人组织的冷怼，以“清华还欠我们一个一流大学”为口号，批评清华大学的傲慢，以及其无障碍设施的缺失，显示了其与清华无障碍发展研究院的传播理念间的矛盾，为此还有残障人士专程到清华进行轮椅无障碍体验。随即，东北师范大学劝告视障学生在外自行租住并要求父母陪读的事情再起波澜，残障社群还未来得及跟上公众的脚步怼东北师范大学，事情便告翻转。媒体报出盲人父子索取“残疾车”“导盲犬”的要求后，这对父子迅速成为公众怒怼的对象，附带也让盲人成了贪得无厌的代言。而残障社群终是逆流而怼，从讨论为什么不可以要“残疾车”“导盲犬”，试图从情绪中跳出，将问题引向残障人高等融合教育的制度保障。

怼是一种情绪，我们看到残障者的各种不满。

被怼的十分委屈，无论是深圳信息无障碍研究会，还是清华大学、东北师范大学，明明都是为了残障社群，却落得这般被怼的状况。

但残障社群没有怼高德地图，因其做了信息无障碍的优化。残障社群也没有怼南京特殊教育师范学院，该校开学邀请 DPO 来为招录的视障学生做评估与培训。

如此看来，残障社群怼的不是人，应该是事，或者说怼的不是人，而是心。

尽管我们都是为了残障人，但是在“为了你好（for disability）”的过程中，残障人可能感觉到了不平等，感觉到了没被尊重，感觉到了权利被侵犯。如同父母与子女的关系，为了你好并不意味着绝对的正确与有理，在权利不对等的空间里，弱势一方最需要的是平等地参与，是制度性的保障，保障意见和想法被倾听，保障表达有渠道，保障反馈有结果，保障需求有支持。

以前残障群体面对诸多不满，不敢怒目相怼，甚至只能以感恩戴德之姿，促进本应有的残障权利落实。比如，2014 年高考有了盲文试卷，考生家长给教育部送感谢信。然而近几年来，残障群体似乎越来越愿意怼人怼事。但这并不是怼天怼地怼空气的情绪宣泄，而是社会发展、文明进步，残障人士越来越认同并接纳自身的身份，越来越有信心，越来越关注自身的利益与发展的必然结果。

因为残障人士怼的并不是某个人、某个学校，而是从自己的心出发，去审视每一个打着“为了残障”的旗号背后的初心。

2017 年，我们看到了残障社群的怼。我们猜想，残障社群正处在并将长期处在怼的道路上。因为在新时代下，残障人和所有人一样，对美好生活充满向往。

第七章 年度造词

词语、语言和文化，对这三者的探究，引无数学者竞折腰。如今的互联网时代，引无数人竞造词。是现象狂欢，还是心态无奈？是文化沙漠，还是传播媒介？是情感表达，还是现实写照？造词的背后，表现出更为复杂、丰富的语言和文化。

残障，一个足够丰富、充实的领域，以人为载体，延伸并触及社会各个角落，为新词的出现提供了肥沃的土壤。我们需谨慎拆解、细心提取后标新立异，唯恐哗众取宠。

残商 DQ

文 / 蔡聪

残商不是电商，DQ 也不是冰激凌。它如同智商与情商，是人造出来的概念，用以衡量残障人士如何看待并处理残障身份与社会的关系，是否达成个人的利益诉求。

在过去的年代里，残障人是没有什么机会与社会发生关系的，因此大多需要通过自身的努力，也就是“身残志坚，自强不息”，纯靠个人的努力及社会资源来克服障碍。残障并未给其带来任何益处，反而全是阻碍、困难与羞耻。因此，取得世俗标准的成功的残障人，诸如大多残障的企业家，不太愿意在公开场合谈论自己的残障，如同很多小品中进入城市的“凤凰男”面对乡下穷亲戚时的尴尬，只能尽可能远离社群。他们回报残障社群的方式也是通过捐赠钱款、提供工作机会等，但会小心翼翼地保持自身与残障社群的距离，以割裂个人与残障的标签。

随着近年来媒介渠道与内容的发展，透过“身残志坚、自强不息”获得社会关注度，并将之转化为个人发展的资源与利益，已经不再是少数残障人士的特权。互联网时代的到来，新媒体的蓬勃发展，让更多残障人拥有了机会，也让更多残障人可以谈论自己的残障。只是大家谈论的经历比较雷同，大多是从残障带来人生冲击开始，可能是先天，可能是后天，然后在描述或凄惨或绝望的境遇后，因为某个契机、某种情感的觉醒开始奋斗，通过努力做到某些非残障人认为你做不到的事情，最终以此或明示或暗示地给予他人激励。譬如地震中失去双腿却能游泳，事故中失去双臂苦练双脚弹钢琴，言语有障碍偏要挑战演讲，纵然失明也要生下孩子等。可能残障人本身并没有将自己固化在这样的叙事模型里，但市场通过选择与教育，进行了残障人的选择，也反过来加固了市场。尽管有不少残障人已经开始在私下抱怨说自强也要休息，但当站在公众的视野中时，他们仍然要以最饱满的热情、最真挚的呐喊，在顺应中或主动或被动地确保个人的利益。无关对错，只是因为机会太少，残障人太多。

2017 年走入公众视野的两名残障人，让我们看到了长久以来公众透露出的一丝审残疲劳，也看到了在社会开放度更高的新时代下残障青年人可能给残障叙事带来的新的可能。先是 2017 年 2 月 15 日晚播出的网络综艺节目《奇葩大会》，公益从业者视障人蔡聪以《这个世界上不应该有“残疾”人》为题进行的演讲，以打破刻板印象为主题，引起媒体和公众广泛关注与报道。这个 7 分多钟的演讲还得到了《人民日报》新浪官方微博的转载。

2017 年 5 月 12 日，在网络问答平台知乎上“穿短裙露假肢是一种什么样的体验”这一问题下，一个打破传统凄惨、表示这种体验很酷的回答在短短两天内收获了数万个赞，作者是来自西南政法大学的本科学生谢仁慈，其随之迅速进入媒体和公众的视野。

观察两位残障人士被广泛关注并称赞的表象，均是打破传统的刻板印象，从个人故事到理念层面均试图传播残障视角的新思想、新观念。但从公众的评论来看，大多仍旧感动于其纯天然的积极与乐观和自我不够努力的感喟，只是从形式上看到了新鲜的“身残志坚”，它轻松而幽默，不会带给人太多压力，但是本质上是否有所撼动，需要放在更长的时间标尺上观察。事实上，这也并非一两个个体能够改变的事情。

再看两人引发广泛关注后的走向，蔡聪在短时间内接受了大量媒体采访，谢仁慈也不例外。两人均在采访中强调残障人的权利、平等。但随后，谢仁慈更多出现在综艺节目之中，比如湖南台《儿行千里》；而蔡聪更多出现在社会类节目之中，比如凤凰公益、中国网等频道关于融合教育、无障碍等的探讨，事实上这是媒体采访的延续，也是此前他一直担负的工作。谢仁慈在同年 10 月出版了个人自传及人生感悟类图书《我妈和她给我的四条命》；蔡聪则忙于年底在上海、兰州、沈阳等地高校的演讲，内容集中在大学生与公益、残障与社会发展等。

两人的共同点有很多。比如蔡聪是一加一发展过程中倾力培养的残障领导人，接受过多年人权教育；而谢仁慈从学法律，到结识一加一，参加残障青年人的意识培训。这应该是他们在公众层面能够谈论残障并以全新的方式谈论残障的基础。但是不卖惨、不比惨，能够谈论平等与权利的残障青年人越来越多，能够走入公共视野的是否也会越来越多，还有待更多样本，以确定他们这种并不愤怒的、平静的、幽默自黑的方式，是不是关键性的影响因素。或许在未来它能成为残商教育中的重要一课。

两人的不同点也有不少。比如蔡聪是从隔离教育中走出，在 DPO 中从事残障倡导工作已有八年，从媒体报道来看，参与该节目是工作中有计划的一步；而谢仁慈从小生活在主流环境里，还是一个学生，“走红”也属无意。这也决定了两人后续面对媒体与公众时的表现不同。

显然，两人能够引发广泛的关注，跟其残障身份，跟其谈论残障的方式对公众产生了冲击是分不开的。但这可能只是一时新鲜，透过表面去看人们在评论中对信息的解码与再次编码，仍能看到传统的普遍认为残障人的不能，从而惊叹感动于个体的能的“超常化”框架。在这种新鲜感的背后，能否争取到更多空间，发展出更多残障标签以外的角色，从个人利益到机构利益，到社群发展的协调与统一，无一不考验着其残商。

近年来，随着环境的进一步开放，残障人展示自己能力的渠道越来越多。因为“第一法则”效应，在变革时代下，率先接触到机会或者进入公众视野的残障人，自然占有更多优势。比如先有机会参加普通高考的视障学生和在考试中表现突出的视障学生，同样会吸引更多的关注。短时间内难以彻底转变观念的人们仍然在用自身的框架与新时代、新机会中走出的残障人的框架不断碰撞，是在碰撞中收下人们同情与怜悯的捐赠、特殊照顾和敬佩，还是在对抗中再次被远离，或者不断在碰壁中寻找、尝试、妥协，最终并肩，确实十分考验残障人的残商。而不管是残商、智商还是情商，其实都是各方与各方、人性与利益的碰撞。

第八章　年度人物

年度人物是报告中最具挑战的部分，没有之一。

我们唯恐因为视角和理念的不同，给当事人的过去造成伤害和负担；我们唯恐因为语言、叙事、论述等方面的能力不足，给当事人的当下造成误解和麻烦；我们唯恐因为人的观察和描写，给当事人的未来造成损失和影响。

但我们无法回避和阻挡，以时代为背景，以价值观为基础，将人与人、人与万物置于其中，记录我们的命运，书写当代的史记。

所以，我们不以成败、好坏、善恶论人物！这是对我们的考量，也是对每一位读者的考验！

王晓更

文 / 李红　解岩

就在我们准备截稿的时候，2018 年 6 月 2 日，在英国伯明翰召开了融合国际第十一届会员会议。在会议正式开始前，主席克劳斯先要求全体起立，向过去两年离世、生前积极参与心智障碍者权利运动的倡导者默哀致敬，感谢他们对促进残障权利提升及社会融合倡导做出的贡献，来自中国的心智障碍者的家长、北京融爱融乐心智障碍者家庭支持中心（以下简称融爱融乐）的创办人、心智障碍者家长组织联盟的核心发起人王晓更女士是其中之一。克劳斯主席这样评价王晓更女士："王晓更是中国国内真正亲历创办倡导型家长组织的第一人，在她的推动下，中国国内的家庭倡导组织发展迅速，中国的家长组织联盟动员了各地的家长领袖和家长组织积极倡导心智障碍者及其家庭的权利。”

王晓更被推荐为“中国残障观察”年度人物，是将她作为一个人物案例，去梳理和总结一位中国家长如何从自我成长到领导一个组织，进而壮大社群促进行业进步，推动中国的残障权利倡导运动在曲折中砥砺前行。

> 我一直提倡孩子要实现权利，尊重他的存在和价值。爱自己的孩子是妈妈的本色，但尊重孩子的权利，从保护转变到支持是每个家长的必由之路。这也是我发起融爱融乐的初衷。
>
> ——王晓更

在常态化的传统观念中，心智障碍者及其家长本是你中有我、我中有你的天然的利益共同体。事实也是如此，尤其在中国的社会环境中，家长是心智障碍者的监护人、第一照料者，他们承担了巨大的经济压力和精神压力。然而，换一种视角，作为承担压力、承担法律赋予的很重的监护职责的人，如果他们缺少正确的理念、方法，有意或不经意间也会成为威胁权利的最高风险因素。因为那些监护职责可以成为他们替代心智障碍者做出决定的权利。

2006 年，王晓更因爱人工作需要，全家赴美生活。作为没有获得过任何专业化支持和引导的普普通通的父母，这次赴美之旅，儿子陈务，一名心智障碍者，没有参与到决策中，他是否愿意去美国以及去做什么，并没有在家中进行讨论，他如同一件行李，被父母一同打包带到美国。为儿子申请入学，王晓更面对一个多学科的专业团队，并且自带中文翻译为陈务进行入学评估。专家们首先征询陈务来美国有什么计划，王晓更正要打断对方时，陈务冒出一句“我要学英语”。这一问一答，惊醒了一位一直用爱替代儿子全部的妈妈。陈务在美国生活的五年是其自信成长的五年，作为一个家长，一种使命感也开始在王晓更内心发芽，等待生长。

作为一个母亲，在美国的五年，王晓更看到和感受到了一个不一样的陈务，她也在用心感受有什么不一样以及为什么儿子会不一样。她在陈务多元的生活状态和生活环境中，切实感受到何为有品质的融合教育，何为真正的社区融入，她发现陈务逐渐成为一个更加独立、更有自尊的人，这是基于他在生活的方方面面获得的系统性“支持”，包括专业化的支持，也有自然的支持。她还感受到这种支持的存在不是基于爱心，不是基于福利，和家庭背景无关，而是基于法律赋予陈务的权利。她更深层次地感受到，基于陈务的权利，各方都有义务去尊重他，如同尊重每一个人权利一样平等地对待他，没有特权和照顾，是平等地被尊重，这些利益方包括学校、社区服务部门、教师、社会组织，还包括父母。作为母亲，她深深地领悟到“心智障碍者和我们有一样丰富的思想和内心，只是表达方式不同”。她由此坚信心智障碍者有自己的想法、诉求，也有能力为自己做出决定，他们现在面临的很多困难不是因为他们自身，而是外部环境设置了太多门槛和障碍。

基于这样的信念，在她病重之时，家人亲友为了更好地让她安养，想在 2015 年春节将陈务送往老家过年，但王晓更洞察到陈务的不愿意而坚持把他留在了北京。

作为一个家长，她的反思没有就此停住，她在思考是什么力量做出如此系统的推动，让心智障碍者的需求和权利被看见、被尊重、被保障。她懵懵懂懂地看到心智障碍者的家长发挥着非常积极的作用。这种内心的反思与觉醒看似是被陈务所激发，但回溯王晓更个人的职业发展经历，似乎在偶然中埋藏着必然。

王晓更是中国恢复高考后最早返回大学校园的“60 后”，英语专业毕业的她先后在宋庆龄基金会、世界自然基金会、玛丽斯特普中国办公室以及中国关爱基金会（现其中国项目已合并春晖博爱基金会）工作。作为较早进入非营利组织工作的专业人士，王晓更已经早早获得社会公益理念的启蒙。这些早期工作实践中所积累的以权利为基础的工作理念与后来陈务在国外获得的支持相连接，让王晓更具备了成为专业性组织领袖的素质。

和世界各地心智障碍者家长一样，中国的家长在推动心智障碍者权益改善方面发挥了重要的作用。1993 年，自闭症儿童的母亲田慧萍女士创办了国内第一个自闭症康复机构——北京星星雨教育研究所。在那个年代，因为专业的缺失、服务的极度匮乏，很多心智障碍者的家长在无法获得任何支持的情况下，无奈选择自己开办康复机构来支持自己孩子的成长。

心智障碍者家长组织作为一种新的组织生态出现在行业中最早也是在 20 世纪 90 年代。创办于 1997 年 5 月的广州扬爱特殊孩子家长俱乐部，创办人是一对英国夫妇——史德福先生和玛莲女士，他们本着爱无国界的国际人道主义精神来到中国，与广东省妇幼保健院联合创办了扬爱，致力于支持中国的特殊孩子家庭。这样一个在外力推动下成立的中国首个家长组织，提出口号“谁来关心那些照顾他人的人们”，并将特殊人士的家长作为他们首要的支持对象，以此确立扬爱的愿景是“锐意成为关心照顾者和家长充能的卓越机构”。在此之后，国内星星点点出现了一些家长的互助团队或互助小组，但都是家长的一种自然连接，没有体现正式、专业的组织化形态。

2010 年，王晓更带着期望和家人回到北京。两周后，陈务的父亲接到一封邮件，一家美国企业邀请陈务去参加就业面试，但由于父亲工作派遣到期，陈务和这次就业机会擦肩而过。回京后，陈务的生活空间开始逐步被限制在家中，无处可去。此刻，王晓更把陈务在国外的生活状态作为一种使命和愿景，为此积极奔走，寻求更多的资源、途径、解决方案。她把陈务在国外的“美好生活”不厌其烦地说给不同的相关者，将陈务的故事和经历拆碎了讲，告诉大家何为融合、支持系统、个别教育计划、职业转衔。陈务的故事有人向往，有人觉得不可想象，有人还是要观望，有人却被她打动，希望一起行动。

终于，2011 年 5 月 21 日，包括王晓更在内的 15 位心智障碍者家长聚集在一家叫亦能亦行的研究机构的办公室，在创办人及所长张巍的主持下开始酝酿成立自己的组织，筹划为改变自己孩子的未来做些什么。希望通过社会融合的工作手法，先从娱乐休闲项目开始，逐渐扩大到支持性就业、社区生活和自我倡导等项目，力争通过实验项目的推广、复制，为心智障碍群体的生活质量提升和权利的实现开创一个可行的新型模式。虽然融爱融乐的成立也获得了很多外力支持，但是这一次，融爱融乐是一个真正从王晓更以及其他 14 位中国心智障碍者家长心中长出的组织。组织定位为倡导组织，是因为王晓更在不断交流求索中，得到很多国内外专业人士、家长的指引和支持，她十分明确、坚定地把倡导和家长自主作为标签贴在融爱融乐的组织定位中。她确认，家长组织不以提供某项具体专业化服务为使命，而是面向心智障碍者群体全生涯的需求进行持续倡导，家长应该成为心智障碍者的协作者和支持者，从某些层面作为服务用户的代表倡导政策，推动服务改善以及社会环境的改变。

中国社会进步的每个领域都那么艰难和漫长，但是仍有人孜孜不倦、奋勇前行。社会的点滴进步就是这样来的，有人发现问题，有人站出来提出解决方案。

——王晓更

2011年，在王晓更当年服务过的中国关爱基金会创办人美国青年麦休先生（其家族后来在中国注册成立达理基金会，为融爱融乐的发展提供了重要支持）提供的资金支持下，在中智协马廷惠主席的具体领导下，由第一批家长（王晓更、史慧民、邵艳华、韩万川、黄一萍、张大欣、王月平）首次启动快乐活动营。器材大部分是家长捐赠，场地是海淀培智学校免费提供，很多骨干家庭提供志愿服务，家长分别承担项目策划、家长联络、营员服务及活动总结和报道工作。此后，快乐活动营以每月两次的频率坚持了下来，成为国内首家志愿者与心智障碍者一对一进行常规化、零拒绝融合体育休闲活动的公益品牌。在外人看来，快乐活动营这样简单、易操作的项目其专业性和公益价值没那么大，但是对于心智障碍领域的融合倡导，融爱融乐创办的快乐活动营蕴含着我们无法想象的价值与内涵。①这样一个以无门槛、零拒绝为原则，以自由地玩为内容的项目，首先传递了“生活品质”理念，告诉社会心智障碍者需要丰富地、有品质地生活。②成为引导家长“走出来”的抓手，也是融爱融乐一直提倡的“家长走出来、孩子有未来”的起步动作。③提倡常规化的融合志愿服务理念，反对节日化的助残志愿文化。

有着专业公益从业经验的王晓更，走专业化的组织发展路径是其一直提倡并坚持的。融爱融乐的专业化在王晓更的领导下开启，主要体现在以下几个方面。

（一）用联合国《残疾人权利公约》（以下简称《公约》）武装团队，以《公约》为组织行动的纲领，奠定组织的发展理念

融爱融乐创办理事之一韩万川老师在一次团队建设会议中提到：“有

一个目标明确、意志坚定、奋不顾身的带头人，才使得我们组织成立伊始就在《公约》的引领下，将权利、机会平等确立为组织的使命和愿景。”2012 年 5 月，20 位家长自费接受了三天封闭式《公约》培训。他们全部成为家长骨干，后又多次进行了《公约》、支持性就业等方面的培训，更新家长的理念。

接下来，王晓更积极推动团队通过国际交流合作来开阔国内家长的视野，提升他们的理念。2012 年 10 月，受融合国际的邀请，融爱融乐包含首届理事李军女士等家长及自我倡导者在内的 5 人代表团参加华盛顿全球融合国际会议。会议期间，他们促成和落实于同年 12 月 6~8 日在北京举行社会融合国际研讨会。来自美、英、日、黎巴嫩、马来西亚等地的融合国际专家，以及海内外的家长、自我倡导者、学者、专业人士及中国残联与融爱融乐的家庭，首次共同研讨融合教育、社区生活、支持性就业和自我倡导。一个刚刚注册不久的家长组织成功举办这样大型的国际会议，使这个草根组织刚起步就得到了先进的理念支持和广泛的国际关注。

支持性就业是王晓更领导的理事会在国内推动的又一个议题。为了让政策制定者看到完整的模型，认同专职辅导员的价值，融爱融乐招募辅导员开展案例实践，得到日本和马来西亚的作者授权，翻译和编辑《支持性就业辅导员手册》，这也是当时国内第一本就业辅导员实务指导手册，为支持性就业提供一个完整的、系统的，通过专业辅导员提供支持的服务模式。

（二）坚守组织化的发展，去除个人影响力，将专业的事情留给专业专职的人去做

王晓更在创办融爱融乐之初，和其他家长就本着志愿的精神，贡献财力，艰苦创业，推动一个组织的发展。从最早的工商注册，到后来的民非注册，组织制度建设、治理框架和议事规则都在王晓更带领的理监事团队里得到明确。章程里更明确地规定，家长理事不少于理事会席位的 2/3。

工商注册运营近两年的融爱融乐，2013 年底又完成民非注册，王晓更又领衔融爱融乐民非的理监事团队。为了让组织发展获得更多元的资源支持，理监事团队中又增选两位非家长理事，其他五个理事席位以及监事仍然由家长骨干担任。同时，任命有企业管理背景和家长身份的李俊峰先生为总干事。再到 2015 年，王晓更女士因为罹患癌症提出辞去理事长一职，推荐李俊峰为新一任理事长，由理事会表决通过，顺利完成理事会和机构的工作交接。团队的交替，无论是基于时下环境或主动或被动的调整，都没有给组织发展带来过多不利，没有因为领袖创办人的离开而偏离发展方向。这都归功于王晓更为组织发展奠基下的先进的理念和专业化的组织基础。她推动的是一个组织、一个团队，而不是一个强大的个人！

> 向往社会改变的心智障碍者父母，若自己没有国家情怀，不站出来展现公共精神，又怎能期许社会看到心智障碍者长期被否定的价值？悠悠家愁是我们内心的原动力，《残疾人权利公约》的理念带来的觉醒将爆发更多的行动力，愿更多家长走出来，通过倡导带动改变，让融合的阳光沐浴天下。
>
> ——王晓更

在王晓更回国后和成立融爱融乐前后，了解中国各地心智障碍者的家长和家庭境况后，王晓更意识到一个问题：缺少可以让各地的家长彼此遇见、相互陪伴的可能和机会，在每个孤立的家庭里，父母默默地承受着来自家庭、社会的各种压力，而大多数又是母亲在承担。

2014 年 7 月，王晓更与来自 20 多个家长组织的家长骨干或创办人聚在长沙一个社工中心的小小活动室中，她们想推动成立一个家长组织的联合网络，让家长、家长组织团结起来，有自己的平台，共同向社会发出声音进行联合倡导。这个想法在王晓更和专业人士的共同促进下成为现实，17 个家长组织的代表共同投票，推选王晓更为首届理事会理事长。

之后半年，王晓更再次艰难创业。要凝聚理事会，让家长领袖对联盟的发展有共识、有信心，又要奔走寻找资源；要完成组织的基础建设，要面对家长及家长组织专业性不足的局面，又要作为家长坚持“Nothing about us without us”，为自己的组织做出决定，承担责任。在这个过程中，即使没有任何资源，她也从没有放弃。她曾这样对一位合作伙伴说：“家长组织联盟是家长们站出来承担使命推动社会进步的一个新的里程碑，是十七家家长组织的寄望于信任，所以这就是最好的资源。”如果说，创业融爱融乐时王晓更是一个实干领袖，到推动联盟的发展时，她已经成为一个精神领袖和灯塔。她坚定的信念打动了更多的家长领袖、家长骨干以及各方的支持者。如今的家长组织联盟，已经成为中国心智障碍者家长组织发展的重要力量之一。

从一家组织到一个全国性的联盟，王晓更作为一名家长领袖，其脚步始终坚定向前，直到 2015 年的时候暂缓了下来，这一次是因为肠癌晚期。当家长组织如雨后春笋般出现，大家都在摩拳擦掌计划开拓一番事业的时候，王晓更患病的消息对大家的冲击不言而喻。患病期间的王晓更，当然无法忽视家长组织的发展，但同时，作为一名家长领袖，她深知这是对家长走出来做自己的组织的信心的打击。为此，她选择了事业上嘱托给更年轻、更专业的家长承担，生活上回归家庭，积极治疗。但同时，她依然与全国各地的家长广泛接触和交流。生活本该如此，生活也不过如此，大家不要怕。

2017 年 9 月 12 日，患病两年的王晓更离开了我们。而此时，全国各地注册或者未注册的家长组织有近 90 家之多。这是对王晓更最大的慰藉。

2017 年度人物，我们当然选择王晓更。中国民间残障领域的发展，在进入 2006 年《公约》时代之后，终于在 2014 年，以王晓更为代表的心智障碍者家长站上了历史舞台。对于王晓更个人和其家庭而言，她的离世是不幸的；对于心智障碍及残障领域而言，她无疑是负有使命而来，并给行业留下更大的责任期待。

在中国，基于对残障的认知偏见广泛存在，这是中国残障事业面临的巨大挑战。改变这种认知的方法只有一种，没有其他捷径，那就是残障者及其家属自倡导组织能够发展，引领这场社会运动，没有人可以替代这个角色。作为一个家长，王晓更在探索尝试着，可惜生命没有给她足够的时间，她没有机会再去更深入地推动心智障碍者的自我倡导。但是，她的倡导理念和实践影响了一批新的家长，并追随而来，将火种传递下去。

“每个生命的价值都是一样的，每个生命的权利也是平等的”，这是王晓更的留言，也是她一生的追求。“心智障碍者权利倡导者”，这是王晓更的墓志铭，也是她一生的写照。历史将永远记住，我们将永远缅怀！

附：王晓更女士生平

1961 年 1 月 30 日 ~2017 年 9 月 12 日。心智障碍者家长，心智障碍者权利倡导者，融爱融乐发起人，全国心智障碍者家长组织联盟创始人。

早年毕业于北京国际政治学院英语系。曾任宋庆龄基金会外联部项目官员，米老鼠杂志编辑，ABB 中国有限公司企业推广部官员，飞利浦中国有限公司企业推广部华北区经理，香港迪艾电脑公司总经理助理，世界自然基金会中国代表处行政总监，玛丽斯特普中国代表处项目官员等职务。随丈夫赴中国驻美使馆工作 5 年。在美期间，深刻地体验到了心智障碍儿子在不同环境下的生活状态。2011 年 5 月，在北京与其他 14 位心智障碍家长参与创办心智障碍家长组织，任北京市融爱融乐心智障碍者家庭支持中心首任理事长及法人代表。2014 年 7 月作为核心发起人，发起全国心智障碍者家长组织联盟，并被选举为首任理事长，2015 年因身体原因辞职。王晓更先后辞去家长组织联盟及融爱融乐理事长职务。

第九章　年度机构

机构，既是机械学名词，又是政治学名词，但共性是由两个或两个以上的构件，通过活动联结形成的系统或者共同体。机构与人、与机构、与社会继续聚集、组合、分化，促使运动持续产生。

机构在残障领域肩负着残障社群服务与诉求的实现，折射出残障领域生存与发展的现状，是推动社会文明进步的一分子。解读机构发展的轨迹，我们没有采用系统性的评估体系，只是以当下社会环境和残障社群为背景，将机构置于其中，观察、分析，选出年度机构，勾勒机构外貌，分享机构智慧，引后来者追随。

全国心智障碍者家长组织联盟

文 / 解岩

【简称】家长组织联盟

【领域】行业建设

【关键词】家长领袖　家长组织　联盟　社会团体

【解读】

法国著名历史学家、社会学家托尔维克在《论美国的民主》一书中写道:“人们把自己的力量同自己的同志的力量联合起来共同活动的自由，是仅次于自己活动自由的最自然的自由。”人作为独立的个体，意识到自我的独立，产生自我的需要，进而在人与人的社会交往中遇到志趣相投的其他人，或者在交往中为了捍卫自身权利，与自己利益一致或观念一致的其他个体结合在一起，形成社会团体或社会组织。

1993 年至 2001 年，中国民间残障领域的心智障碍者家长就已经有了一起成立家长组织的意愿和行动，然而那个时候，她们最终选择的还是成立残障康复服务机构，满足自家孩子的需要，让孩子有个地方待，有人管。这些家长也是早期和现在的一些家长领袖，她们用创办机构、开展培训的方式，推动行业向前发展。这一现象延续至今，值得反思。

随着时间的推移，出于各种目的成立的机构的数量剧增，这个时期，在社会歧视的目光和环境的不友善中，一些家长领袖依然持续奔走、呼吁、呐喊，很多家长依然孤立在自己的家庭里，无法使心智障碍者走出家庭，走进社会。社会在进步，2006 年《残疾人权利公约》时代到来，辅以科技手段的应用，无论是老一代的家长，还是新时代的家长，大家能够找到彼此，对于社会隔离的成因越来越理解和认同，无形中残障权利意识的启蒙在一些家长中得到传播。在一起，让我们彼此看见，彼此互助，彼此陪伴，一些家长纷纷亮出心智障碍者家长的身份，勇敢地站在公众面前，使那些还躲在角落里的心智障碍者家长纷纷抬起头，发现还有和自己一样的人和家庭，可以像他们一样，不用负担过多的社会眼光。这不是个人的问题，是一群人都要面对的问题，是社会环境和制度的问题。这是一股力量，使隐藏的人们浮出水面，站出来，合力去面对和解决问题。

2014 年前后，一群意识觉醒、敢于担当、有共同诉求的心智障碍者家长，零星地组织在一起，实现一个人到一群人共同努力、奋斗和抗争，自发地、自愿地成立家长组织，吹响集结号。7 月，在各自创办家长组织的基础上，大家又联合在一起成立联盟，又一次实现了历史性跨越。寻着这一轨迹，经过长期观察，我们发现了这样一家机构。

早在《中国残障观察报告 2015》中，当时名称还是“全国心智障碍者家长组织联会”的全国心智障碍者家长组织联盟（以下简称家长组织联盟）就已被收录在“年度潜质机构”中。经过几年的发展，从家长组织联盟 2017 年度报告中，我们清晰地看到：2014 年 7 月 24 日家长组织联盟成立，会员 17 家，创始人王晓更（已故）；2015 年，秘书处完成工商注册，会员 26 家，获得第一笔项目资金；2016 年，会员达到 49 家，代表中国民间心智障碍者家长组织的联盟参加融合国际大会；2017 年，家长组织联盟的运营支持中心和秘书处完成民非注册，成立北京市融合联汇心智障碍者服务中心，会员达到 87 家，腾讯“99”公益日期间，共募集资金 487 万元，捐款人次超过 43000 人次。同时，令人悲痛和遗憾的是，创始人王晓更于 2017 年 9 月 12 日去世。在短短三年多的时间里，一家组织经历了会员人数和募款金额同步的大幅度增长，也经历了创始人的离世和执行团队的建立。家长组织联盟从亦官亦民性质的中国智力残疾人及亲友协会、中国精神残疾人及亲友协会，以及民间的守望心智障碍者家长组织联盟中脱颖而出。

家长组织联盟入选年度机构，其吸引我们的不是过去几年快速的成长和发展对心智障碍者领域的行业贡献，而是其类似社会团体的治理结构，营利法人和非营利法人合体的运营管理，带给当下中国社会和社会组织在社会团体发展模式上的实践、挑战与启迪。

社会团体在中国的法律和政策中的相关规定。《民法总则》第九十条规定：具备法人条件，基于会员共同意愿，为公益目的或者会员共同利益等非营利目的设立的社会团体，经依法登记成立，取得社会团体法人资格；依法不需要办理法人登记的，从成立之日起，具有社会团体法人资格。《社会团体登记管理条例》第二条规定：本条例所称社会团体，是指中国公民自愿组成，为实现会员共同意愿，按照其章程开展活动的非营利性社会组织。

从最初的“全国心智障碍者家长组织联会”到如今的“全国心智障碍者家长组织联盟”，家长组织联盟从成立之初就选择和冠以“全国”为工作区域和范围，明确机构定位，没有像同行业的联盟机构取名为某一品牌，从其格局、视野和立意来看，足见其雄心和信心。但是，在中国的现实环境下，冠以“中国”“全国”“中华”“国际”“世界”等字样，应当按照国家有关规定经过批准。同时，在注册上，无论是地方性的社会团体，还是全国性的社会团体，按照《社会团体登记管理条例》第六条规定：“国务院民政部门和县级以上地方各级人民政府民政部门是本级人民政府的社会团体登记管理机关（以下简称登记管理机关）。国务院有关部门和县级以上地方各级人民政府有关部门、国务院或者县级以上地方各级人民政府授权的组织，是有关行业、学科或者业务范围内社会团体的业务主管单位（以下简称业务主管单位）。”那么，无法或暂时不能注册成社会团体，这是家长组织联盟和各地家长组织机构所共同面对的问题，短时间内恐无法解决。

2015 年，家长组织联盟没有像大多数中国民间社会成立的联盟一样，选择以非法人实体注册的名称或呼号展开工作，而是勇敢、果断地选择营利法人即工商注册，而非民非注册。时隔两年，2017 年家长组织联盟又完成民非注册，名称定为：北京市融合联汇心智障碍者服务中心。“家长”一词未列其中，该机构在联盟的内部定义为联盟的运营支持中心和秘书处。同时，在家长组织联盟的会员大会及其理事会选举中，社会团体的治理、议事、选举等民主实践，在行业内被津津乐道。

家长组织联盟在无法取得社会团体法人资格的前提下，采取以社会服务机构的法人身份，确定秘书处的合法身份，进行社会团体的会员管理和社团治理。试想，家长组织联盟如果对外呈现的机构性质是一家营利法人，其公益性必然受到质疑，如果是一家社会服务机构的非营利性法人，是联盟的秘书处主体，但又不是社会团体法人，至少在公益性和社会团体的法律身份方面不会因此带来影响。相反，假如家长组织联盟是一家营利性质的会员服务机构，营利法人足以保证其运营的合法性，无须再做非营利法人的注册。从工商到民非注册，我们深深体会到家长组织联盟在其实践和探索过程中，在法律身份上体现出来的纠结和困扰，以及这背后所隐含的更为深刻的社群发展困境，这也是社会发展的必然趋势。

家长组织联盟，我们取其发展的历史切片，仅从法律身份的视角提示现在和未来所面临的法律风险及其应对策略和办法。我们赞赏家长组织联盟的勇气和胆识，这群人以通过对中国心智障碍者家庭的支持，促进《残疾人权利公约》在中国的有效实施，实现心智障碍者及其家庭全面平等融入社会，更有尊严的生活为使命，他们所迸发的智慧无可限量。同时，我们也担忧家长组织联盟的法律身份，当这群人步入改革的深水区，触碰根本问题的时候，这样的法人结构将给他们带来挑战。

历史的一页已经被翻开，家长组织联盟的书写暂告一段落。其带给行业的思考与实践，在 2017 年被我们及时记录。更期待未来的某个时刻，其再次进入年度机构。

第十章　年度领域

点，窥一斑而见全豹，观滴水可知沧海，由点及面，以微观反映宏观，意在广度。面，群山的背景衬托出风景的优美，由面及点，以宏观衬托微观，意在深度。

面是由无数个点组成的，点和面的关系往往体现于局部与整体、特殊与一般、个别与普遍的辩证统一中。点和面，加上大量的留白，共同组成一幅中国写意山水画，笔简意足，点到即止。

当我们将残障领域放置于中国社会发展的大背景中去观察时，找一个点，描几件事，留几处白，一幅多视角、跨领域的中国残障写意山水画，就展现于你我眼前。

脊髓损伤者社群

文 / 解岩

《中国残障观察报告 2015》，我们将“脊髓损伤者中途之家”列为最活跃领域。《中国残障观察报告 2016》，我们将脊髓损伤社群代表机构之一的“北京新生命养老助残服务中心”列为年度机构。2017 年，一则中国肢残人协会脊髓损伤者“中途之家”更名的公告，以及脊髓损伤者社群在各级残联甚至是民政部门的工作成绩、各种公益活动中的表现，让我们确信，是时候将“脊髓损伤”领域作为“年度领域”进行重点观察与分析了。

脊髓损伤（Spinal Cord Injury，简称 SCI），是指一个人椎管内神经组织遭受急性外伤或病变，造成不等程度之感觉机能丧失、运动机能丧失或大小便功能失常，而这样的机能丧失或失常会是暂时或永远的。脊髓损伤可能会阻碍下列四个讯息传送途径而失去相关功能：①失去感觉讯息：无法由外部受器（如皮肤、骨头、胃）将感受传至大脑。②失去运动讯息：无法由大脑将欲完成之动作传至肢体或其他部分。③失去反射讯息：无法将身体受到外部刺激后的讯号传至大脑，也无法将大脑讯号传回身体产生动作。④失去自主讯息：无法维持生存机能所产生的生理反应，如胃蠕动、心跳。因此，伤者无法控制自己的身体机能，而造成不同程度的功能缺失，以不完全性损伤和完全性损伤来区分；有的下半身瘫痪、四肢瘫痪，有的需终身以轮椅代步。就致病原因而言，多为自然灾害、高处坠落、交通事故、暴力损伤、病毒感染、血管瘤破裂、肿瘤占位等，高发于青壮年时期。作为一种疾病，脊髓损伤致残率极高，是肢体残障中的一类。同时，由于存在运动、感觉、排便、呼吸、性功能等多种障碍，伴有压疮、尿感、肾损害、痉挛、深静脉血栓等十余种并发症。脊髓损伤后神经无法再生，目前是世界性治疗难题之一。

脊髓损伤者，上一秒还是一个直立行走的普通人，下一秒就很有可能因为意外而终生使用轮椅，从健全人成为残障者。他们历经从致伤后的震惊无知、懵懂愤怒，到对瘫痪开始有一定认知，再到重建生活信心等的心理调适过程。作为一个群体，脊髓损伤者是残障社群中社会基础和资源最多，社会阶层分布最广，社会参与度最高，受教育程度最高，职业经历最为丰富，社会化程度最高的一群人。由此可见，脊髓损伤者社群是社会化程度最高的残障社群。从这一人群切入，观察、总结，并加以提炼，呈现残障领域与社会发展进程的关系，或许是最为理想和可行的。

经过梳理，我们发现了脊髓损伤者社群发展的一些特征，既有与自身社群相关的特点，也有与社会发展相关的因素，彼此交融，相互影响，比其他残障社群更能体现与社会发展密切相关的活跃性和代表性。

第一，脊髓损伤者社群公众知晓度高、影响力大、代表性人物最多。

列数 20 世纪 70 年代之后中国脊髓损伤者社群中的名人，历历在目。

首先是中国残联名誉主席邓朴方，其在“文革”期间受迫害致残，之后为中国残障事业做出了不可磨灭的卓越贡献。

1983 年，《中国青年报》发表《是颗流星，就要把光留给人间》一文，使现任中国残联主席、当年仅 28 岁的张海迪名噪中华，成为一代代中国人的励志楷模。

1998 年，参加第四届美国友好运动会，在练习中不慎受伤，造成颈椎骨折及胸部以下高位截瘫的体操运动员桑兰。

双腿瘫痪的著名作家史铁生，其代表作《我与地坛》《务虚笔记》《病隙碎笔》等，家喻户晓。

2001 年 9 月 22 日，因脊髓海绵状血管瘤破裂而全身瘫痪的湖南卫视主持人梁艺。

2007 年 6 月 15 日，原国家男子排球队主力接应二传汤淼，热身活动柔韧练习中头部着地摔成重伤，致高位截瘫。

2008 年奥运会彩排时，从高台上摔下受伤致高位截瘫的青年舞蹈家刘岩。

以上案例说明，脊髓损伤时时刻刻因为各种意外发生在人身上，无论你是名人还是普通人。

第二，重大历史事件或发展阶段在脊髓损伤者社群的发展历程中都有呼应。

目前，中国究竟有多少脊髓损伤者？有专家估计，至少有 200 万名脊髓损伤者，并且每年还在以一定的比例不断攀升。我们找不到更为确切的统计数字或者统计渠道。但当我们从导致脊髓损伤的原因（包括自然灾害、高处坠落、交通事故、暴力损伤、病毒感染、血管瘤破裂、肿瘤占位等）中，结合不同时期社会发展的特征和重心、历史事件、所处的历史阶段等综合因素去做分析时，可以感受到脊髓损伤者的数量之多，以及其带给中国社会和中国残障事业的影响。

邓朴方受迫害致残之后，1984 年中国残疾人福利基金会成立，1988 年中国残疾人联合会成立，1988 年中国康复研究中心（集医、教、研、工、信于一体的大型现代化综合性康复医疗机构，脊髓损伤者的集散地）成立。20 世纪 80 年代的这三个“成立”，均是这样一位伟大的脊髓损伤者做出的贡献，也一直深深影响着中国残障事业的发展。

1976 年 7 月 28 日，唐山一场里氏 7.8 级的强烈地震，造成 24 万人罹难，16 万人重伤，其中 3817 人截瘫。1992 年，唐山政府及各类公益组织募资建成唐山康复村，其村民都是在唐山大地震中造成下肢瘫痪的灾民，该村一直保留至今。2008 年四川汶川地震、2010 年青海玉树地震、2013 年四川雅安地震、2014 年云南鲁甸地震灾害生还者中，脊髓损伤者占了很大的比例。自然灾害造成的脊髓损伤者激增。

1978 年改革开放之后，基础设施建设高速发展，在“要想富先修路”的口号指引下，高速公路、国道、省道等相继开通，城市建设进入跨越式发展阶段，人民生活水平得到显著提升。各地道路、高楼大厦、个人汽车拥有量呈井喷式增长，人们参与社会生活的机会大增。同时，在人们法律意识淡薄、社会监督不力、重经济发展忽视社会治理等背景下，产生脊髓损伤的两大杀手——高处坠落、交通事故逐渐凸显。建筑工地的工伤者、交通事故的致残者随之而来。

近些年，食品安全、健康、环境治理、公共卫生等成为社会公众关注的议题。病毒感染、血管瘤破裂、肿瘤占位这三种造成脊髓损伤的原因，都与此息息相关。不用我们进一步解释，普通大众都能意识和理解到。同时，人们的文化生活丰富了，体育活动增加，比如滑雪、登山等，使脊髓损伤的概率增大。

历史事件、社会发展的不同阶段、人们对生活的追求变化等的背后，都是人在创造历史，在书写历史。脊髓损伤的成因，与人们的社会生活密切相关。这不是耸人听闻，这是脊髓损伤者的故事，一个个生命的写实。2017 年，国务院发布《残疾预防和残疾人康复条例》，残疾预防上升为政府层面的共识。

第三，残障社群与社会经济的关系，在脊髓损伤者社群中体现得最为深刻。

长期以来，残障社群带给社会和公众的印象：弱势群体，太穷，他们为社会做的贡献有限，花钱填不满的无底洞，只有经济发展了才能有余力谈残障人的社会保障……这些负面的甚至歧视性的标签，我们暂且不做分析，但从中我们可以感受到一点，在改革开放之后，社会经济飞速发展，残障者与钱的关系一直停留在“花钱”和“要钱”的关系上，没有“赚钱”的部分。脊髓损伤者社群是可以“赚钱”的，能为社会带来经济利益。

首先，在脊髓损伤者的初期医治阶段。一方面，突如其来的打击对一个人而言很难承受，接受不了未来或许站不起来的事实。于是基于每个人的经济条件，尽可能医治是伤友初期普遍的心理状态，无形中就会花很多钱。另一方面，有的伤友是单位、第三方责任等造成的脊髓损伤，治疗费用由他们负担，再加上伤友得病初期期望能治好，在医院里花多少钱都不在乎。在中国康复研究中心附属的医院里，每个月都有人给住在医院里的伤友送支票，已经成为一个现象和常态。

我们不能认定所有的医生或医院都追求经济效益，但利用患者缺乏医疗知识，以及医疗模式下“我要和原来一样”的理念，部分医院和医生想要“赚钱”是在所难免的现象。这种现象，不仅仅是脊髓损伤者社群，医院里的其他患者也感同身受。这是医疗模式下的“赚钱”之道。

其次，辅助器具。相对于医院的诊疗费用而言，辅助器具，“赚钱”之道显得更为正义和正当。无论是“医疗模式”下的理由，让残障者获得高品质的辅助器具；还是“社会模式”下的理由，让残障者平等地参与社会生活。发展辅助器具，是一个行业，也是一国科技和制造业水平的体现。以辅助器具为代表的残障人服务产业，兼具经济效益和社会效益，也因此会为社会创造更多的就业岗位和更大的经济价值，尤其是辅助器具在老年人群中的应用，可以命名为“道德生产力”。

辅助器具对于脊髓损伤者尤为重要，大到呼吸机、站立架、各式轮椅等，小到坐垫、尿垫、C 型手把等，以及由辅具引发的服务业，轮椅定制及维修、辅具租赁等，包罗万象，种类齐全。同时，这些又是每名脊髓损伤者日常频繁使用、离不开的用具。这就为辅助器具的生产和销售带来了稳定的消费人群。

最后，正是基于辅助器具产业的发展，很多脊髓损伤者在受伤后的再就业，都会有意无意地选择辅助器具销售，还有很多自己创业销售辅具，成为脊髓损伤者“赚钱”之道。由此，在中国残障事业发展的进程中，辅助器具的身影一直相伴，这也是残障与社会经济最为密切的连接点。

第四，脊髓损伤者社群的发展历史，是中国民间残障运动发展的写照。

我们关注脊髓损伤者社群，除了因为社群中名人众多，并与社会经济同步发展之外，更是因为这群脊髓损伤者——民间蕴藏的或已显露的残障领袖者，他们有着从健全到残障的人生变故，饱尝世间的人情冷暖，受到一定的外部环境的影响和社会压力。有的人一蹶不振，开始沉沦，而有的人则重新出发、从心出发，为整个社群的发展贡献力量。

中国民间残障运动的发展，始于 1981 年的北京病残青年俱乐部。1988 年中国残联成立，中国残障事业有了官方背景的代表和主管机构。民间则是以家长成立的残障康复服务机构为主。而原来民间各地的残障领袖，大多进入各级残联组织系统。

那时，分散在各地的残障者只能靠书信做笔友，或者是医院病友之间建立联系。直到 1997 年互联网在中国出现，开始一点点改变人们的生活甚至习惯。从最初对互联网的好奇，到慢慢对互联网的依赖，每一个人的心中都有一段与互联网的故事。其中脊髓损伤者社群，在那个年代蜗居在家里，有条件的率先接触到互联网，开启了脊髓损伤者社群的互助和自助，各地不断涌现脊髓损伤者领袖。

2000 年，中国上网用户已经达到 890 万人，较 1997 年增长了 14 倍，井喷式的发展也令服务提供商推出了更多娱乐性的特色内容。而在这一年，互联网应用及娱乐也逐渐进入用户的视线。随着越来越多的用户进行网上冲浪，OICQ 等聊天软件成为发展得最为迅速的一支队伍，各个聊天室以及论坛是当时网络用户主要聚集娱乐之处。那一年，以脊髓损伤为主题的论坛和交流平台相继出现，如燕山论坛、中国脊髓损伤论坛等。众多分散在各地、孤立无助的脊髓损伤者，终于找到了组织。他们以文会友，交流生活自理的经验，互诉成为残障者的心路历程，关于疾病的、康复的、家庭的、情感的、性生活的等。其中有十多年的伤友，也有刚发生意外的伤友，相互鼓励、相互陪伴。网络和论坛成为大家不离不弃的家园，论坛的组织者或者版主也成为当时脊髓损伤者社群的关键意见领袖（KOL）。

随着论坛在脊髓损伤者社群的吸引力和影响力越来越大，越来越多的新伤友加入，自理技能的交流逐渐增多，大家不再满足于线上的交流，从线上走到线下。2006 年，在中国康复研究中心附近的居民楼里，“截瘫者之家”公益机构成立。创办人文军，是一名脊髓损伤十多年的老伤友。他用个人的力量为新伤友提供住宿、医疗信息，教导自理能力训练，促进交流康复信息，再到后来组织大家集体出游等户外活动，这些都提高了伤友们自主生活的能力，减轻了伤友们的家庭负担，助伤友重拾信心和希望，回归社会。在当时的条件下能实现这些目标，是淳朴、务实和有效的。随后，各地相继出现这样的领袖和模式。

当某一个领域有了第一个吃螃蟹的人并获得突破后，接下来的发展，在有限的资源条件和社会环境的压力下，来自外部和内部的诱惑和竞争就会相继出现，这几乎成为中国社会一种常态化的发展模式。

论坛火了，辅助器具厂商希望依托论坛可以卖更多的产品，各种变相的广告流入脊髓损伤者社群，给原本纯净的网上社群带来了利益诱惑。而原本受伤后就业机会极其狭窄的社群中人，也因此躁动起来。

此外，中国公益机构创始者的氛围和宿命，也毫无疑问地落到了当时各地的脊髓损伤者社群领袖的身上。个人与机构，个人与团队，领袖与社群，残障事业与个人生存，公益机构创始者在理想和现实的游走中寻找方向。这是时代造就的结果，是个体的局限，无关乎对错，更无关乎个人是否能承受利益考验。有谁能保证自己能够抵抗诱惑、突破人性呢？而这些，正是中国民间残障运动发展的现实写照。

第五，脊髓损伤者社群的发展历程，始终伴随中国残障事业官方与民间关系的不断演进。

前面讲述脊髓损伤者社群的发展历史，我们把时间停留在 2006 年。我们将之后的发展放在这里讲述，因为脊髓损伤者社群的发展历程，始终伴随中国残障事业官方与民间关系的不断演进，尤其是 2009 年之后。

前文中提到中国残联荣誉主席邓朴方先生 1988 年成立中国残联，同年中国康复研究中心成立。这一历史事实说明，脊髓损伤者社群从一开始出现在公众视野里，就伴有官方色彩。接下来，中国残联的标志性人物张海迪同样也是一名脊髓损伤者。这里我们虽然不去讨论中国残联的身份，但结合前文的分析，我们还是按照官和民的相互关系试图划分一下脊髓损伤者社群的发展历程。

2000 年前，分散在各地的脊髓损伤者之间很难形成社区 / 社群。这一阶段，以各级残联为代表所兴建的康复中心，包括唐山康复村，是主要的脊髓损伤者聚集地。

2000~2009 年，互联网的发展使脊髓损伤者社群之间有了联结的渠道和方式。民间脊髓损伤者领袖的出现，一方面促进了社群形象的共建和塑造，推动了辅助器具厂商的进入；另一方面，也敦促各级残联提高工作质量。这一阶段呈现官民并举的态势。

2009~2014 年，民间脊髓损伤者社群呈现外热里冷。外热，热在辅助器具厂商；内冷，冷在社群的凝聚力。此时，中国肢残人协会接棒脊髓损伤者社群的工作，直接标志事件是“中途之家”的出现。“中途之家”，借鉴日本与中国台湾地区的经验和模式，旨在提倡发挥有经验的伤友的作用，让伤友主动开展自助与互助，从病床回归社会的“家”，提高脊髓损伤者的生活质量。

2009 年，在中国残疾人福利基金会支持下，中国肢残人协会在上海、浙江、河南、广西的 13 个地区开展了中途之家试点工作，确定了第一批 4 个中途之家资源（中心）单位。2010 年，作为统一教材的《脊髓损伤中途之家康复指导手册》编写出版工作完成。之后几年，扩展试点城市，成立中国肢残人协会脊髓损伤者委员会，建立专家团队，设立工作网站，先后在上海、杭州、洛阳、南宁、合肥、南昌举行研讨会、交流会、推进会，介绍中途之家试点经验，进行工作辅导，积极推进中途之家的发展。同一阶段，民间脊髓损伤者社群，“站起来”网站、“生命之歌公益论坛”、“脊髓损伤康复网”、“中国脊髓损伤论坛”等网站都是由脊髓损伤者自行主办和管理的，也是在中国肢残人协会的带动下获得发展。

2014~2017 年，以北京新生命养老助残服务中心为代表的民间组织的出现，不仅为中途之家的发展模式注入活力，更是新时期下民间脊髓损伤者社群机构发展的“第二个春天”。而这一次与“截瘫者之家”不同的是，各级残联、各地肢残人协会在其中扮演重要的角色，在法律身份上官与民各自独立，在业务关系上官由推动者变为委托者、采购者。这是基于中国社会管理创新的时代背景和中国政府推进群团改革的背景，处理或官民、或半官半民、或纯民间等关系中所发生的变化。

2017 年 4 月 26 日，中国肢残人协会发布公告，经中国残联领导研究同意，中国肢残人协会脊髓损伤者“中途之家”正式更名为“希望之家”。至此，脊髓损伤者社群的发展进入一个新时期。

通过梳理，我们发现脊髓损伤者社群之复杂，其发展模式涉及慈善模式、医疗模式、社会模式和人权模式等四种残障理念，相互伴随、穿插、交织、纠缠在一起，很难剥丝抽茧直击问题的核心，因此更需要未来的长期关注。

梳理脊髓损伤者社群的发展特征，借此勾勒出脊髓损伤者社群和社会发展进程的关系和图像，是一项耗时、费力的工作。但在这个过程中，我们发现：脊髓损伤者社群的发展与中国残障领域的发展之重要性，与中国社会发展进程的关系之紧密度。脊髓损伤者社群的发展是缩影，更预示着未来走向。也期望以现有的能力，借助梳理后的观察与思考，对脊髓损伤者社群乃至中国残障社群未来的发展贡献当下的结论，供大家讨论。

我们认为，中国脊髓损伤者社群及残障社群的发展要处理好三个关系：个人领袖与机构团队的关系；公益与商业的关系；官方与民间的关系。相关解释，已在上文论述中提及。

2017 年，我们选择脊髓损伤者社群作为年度领域。我们不担心受能力所限对一些重要史实搜集不完整，不纠结包括医学康复、无障碍监督、旅游等近年来热点话题被忽视，不犹豫触碰一些社会发展的现实问题。我们开始抛砖引玉，蓄水养鱼，引狼入室，与狼共舞，从这一群体切入、观察、总结、提炼和呈现残障与社会的关系。

第二部分

2017 中国残障年度行动研究融合教育

适龄残障儿童入学状况在线调查报告

文 / 何慧君

一　调研背景

2017 年 1 月 11 日国务院第 161 次常务会议修订通过《残疾人教育条例》（以下简称《条例》），并于 2017 年 5 月 1 日起正式施行。《条例》明确了适龄残疾儿童、少年接受义务教育的权利，同时明确残疾儿童优先接受普通教育的权利。为贯彻《条例》内容，同年 4 月，教育部、中国残联印发了《关于做好残疾儿童少年义务教育招生入学工作的通知》（以下简称《通知》），要求按照"全覆盖、零拒绝"的要求，优先安排残疾儿童、少年就近或者到指定的具备条件的普通学校接受义务教育，对于学习和生活上需要特别支持的残疾学生，要提供专业支持。

全国心智障碍者家长组织联盟曾经于 2016 年发起"融合教育现状与需求"调研，共收集了 2140 份普校教师和 8000 多份残障儿童家长的有效反馈问卷，基于对反馈内容的汇总分析，2017 年 3 月形成《关于提升全纳教育的专业能力及建设支持体系的建议》（"融合教育"亦称"全纳教育"），随后由代表、委员递交两会，并得到教育部等部门的积极回应。

为继续推进融合教育相关法规与政策的确立和完善，了解《条例》及《通知》颁布实施后，适龄残障儿童接受义务教育的现状，了解在目前政策环境下，制约融合教育发展的相关因素，2017 年底全国心智障碍者家长组织联盟再次发起全国范围内的家长在线问卷调查。

二 研究设计

全国心智障碍者家长组织联盟委托第三方专业调研机构先后对特殊教育领域的专家学者和残障儿童家长进行深度访谈，以此为基础，设计面向残障儿童家长的问卷，通过网络平台进行全国性在线调查。

（一）研究步骤

首先，调研人员对 8 位残障人教育领域的专家学者进行了深度访谈，针对调研方向、内容、方法进行了深入探讨，包括王雁（北京师范大学教育学院教授）、许家成（中国教育学会特殊教育分会秘书长）、许巧仙（南京特殊教育师范学院教授）、莫春梅（成都大学特教系主任、教授）、倪震（英华残障人教育基金会研究员）、王善峰（北京市特教中心博士）、黄裔（在读博士）、张巍（心知持 CEO）等专家学者。

其次，对北京、广州、郑州、西安、兰州、合肥、厦门、肇庆等 8 个地区的 13 名目前接受随班就读的残障儿童（包括听力残障、视力残障、智力残障、孤独症）家长进行了深度访谈。

随后，通过对深度访谈内容进行分析，与专家多次讨论和论证，设计出针对 6~15 岁所有残障类型儿童 / 少年家长的调查问卷。通过问卷网的网络调研平台发布“适龄残障儿童入学状况调研问卷”，征集全国各地残障儿童家长参与此次调查。

最后，对有效问卷进行数据分析，与专家顾问讨论之后，形成“2017年适龄残障儿童入学状况在线调查报告”。

（二）定量调研方法和样本结构

通过问卷网平台，由全国心智障碍者家长联盟邀请全国范围的残障儿童家长参加网络问卷填写，在 2017 年 12 月 10~20 日的 11 天时间内共收集到 9484 份有效问卷，覆盖除港澳台和西藏之外的 30 个省份。

本次调研对象为 6~15 岁所有残障类型的儿童 / 少年的家长，全国总计完成 9484 份有效问卷，以下称为“适龄受访者”；其中，2017 年申请过小学 / 初中或直接入读小学 / 初中的有 2465 份问卷，以下称为“申请入学者”。

本次调研适龄受访者（儿童 / 少年）的残障类型结构如下：孤独症（自闭症）、智力障碍、言语障碍、肢体障碍、视觉障碍、听觉障碍、精神障碍（不含孤独症）、罕见病的比例分别为 67%、30%、27%、7%、4%、2%、4%、3%。其中 37% 的适龄受访者是多重障碍者（同时有两种及以上残障）。孤独症和智力障碍者合称心智障碍者，在适龄受访者中占 89%。

9484 位适龄受访者的年龄结构如下：6~8 岁、9~11 岁、12~15 岁占比分别为 67%、21%、12%。2465 位申请入学者的年龄结构如下：6~8 岁、9~11 岁、12~15 岁占比分别为 75%、15%、10%。

三　主要调研结果

（一）适龄受访者的义务教育在读比例仅为 45%

全国 9484 位适龄受访者（6~15 岁残障儿童）在 2017 年 12 月参与调查时，45% 正在接受义务教育，53% 并未接受义务教育（见图 1）。

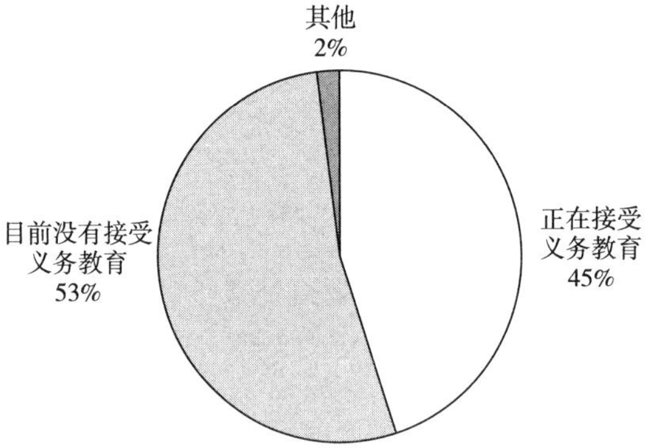

图 1　适龄受访者义务教育在读情况

在适龄受访者中，25% 在普通小学 / 初中上学（包括 1% 在特教班、资源班就读），18% 在特殊学校上学，1% 为双学籍（同时接受普通学校和特殊学校的教育），还有不到 0.5% 接受送教上门服务，总计 45% 的适龄残障儿童正在接受义务教育（见图 2）。

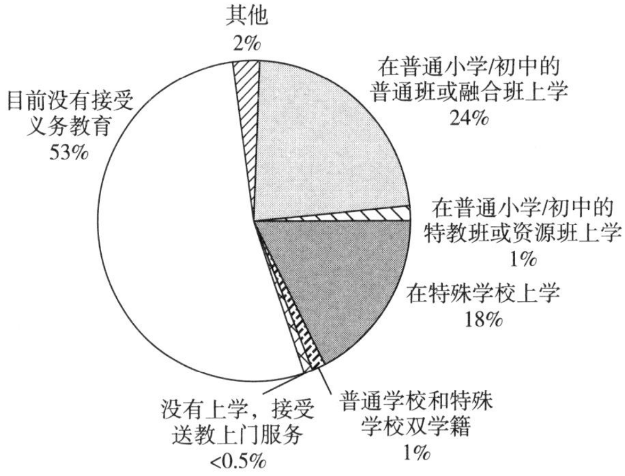

图 2　适龄受访者义务教育在读情况

基数：6~15 岁适龄受访者样本，全国 9484 个样本。单选题。

53% 的未接受义务教育的适龄受访者目前的状态为：16% 在读幼儿园；2% 处于休学状态；29% 在康复或培训机构；7% 待在家中，没有在任何机构学习（见图 3）。

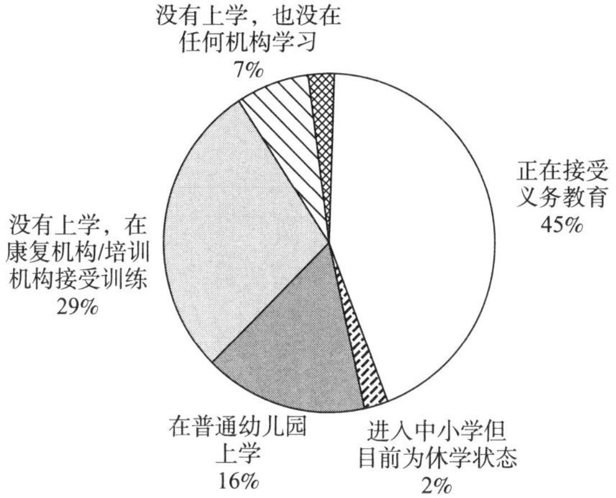

图 3 义务教育适龄受访者在读情况

基数：6~15 岁适龄受访者样本，全国 9484 个样本。单选题。

注：“进入中小学但目前为休学状态”的不包含已退学者。

（二）大部分未接受义务教育的残障儿童未进行入学前登记，有些暂时放弃申请学校，因此他们的状况可能并未得到足够的关注

在目前未接受义务教育的适龄残障儿童中，77% 在 2017 年并未申请入学，约七成没有进行入学前登记（包括 59% 没有登记也没有接到任何通知，15% 不清楚是否登记过），因此这些未接受义务教育的残障儿童的状况可能并不被大众或教育部门所知晓（见表 1）。

问及家长没有为孩子申请义务教育的原因，6~8 岁低龄残障儿童的家长主要是希望孩子缓一两年上学，以做好更充分的上学准备，因此目前未上学的低龄孩子多数在幼儿园或康复机构、培训机构。

表 1　户籍所在区县进行适龄儿童入学前登记情况

户籍所在区县是否进行了适龄儿童入学前登记	占比（%）
2017 年进行了登记	12
2017 年没有登记，以前登记过	4
没有登记，居委会或学校直接跟我联系孩子入学的事情	5
没有登记，也没有接到任何通知	59
不知道 / 不清楚	15
其他	5

但是 9 岁以上目前未接受也未申请义务教育的孩子的情况不容乐观。当地没有合适的特殊学校、曾经被拒绝 / 退学 / 休学、孩子超过申请入学年龄、不知道怎么申请学校等都是阻碍他们申请入学的原因，因此约 1/3 的家长有可能放弃让孩子接受义务教育的机会（见表 2）。

表 2　家长没有为孩子申请义务教育的原因情况

单位：%

没有申请入学的原因	6~8 岁	9~11 岁	12~15 岁
孩子目前还没准备好，打算缓一两年再上学	59	6	4
孩子的状况不适合上学，所以不打算上学	21	37	34
不知道怎么申请学校	17	12	10
当地没有合适的特殊学校	14	25	22
还没有决定让孩子如何接受教育	14	8	5
等待教育部门安排	6	10	5
非本地户籍，孩子不能进入本地学校	5	6	4
曾经被迫退学 / 休学，担心出现同样的情况	3	8	12
曾经申请过，被拒绝，担心再次被拒绝	3	9	8
孩子已经超过申请入学的年龄，没法申请	1	11	13
非本地户籍，需要缴纳借读费 / 教育基金，负担不起	2	2	2

（三）2017 年申请入学的适龄残障儿童入学情况

2017 年申请进入小学或初中的 2465 名受访者中，69% 成功入学接受义务教育，28% 申请失败未能接受义务教育，3% 虽成功入学但在调查进行时（2017 年 12 月）已经休学或退学（见图 4）。

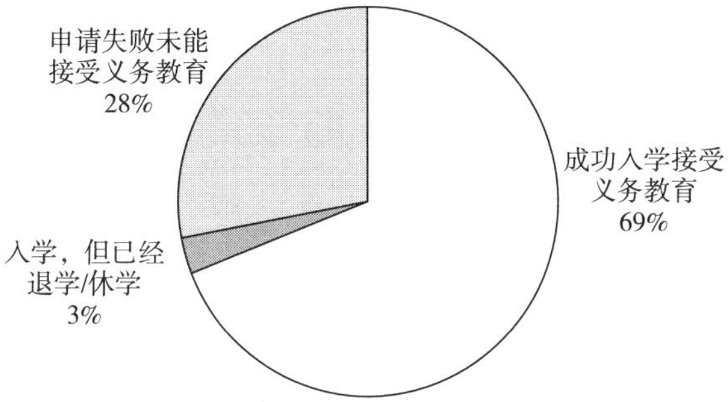

图 4 2017 年申请入学的适龄残障儿童入学情况

注："申请入学者"包含主动申请入学及无须申请直接入学的适龄儿童。

28% 申请失败未能上学的受访者目前的状况如下：4% 回到幼儿园，16% 目前在康复或培训机构，还有 8% 待在家里，没在任何机构学习（见图 5）。

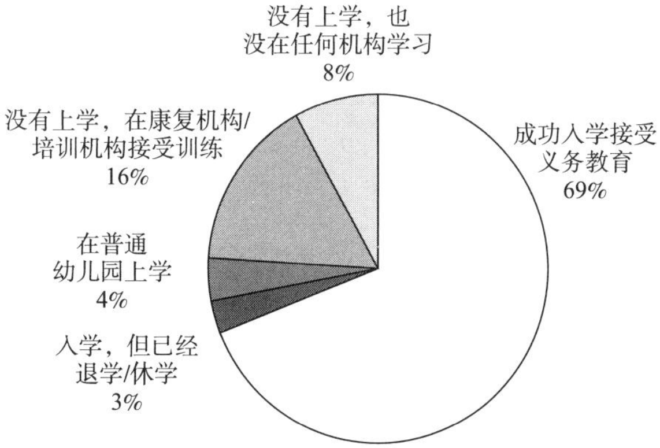

图 5 申请入学者入学状况

基数：2017 年申请入学者，全国 2465 个样本。单选题。

为争取让孩子接受义务教育，绝大多数家长并未因为一次申请失败而退缩。2017 年申请失败的受访者中，近七成家长申请了 2 所及以上学校，有些家长甚至申请了 10 所学校却仍然未能入学（见图 6）。

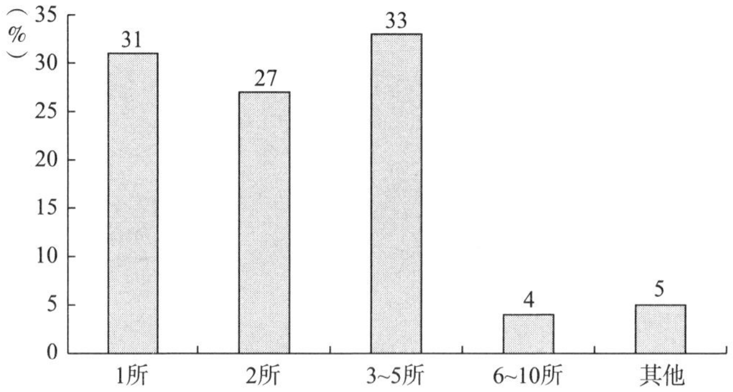

图 6　申请入学的学校数

基数：2017 年申请入学失败者，全国 692 个样本。

而且，申请失败者中，46% 的家长表示申请过户籍所在区县的公立学校，但也以失败告终。

（四）普通学校不招收特殊孩子、孩子达不到普校设立的入读条件等是申请普通学校失败的主要原因；资源缺乏、学位有限、不能通过筛选测试则是申请特殊学校失败的主要原因

在 2017 年残障儿童申请但未入学的案例中，43% 是被学校直接拒绝，40% 是因为无法满足学校的标准和要求，未被学校接收，还有 10% 是在无法满足学校要求的情况下，家长主动放弃申请（见图 7）。

在学校直接拒绝的案例中，普通学校拒绝的主要理由是学校不接收特殊孩子（70%）、学校认为孩子的障碍程度不能上普通小学（48%）、学校认为无法保证孩子或同学的安全（41%）；特殊学校则因为学校资源不够

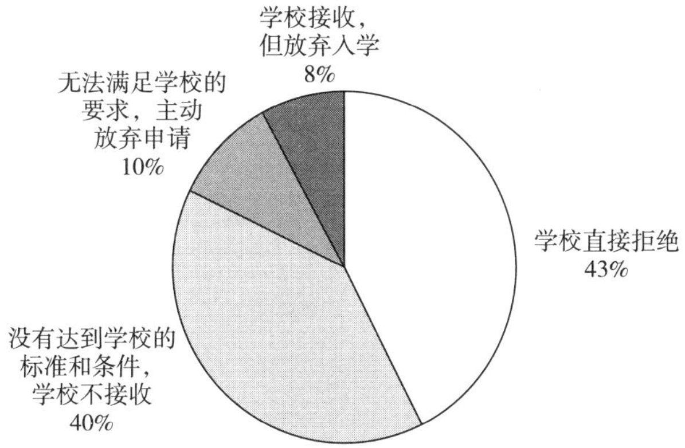

图 7 申请但未入学的情形

基数：2017 年申请入学失败的案例，全国 1149 个样本。单选题。

注：题目设计为每个受访者可以分别描述多次申请失败的情形，所以案例以受访者申请的次数计算，并非以受访者人数计算。

（47%）或招收特殊学生数量有限制（40%）而直接拒绝，有些地方的特殊学校则直接拒绝非本地户籍特殊孩子（见表 3）。

表 3 学校直接拒绝接收特殊孩子的原因

单位：%

学校直接拒绝接收入学的理由	普通学校	特殊学校
学校不接收特殊孩子	70	—
学校认为孩子的障碍程度不能上普通小学	48	—
学校认为无法保证孩子或同学的安全	41	22
学校资源不够（如学位不够、老师不够、教室不够、设施不足等）	19	47
招收特殊学生数量有限制	9	40
孩子超过入学年龄	7	10

续表

学校直接拒绝接收入学的理由	普通学校	特殊学校
非本市 / 本片区户口，没有办妥借读手续	7	6
非本市 / 本片区户口，特殊学校不接收	—	22

基数：2017 年申请入学失败被“学校直接拒绝”的案例中，申请普通学校有样本 381 个，申请特殊学校有样本 89 个。复选题。

在未能满足学校的标准和要求而申请失败的案例中，学校设置各种条件择优筛选录取，是残障孩子不能入学的主要障碍。这些措施包括进行测试评估以择优录取入学儿童、要求试读一段时间、要求证明孩子的智力或能力达到一定水平。申请普通学校失败的其他原因，包括学校要求孩子先去申请特殊学校、拒绝家长陪读、要求家长写保证书（主要涉及家长承诺自己对孩子的一切负责，或者承诺孩子不引起任何麻烦否则自动退学等）（见表 4）。

表 4　申请入学失败的原因

单位：%

申请入学失败的原因	普通学校	特殊学校
择优筛选录取（汇总以下 4 项）	61	39
学校要求孩子试读一段时间之后再决定	19	11
必须提供孩子的智力测试或专业机构评估结果并达到一定水平	17	19
需要和普通孩子一样参加入学测试 / 评估并达到一定水平	37	—
需要参加特殊孩子的测试 / 评估并达到一定水平	7	23
学校要求先去特殊学校申请	32	—
学校要求家长不得陪读	22	—

续表

申请入学失败的原因	普通学校	特殊学校
学校要求家长写保证书	16	3
户籍相关条件（办妥借读手续 / 缴纳借读费或教育基金）	8	16
学校要求先去其他普通学校申请	8	9
必须提供孩子的各种证明（如残疾证明、诊断证明）	6	13
需要利用特殊手段	9	6
学校要求家长提供陪读	11	—

基数：2017 年申请入学但未能达到条件而失败的案例，普通学校 377 个，特殊学校 160 个。复选题。

（五）45% 的申请成功者经过测试、试读、反复协商才最终得以入学

2017 年申请入学成功者的就读状况如下：41% 进入普通学校（在特教班 / 资源班的比例很小），25% 进入特殊学校，3% 是普校和特校双学籍，接受送教上门的不到 0.5%，总计占申请入学者的 69%（见图 8）。

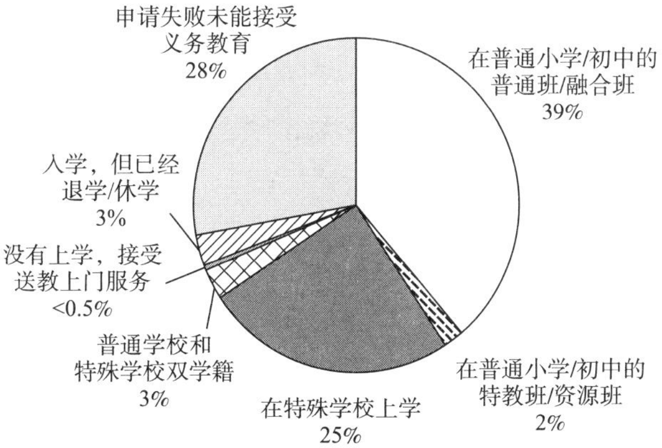

图 8　成功入学者就读状况

基数：2017 年申请入学者，全国 2465 个样本。单选题。

成功入学的残障儿童中，只有 51% 是由学校直接发放录取通知书或免试入学，另外 45% 经过测试、试读、反复协商才最终得以入学（见图 9）。

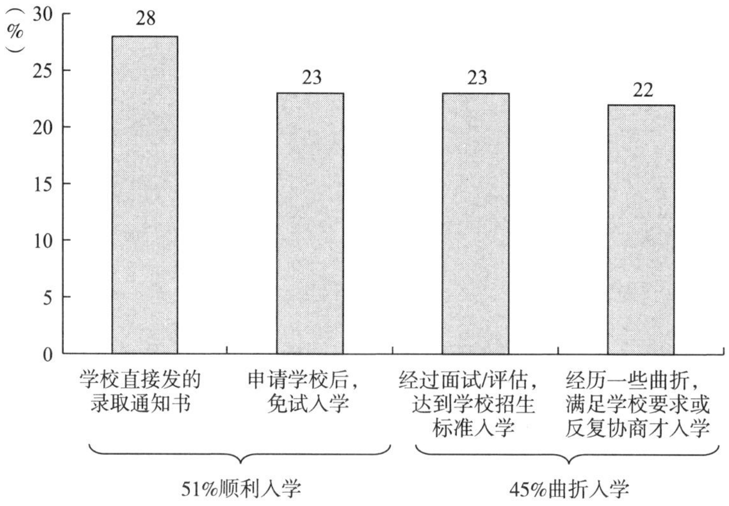

图 9　成功入学的过程

基数：2017 年成功申请入学的样本，全国 1579 个样本。

曲折入学的受访者遭遇的主要门槛是学校的择优筛选，包括试读一段时间、智力测试必须达到一定水平、参加普通孩子或特殊孩子的测试并择优录取等。这些入学标准使只有残障程度较轻的孩子才能够入学，而将其他残障孩子阻挡在校门之外（见表 5）。

表 5　入学必须满足的条件占比

单位：%

择优筛选录取（汇总以下 4 项）	55
学校要求孩子试读一段时间之后再决定	22
必须提供孩子的智力测试或专业机构评估结果，并达到一定水平	19

续表

需要和普通孩子一样参加入学测试 / 评估并达到一定水平	16
需要参加特殊孩子的测试 / 评估并达到一定水平	15
必须提供孩子的各种证明（如残疾证明、诊断证明）	41
学校要求家长提供陪读	16
学校要求家长写保证书	12
需要利用特殊手段	12
学校要求家长不得陪读	6

基数：2017 年成功入学但不顺利者，全国 793 个样本。复选题。

（六）普校缺乏专业师资是残障孩子在普校就读遇到的最大困难，歧视和排斥也困扰着很多入读普校的残障孩子和家长

2017 年申请成功进入普校学习的残障孩子，约一半比较适应普校的学习和生活，还有 43% 表示不太适应，3% 表示完全不适应（见图 10）。

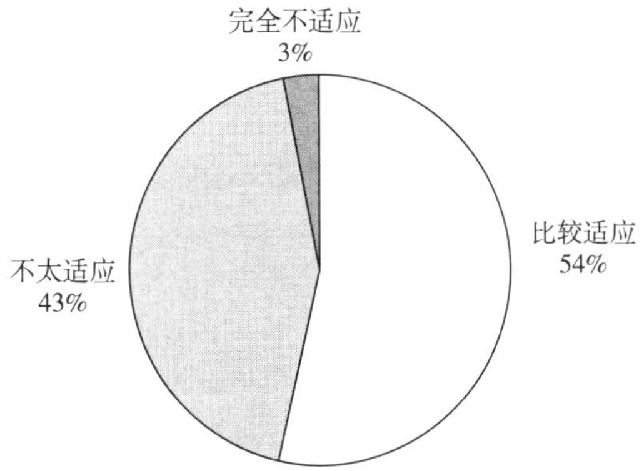

图 10　是否适应普校学习生活

基数：2017 年申请入学并成功入读普校的样本，全国 1086 个样本。单选题。

对于新进入普校的残障孩子来说，老师的接纳是帮助他们适应学校生活最有效的措施；有专业教师或经过专业培训的教师也起到非常重要的作用。家长陪读作为过渡、在学校倡导融合教育也是积极的助力措施（见表 6）。

表 6　帮助孩子适应普校生活的措施占比

单位：%

老师接纳孩子，与其他孩子一视同仁	53
学校允许陪读人员进校陪读	36
在学校倡导融合教育	29
专职或兼职的资源老师或特教老师	26
班主任老师接受相关培训	24
有机构能帮助家长面对和处理各种困难、压力	19
学科老师接受相关培训	19
老师对特殊需要学生进行额外的辅导	16
学校的资源教室	15
学校聘请的特教助理	15
学校的特教班 / 资源班	14
学校的无障碍设施	5

基数：2017 年申请入学并成功入读普校的样本，全国 1086 个样本。复选题。

目前，缺乏专业师资及教师缺乏特教培训仍然是残障孩子在普校就读面临的最大问题。教师素质不仅事关孩子能否得到合适的教育，在学校是否“随班就混”，同时还影响到残障孩子是否会被老师排斥孤立，是否会遭遇同学歧视 / 伤害，甚至是否会被要求退学 / 休学 / 转学等一系列问题（见表 7）。

表 7　在普校遇到的困难因素分析

单位：%

老师缺乏对特殊孩子的认识、教育方法和经验	69
学校缺乏专业的特教老师	67
孩子很难跟上学习进度	50
我们家长压力很大，需要支持和心理疏导	50
学校缺乏针对特殊孩子的教材和教具	46
普通学校的教学内容和方法不适合特殊孩子	38
老师不管孩子，孩子只是随班就坐 / 随班就混	30
孩子遭遇歧视甚至伤害	17
学校缺乏必要的硬件设施（如无障碍设施和康复设施），孩子不方便或有一定安全隐患	17
老师不接纳孩子，孩子受到排斥和不公平对待	14
孩子被同学或家长投诉	14
学校不让家长陪读，家长不能帮助孩子融入学校	15
学校或老师提出让孩子退学 / 休学 / 转学	10
学校或老师要求家长提供就读，但家里无法提供	7
孩子没有做好上学准备，难以适应学校环境	8

基数：2017 年申请入学并成功入读普校的样本，全国 1086 个样本。复选题。

（七）超过八成家长希望孩子能融入社会，接受普通学校的教育，然而现实的挫败令他们深感焦虑和无助

绝大多数（83%）家长希望孩子能够融入社会和普通人一样生活或工作。

表 8　对孩子未来的期望

单位：%

孩子能够在托养机构得到照顾	17
经过训练，孩子能有基本生活自理能力	50

续表

经过训练，孩子能够进入庇护性环境（如福利性工厂）工作	38
融入社会和普通人一样生活或工作（汇总以下两项）	83
在一定的社会支持系统下，孩子能够融入社会，和普通人一样生活	65
孩子能够有一技之长，融入社会，并且和普通人一样工作	58

基数：6~15 岁适龄受访者样本，全国 9484 个样本。复选题。

48% 的家长希望孩子在有支持的普通班 / 融合班随班就读，18% 的家长希望孩子进入普通学校的特教班 / 资源班上学，还有 17% 的家长希望同时接受普校和特校的教育，总计 83% 的家长希望孩子能够接受普通学校的教育（见表 9）。因此，融合教育是绝大多数家长的需求。

表 9　对孩子教育的期望

单位：%

接受普通学校教育 83%	进入普通学校，在有支持的普通班 / 融合班随班就读	48
	进入普通学校，在为特殊孩子设立的特教班 / 资源班上学	18
	同时接受普通学校和特殊学校的教育（双学籍）	17
	进入特殊学校接受教育	12
	不去学校，家里想办法提供更合适的教育或训练	1

基数：6~15 岁适龄受访者样本，全国 9484 个样本。复选题。

然而现实中，残障孩子的家长不仅要为孩子接受教育而奔波操心甚至屡屡失望，还面临诸如外界歧视、经济压力和家庭内部矛盾等问题。那些申请入学失败，或者被退学 / 休学的孩子家长，因各种挫折和打击而更加悲观、焦虑和无助（见表 10）。

表 10　入学状况对家长影响的因素分析

单位：%

	适龄受访者	申请成功且就读	申请未成功失学	申请成功但已休学 / 退学
为孩子的现状或未来感到焦虑，不知道怎么办才好	76	73	81	84
尽管很艰难，但是仍然有信心，会越来越好	68	71	59	57
为孩子付出了太多时间和精力，深感疲惫	64	65	68	70
为孩子投入了太多的金钱，经济负担太重	63	57	77	58
周围人不理解，感觉很孤独无助	36	34	53	44
自己和孩子受到歧视，感觉自卑、抬不起头	26	24	39	27
因为孩子，家庭出现矛盾，不能互相理解和支持	26	24	35	28
屡受挫折，对现状和未来感到灰心 / 悲观	24	23	38	29

基数：适龄受访者 9484 个样本；2017 年申请入学成功者 1725 个样本；2017 年申请未成功者 692 个样本；2017 年申请成功但已退学 / 休学者 178 个样本。复选题。

四　结论和建议

落实《残疾人教育条例》，真正实现“零拒绝、全覆盖”；尊重残障儿童接受普通教育的意愿。

教育部强制保障残障儿童申请入学便利程序即就近申请入学。县级教育部门依法落实成立残疾人教育专家委员会，明确建立入学被拒或存在争议进行申诉的受理程序及工作机制，确保适时、及时解决被拒绝或存在争议的残障儿童入学申请。

合理配置融合教育师资，使用特教经费及专项经费保证融合教育师资的待遇及其开展融合教育所需的其他经费。

支持残障儿童的学前教育、幼小衔接教育，帮助残障儿童更好地融入普通学校。

建议教育行政部门加强教师的在职培训，确保所有教师的每个学年融合教育相关培训不少于 12 学时，提升教师的融合教育素质。

加快特教资源中心建设，加大资源中心对普通学校实行融合教育的支持，并明确普通学校实行融合教育，完善校内融合教育支持体系的责任。

教育部门在普通中小学开设生命教育课程，减少校园歧视和欺凌，建设友好校园环境。

五　调研合作机构

特别感谢救助儿童会资助支持本次调研，并支持该调研报告的发布。

感谢以下机构的协作支持，使本次调研能够顺利完成：

中国盲人协会、中国智力残疾人及其亲友协会、中国精神残疾人及其亲友协会、北京联合大学特殊教育学院、大米和小米文化传播有限公司、壹基金海洋天堂计划、全国脑瘫网络、守望心智障碍者家长组织联盟、北京蝴蝶结结节性硬化症罕见病关爱中心、WABC 无障碍艺途、ALSOLIFE 平台、北京星星雨教育研究所、唐宝委员会。

感谢现代国际市场研究公司、问卷网对本次调研的技术支持。

家长组织联盟倡导融合教育政策的实践与思考

文 / 路娟

一　融合教育政策倡导的依据

中国于2007年签署联合国《残疾人权利公约》(下称《公约》)，成为其缔约国。推动《公约》在中国的落地，保障残疾人权利，既是缔约国的责任，也是全面落实十九大报告“全面建成小康社会”的题中之义。

《公约》第二十四条　教育的有关内容：

> 一、缔约国确认残障人享有受教育的权利。
>
> 二、为了实现这一权利，缔约国应当确保：残障人不因障碍而被排拒于普通教育系统之外，身心障碍儿童不因障碍而被排拒于免费和义务初等教育或中等教育之外；残障人可以在自己生活的社区内，在与其他人平等的基础上，获得融合性的优质免费初等教育和中等教育；提供合理便利以满足个人的需要；残障人在普通教育系统中获得必要的支助，便利他们切实获得教育；按照有教无类的融合目标，在最有利于发展学习和社交能力的环境中，提供适合个人情况的有效支持措施。
>
> 三、缔约国应当使残障人能够学习生活和社交，便利他们充

分和平等地参与教育和融入社区。

四、为了帮助确保实现这项权利，缔约国应当采取适当措施，聘用有资格以手语和（或）盲文教学的教师，包括身心障碍教师，并对各级教育的专业人员和工作人员进行培训。这种培训应当包括对障碍的了解和学习使用适当的辅助和替代性交流方式、手段和模式、教育技巧和材料以协助残障人。

五、缔约国应当确保，残障人能够在不受歧视和与其他人平等的基础上，获得普通高等教育、职业培训、成人教育和终生学习。为此目的，缔约国应当确保向残障人提供合理便利。

全纳（融合）教育（Inclusive Education），是指在一切可能的情况下，让所有儿童一起学习，而不论他们有何种困难和差异，针对特殊需求儿童，需要通过建立专业化干预支持体系以确保他们能够在普通教育系统中享受同样优质的教育。我国对融合教育理念的接受与实施，主要体现为“随班就读”的教育理论与实践。

二 家长组织联盟融合教育政策倡导的实践

心智障碍者家长组织联盟，2014 年由 17 家全国各地心智障碍者家长组织 / 小组发起，是国内心智障碍领域家长组织自愿结成的非营利性的网络化平台。其使命是促进联合国《残疾人权利公约》在中国的全面实施，以提升中国心智障碍者生活品质；宗旨是通过组织联合，学习国内外先进理念，搭建资源对接平台，促进家长组织实现政策倡导、服务监督、公众教育、效能提升等功能。为了更好地协调网络的交流、合作、项目推动，

2017 年 4 月 5 日，心智障碍者家长组织联盟的秘书处和运营中心——北京市融合联汇心智障碍者服务中心在北京注册为民办非企业单位，全力协调和组织对全国各地家长组织的能力建设活动，以及全国心智障碍者家长组织的信息分享与交流、联合传播和倡导、资源共享与动员等。

作为家长组织最重要的使命之一，心智障碍者家长组织联盟在政策倡导方面将目标定在心智障碍者成长最为关键也最为紧迫的需求——融合教育的政策完善和落实上。

2015 年 8 月，家长组织联盟与国际助残、心智联会等合作开启了融合教育政策倡导项目，旨在推动家长组织作为融合教育的需求方开展政策倡导工作，推动和落实融合教育政策及实施方案，保障残障儿童受教育的权利，提升残障儿童受教育的质量。通过该项目，家长组织联盟也确立了通过定量加定性的社会调研方法在全国家长中进行需求调研，进而形成两会提案的方式开展全国层面政策倡导，联合各地家长组织形成地方两会提案的方式开展地方层面的政策倡导的融合教育政策倡导方法。

2016 年下半年，全国心智障碍者家长组织联盟联合北京师范大学、北京联合大学等科研机构，与各地家长组织一起，在北京、广州、郑州等 7 个城市针对融合教育中的特殊需要儿童的家长和教师开展调查。其中，调查涉及 2140 名教师，2366 名 6~15 岁学龄期心智障碍学生家长。据此形成了《随班就读师资状况和家长需求抽样调查报告》，结果显示，曾经就读普通学校的心智障碍学生中，有 27% 的家长表示孩子有被要求退学的经历。

2016 年 9 月 25 日，家长组织联盟、救助儿童会、国际助残、心智联会在北京共同举办了“全纳（融合）教育发展现状研讨会”，家长组织联盟制定了《关于建设随班就读教师支持体系，加强随班就读政策执行力度的提案（初稿）》。

2017 年 1 月，李克强总理在批准《残疾人教育条例》（修订版）的国务院会议中提出，保障残疾人平等受教育权利是增进公平正义的重要内容和社会文明进步的标志，并强调要强化合理配置特殊教育资源，规范教学，提高特殊教育质量和师资待遇问题。新修条例规定残疾人教育应“积极推进融合教育，优先采取普通教育方式”。

2017 年 3 月 2 日，救助儿童会及心智障碍者家长组织联盟联合主办了“2017 全纳教育座谈会”，会议邀请多位专家学者、家长、老师及两会代表等共同探讨融合教育的困境及发展道路，两会代表也明确提出要为融合教育提案。

2017 年两会期间，共有 9 名全国人大代表和政协委员递交了由家长组织联盟起草的《关于提升全纳教育的专业能力及建设支持体系的提案》。9 月，心智障碍者家长组织联盟陆续收到了两会对家长组织联盟起草的关于融合教育的提案的答复。家长组织联盟据此进一步明确和完善了下一步政策倡导的方向。

为贯彻《条例》内容，2017 年 4 月，教育部、中国残联印发了《关于做好残疾儿童少年义务教育招生入学工作的通知》（以下简称《通知》），要求按照“全覆盖、零拒绝”的要求，优先安排残疾儿童、少年就近或者到指定的具备条件的普通学校接受义务教育，对于学习和生活上需要特别支持的残疾学生，要提供专业支持。

2017 年 5 月 1 日，新修《残疾人教育条例》开始实施。

2017 年 9 月，新修条例实施后的第一批中小学生开始入学。为了更好地了解和监测新修条例实施后残障儿童入学的变化情况，心智障碍者家长组织联盟与专家学者合作确定了关于适龄残障儿童入学状况的调研方向，确定通过多方联合动员残障儿童家长开展线上问卷调研；同时为了跟进2017 年提案的方向，心智障碍者家长组织联盟与北师大特教系王雁教授开展了关于普通教师融合教育素养职后培训的政策文件分析，与中国教育学会特殊教育分会秘书长许家成教授开展了关于融合教育课程在教师职前教育及资格证考试中的落实情况调查。

2017 年 12 月，家长组织联盟发起的关于适龄残障儿童入学状况的家长线上问卷调查，10 天之内收到了全国 9484 份有效问卷，据此形成了《适龄残障儿童入学状况调研报告》，连同两份学术研究报告《融合教育课程在教师职前教育及资格证考试中落实情况调查报告》《普通教师融合教育素养职后培训的政策文件分析报告》，形成了《关于提升教师融合教育素养的建议》和《关于完善融合教育支持体系的建议》两份提案。

三　家长组织联盟融合教育政策倡导的困难与挑战

残障儿童的融合教育困难主要体现在以下两个方面。

（一）入学难

政策法规在落地和执行过程中存在种种偏差，教育部门、学校之间推诿扯皮现象明显；另外，家长对政策的不了解，或者担忧孩子入学后障碍加重，以及家长本身的情绪问题也影响了孩子的入学。

心智障碍者家长组织联盟适龄残障儿童入学状况调研发现，2017 年入学申请的受访者入学成功率仅为 69%；而在成功入学者中有 45% 是经历曲折才得以入学，其面临的主要障碍是学校的择优筛选；而在申请失败者中有 46% 被区县公立学校拒绝，其中直接拒绝残障儿童入学的普通学校 70% 声称不接收特殊孩子；也有 61% 不符合入学的择优筛选条件；甚至在特殊学校，也会因为学校资源不够和择优筛选，残障儿童无法入学。

（二）入学之后融入难

融合教育的发展与完善需要长期的投入和持续的推进，融合教育政策的落实需要多方的协作和支持。融合教育的质量与师资的培养、融合教育的支持体系建设，以及无障碍的友好的学校环境等密切相关，而这一系列的工程需要长期的投入和坚持，难以马上实现。而残障儿童在没有支持体系、没有懂得融合教育的老师的环境中难以获得高质量的教育，这也导致了较高比例的休学、退学。

心智障碍者家长组织联盟适龄残障儿童入学状况调研发现，入学普校的残障儿童 46% 表示不适应。其融入普校的困难包括：69% 的家长反映老师缺乏特教经验，67% 的家长反映缺乏专业特教老师，24% 的学生曾被歧视和排斥，10% 的学生被要求退学 / 休学 / 转学。

2017 年申请入学的残障孩子有 3% 在入学 3 个月内退学或休学。

融合教育的质量难以保障，反过来又造成了家长对学校的不信任，不愿意或者不敢将孩子送到学校；而学校的管理压力以及老师的教学压力也使学校老师不愿意或不敢接收残障儿童入学就读。

现实中，残障孩子的家长不仅为孩子接受教育的问题操心，还面临诸如外人的歧视、家庭的经济压力和内部矛盾等问题。尤其对于申请失败的、被退学 / 休学的孩子家长，种种挫折和打击使他们更为悲观和焦虑。

四　家长组织联盟融合教育政策倡导的机遇与建议

（一）国家政策逐步完善，融合教育的开展和推广有法可依

2017 年 5 月 1 日，新修《残疾人教育条例》开始实施，新修条例明

确禁止基于残疾的教育歧视，规定残疾人教育应当提高教育质量，积极推进融合教育，优先采取普通教育方式。

《第二期特殊教育提升计划（2017~2020 年）》提出，到 2020 年，各级各类特殊教育普及水平全面提高，残疾儿童少年义务教育入学率达到 95% 以上，非义务教育阶段特殊教育规模显著扩大。特殊教育学校、普通学校随班就读和送教上门的运行保障能力全面提升。教育质量全面提升，建立一支数量充足、结构合理、素质优良、富有爱心的特教教师队伍，特殊教育学校国家课程教材体系基本建成，普通学校随班就读质量整体提高。要以区县为单位，逐一核实未入学适龄残疾儿童、少年数据。

随着国家法律政策的不断完善，政府部门对融合教育政策的落实和支持力度也在逐步提升，确保适龄残障儿童入学零拒绝，促进特教学校向特教资源中心转型，建设资源教室，培养资源教师，教育经费支持等都将为融合教育政策倡导的进一步发展提供更加宽松的政策环境。

（二）心智障碍者家长意识提升，对融合教育政策倡导的认识和理解更加全面和理性

随着心智障碍者家长权利意识的苏醒和融合教育理念的发展，越来越多的家长成长为心智障碍者权利倡导者，他们对融合教育的渴求和愿望强烈。家长组织联盟于 2017 年 12 月开展的对 9484 个家长的问卷调研结果显示，83% 的家长都希望孩子能够接受普通学校的教育。融合教育带给孩子的变化效果明显，家长之间的口口相传和现身说法，使家长迫切希望通过融合教育保障孩子的受教育权，平等融入社会。

家长具有开展心智障碍者权利倡导天然的坚定的使命感。在尝试多种途径的维权行动之后，绝大多数家长逐步认识到心智障碍者儿童的平等受教育权需要整个社会的支持，需要整个残障群体共同发声，开展融合教育政策倡导是保障孩子平等受教育权的必经之路，通过科学的、理性的调研，汇集更多的需求者的声音，开展有证据的政策倡导，积极参与和建言献策，成为融合教育政策制定和执行过程中的积极参与者和建设者，这成为大多数家长的共识。

与此同时，家长组织的出现和发展适应了心智障碍者家长的这一共性需求。在家长组织的带动下，分散的家长以及他们原本分散的需求得以以群体的形式出现；而家长组织联盟的出现又可以将分散在各地的家长组织的需求汇集到全国层面，形成全国层面的发声，从而推动全国层面的融合教育政策发展。

（三）政策倡导的成果需要长期的坚持才能显现，需要家长组织联盟继续坚持和优化其开展政策倡导的途径

大规模的定量调研既耗时又耗费精力，还容易出现较大误差。在连续开展两年全国范围内的定量调研之后，家长组织联盟已基本掌握融合教育在推进过程中所面临的困难和挑战。因此在未来的融合教育调研中，家长组织联盟将通过定点检测的方式，筛选之前的调研对象，开展小规模持续跟进，以点带面地反映融合教育的需求变化情况；另外，为了更深入地了解困难与障碍背后的原因，家长组织联盟也将开展多利益相关方的定性研究，从政策制定者、教育主管部门、学校、教师、家长以及残障儿童等多个维度深入分析其在融合教育发展过程中的角色与责任，了解多方在共同推进融合教育发展过程中各自面临的困难与诉求，促成多方合作开展的研究机制和政策倡导机制。

普通教师融合教育素养职后培训的政策文件分析报告

文 / 北京师范大学特殊研究所课题组

融合教育是当今国际特殊教育发展的主要方向，随班就读是西方融合教育理念与我国特殊教育实际相结合的产物，是我国推进融合教育的重要方式。自 20 世纪 80 年代末期开展随班就读试验以来，“随班就读”已作为一项基本的教育政策在各项法律和法规中得到相继确定，并在全国范围内得到了大力推进，在最短的时间内以最高的效率实现了我国残疾儿童入学率的提升，对我国青少年义务教育的普及具有战略性意义。根据全国教育事业发展统计公报，2016 年我国普通小学、初中随班就读和附设特教班共招收学生 5.18 万人，共有在校残疾学生 27.08 万人，分别占特殊教育招生总数和在校生总数的 56.60% 和 55.06%。显然，我国目前的随班就读工作已初具规模，如何实现从规模扩大到质量提升的跨越，无疑是当下迫切需要解决的问题。尽管影响随班就读质量提升的因素多样，但随班就读要靠广大的教师去实施，因此普通教师是否具备融合教育素养就成了关键，关系到随班就读的成败。众多研究结果显示，普通教师在特殊教育知识和技能上的缺失和由此带来的困难和限制，已然成为制约我国随班就读质量提升的关键因素。

普通教师融合教育素养的提升必须以相关政策文件为保障，我国政策文件在职前培养和职后培训两方面均关注到了普通教师融合教育素养的提升问题。已有研究者对普通教师职前培养的相关政策文件进行了梳理，本研究关注普通教师职后培训的相关政策文件，对国家层面和省级行政区层面颁布的普通教师融合教育素养职后培训的相关政策规定进行收集、整理与分析，揭示相关规定的现状与不足，并提出有针对性的建议，为相关政策的完善提供参考。本研究中的普通教师融合教育素养职后培训是指普通教师进入岗位以后参与的关于融合教育的学习活动，且这种学习活动是有计划的、有组织的。

一　国家层面的政策分析

在中国政府、教育部以及中国残联的门户网站上就国家层面颁布的政策文件进行筛选，查找到 10 个涉及普通教师融合教育素养职后培训的政策文件，具体信息见表 1。现就该 10 个文件从时间和数量、效力层级以及规定内容三方面进行分析。

表 1　国家层面涉及普通教师融合教育素养职后培训的政策文件

序号	颁布时间	名称	颁布机构	内容
1	1994 年 7 月 21 日	《关于开展残疾儿童少年随班就读工作的试行办法》	国家教委	“地方各级教育行政部门应当把视力、听力语言和智力残疾儿童少年随班就读的师资培训工作列入计划，设立培训基地，采取多种形式，对教师进行岗前和在职培训。”

续表

序号	颁布时间	名称	颁布机构	内容
2	2003 年 2 月 9 日	《全国随班就读工作经验交流会议纪要》	教育部、中国残联	“加强了随班就读工作的师资培训。通过对识别、筛查、管理、教学、评价等方面进行培训，使教师初步掌握了残疾儿童的身心特点和基本的教学方法，为各普通学校实施随班就读做好了基础性工作。” “区、县教研室要起龙头作用，对本地区随班就读工作进行研究、指导培训、咨询辅导等。特殊教育学校要配合教研室承担起对全县各随班就读点巡回指导、检查、培训、咨询等任务。” “加强随班就读教师的业务培训，为他们提供资料，提供咨询，提供指导。各地要以县为单位，以县特殊教育学校为依托，县里没有特教学校的，要以地市特教学校为依托，有计划地开展随班就读教师的业务培训，并做到经常化，制度化。”
3	2003 年 2 月 19 日	《教育部基础教育司关于开展建立随班就读工作支持保障体系实验县（区）工作的通知》	教育部	“县（区）教研室要起龙头作用，对本地区随班就读工作进行研究、指导培训、咨询辅导等。特殊教育学校要配合教研室承担起对全县各随班就读点巡回指导、检查、培训，咨询等任务。” “加强随班就读教师的业务培训，为他们提供资料，提供咨询，提供指导。以县特殊教育学校为依托，有计划地开展随班就读教师的业务培训，并做到经常化，制度化。”

续表

序号	颁布时间	名称	颁布机构	内容
4	2009年5月7日	《关于进一步加快特殊教育事业发展的意见》	教育部、国家发展改革委、民政部、财政部、卫生部、中央编办、中国残联、人力资源和社会保障部	“要加强对在普通学校中从事特殊教育工作教师的培训。”
5	2011年10月8日	《教师教育课程标准（试行）》	教育部	将“特殊儿童教育”这一主题纳入在职教师教育课程设置框架中
6	2012年9月20日	《关于加强特殊教育教师队伍建设的意见》	教育部、中央编办、国家发展改革委、财政部、人力资源和社会保障部	“各地要同步开展特殊教育学校教师和承担随班就读任务教师的全员培训。” “将特殊教育相关内容纳入教师资格考试。”
7	2014年1月8日	《特殊教育提升计划》（2014~2016年）	教育部、国家发展改革委、民政部、财政部、卫生计生委、中国残联、人力资源和社会保障部	“加强普通学校随班就读、资源指导、送教上门等特殊教育教师培训。” “将特殊教育相关内容纳入教师资格考试。”
8	2016年1月20日	《普通学校特殊教育资源教室建设指南》	教育部	将“开展普通教师培训”列为资源教室的主要功能之一。 “区域内特殊教育指导中心或特教学校应加强对资源教室的业务指导，定期委派专人为资源教师提供培训。”

续表

序号	颁布时间	名称	颁布机构	内容
9	2017 年 2 月 23 日	《残疾人教育条例》(2017 修订版)	国务院	“特殊教育资源中心可以受教育行政部门的委托承担起为区域内承担随班就读教育教学任务的教师提供培训；在普通教师培训中增加一定比例的特殊教育内容和相关知识，提高普通教师的特殊教育能力。”
10	2017 年 7 月 17 日	《第二期特殊教育提升计划（2017~2020 年）》	教育部、中国残联、民政部、财政部、人力资源社会保障部、国家发展改革委、卫生计生委	“在教师资格考试中要含有一定比例的特殊教育相关内容。”“县一级承担普通学校随班就读教师培训，增强培训的针对性和实效性。”

（一）时间和数量

在已颁布的 10 个国家层面的政策文件中，1994 年国家教委颁布的《关于开展残疾儿童少年随班就读工作的试行办法》是第一个与普通教师融合教育素养职后培训有关的文件，也是第一个随班就读的专项文件。该文件从对象、入学、教学要求、师资培训、家长工作、教育管理六个方面对随班就读工作进行了规定，为后续相关政策文件的制定提供了参考。2000 年至 2017 年，我国颁布了 9 个涉及普通教师融合教育素养职后培训的政策文件。其中，2011 年颁布的《教师教育课程标准（试行）》是现有文件中唯一一个普通教育领域的文件。较其余特殊教育领域的文件，该文件对普通教师融合教育素养职后培训的规定更易得到实施，也表明整个教育领域开始关注普通教师融合教育素养职后培训问题。

总体上看，我国涉及普通教师融合教育素养职后培训内容的相关文件颁布时间较晚，但随着随班就读的发展，涉及普通教师融合教育素养职后培训内容的相关文件数量增长较快，颁布的时间间隔明显缩短。20 世纪 90 年代仅有 1 个文件涉及普通教师融合教育素养职后培训的内容；2000~2010 年颁布的文件有 3 个涉及普通教师融合教育素养职后培训；2011 年至今颁布的 6 个文件涉及普通教师融合教育素养职后培训。可见，普通教师融合教育素养的提升越来越受到国家层面的关注。

（二）效力层级

现有关于普通教师融合教育素养职后培训的政策文件中，《残疾人教育条例》（2017 修订版）为强制力较高的行政法规，这是我国唯一一个涵盖普通教师融合教育素养职后培训的行政法规。2003 年颁布的《教育部基础教育司关于开展建立随班就读工作支持保障体系实验县（区）工作的通知》为强制力略低于行政法规的部门规章，也是我国唯一一个针对随班就读工作的规章，其对于随班就读工作以及随班就读教师培训工作具有较强的指导意义；其余 8 个文件均为效力层级较低且具有一定时效性的“意见”“办法”“计划”等规范性文件。可见，现有政策文件的效力层级不完善，缺少强制力高的国家法律对普通教师融合教育素养职后培训进行规定。

（三）规定内容

现有政策文件就普通教师融合教育素养职后培训的规定主要围绕“对随班就读教师、资源教师以及普通教师进行特殊教育知识的培训”这一核心内容展开。比如，1994 年颁布的《关于开展残疾儿童少年随班就读工作的试行办法》规定“地方各级教育行政部门应当把视力、听力语言和智力残疾儿童少年随班就读的师资培训工作列入计划，设立培训基地，采取多种形式，对教师进行岗前和在职培训”；2016 年颁布的《普通学校特殊教育资源教室建设指南》规定“区域内特殊教育指导中心或特教学校应加强对资源教室的业务指导，定期委派专人为资源教师提供培训”；《残疾人教育条例》（2017 修订版）指出“在普通教师培训中增加一定比例的特殊教育内容和相关知识，提高普通教师的特殊教育能力”。可见，已有规定的内容较为相似，后出台的规定多是对先出台的规定进行重申和延续。

从 1994 年颁布第一个相关政策文件至今，已有文件涉及普通教师融合教育素养职后培训内容有以下发展趋势与特点。

第一，已有文件规定的培训对象范围扩大。以 2010 年为界，2010 年之前的文件仅提出对随班就读教师进行培训，2010 年之后的文件不仅提出对随班就读教师进行培训，还提出对资源教师和普通教师进行培训。可见，已有文件规定的培训对象由随班就读教师扩展到资源教师和普通教师，涵盖了从事融合教育教学工作的所有教师。

第二，已有文件规定的承担培训工作的机构得到扩充。从 1994 年规定地方各级教育行政部门承担相关培训工作，到 2010 年规定教研室和特殊教育学校承担相关培训工作，再到 2010 年之后规定资源教室、资源中心、县一级承担相关培训工作，可以看出已有文件将越来越多的机构纳入相关培训工作中，使承担培训工作的机构得到扩充，并逐渐明确相关机构在培训工作中的职责，以推动相关培训工作落实。其中，《普通学校特殊教育资源教室建设指南》首次将“开展普通教师培训”列为资源教室的主要功能之一，可促进普通教师与资源教师的联系，使普通教师更便捷地获取到资源教师的帮助，推动普通教师解决融合教育实践中的问题。

第三，已有文件将特殊教育相关内容纳入教师资格考试中。2012 年颁布的《关于加强特殊教育教师队伍建设的意见》、《残疾人教育条例》（2017 修订版）以及 2017 年颁布的《第二期特殊教育提升计划（2017~2020）》提出“将特殊教育相关内容纳入教师资格考试”，这表明我国已从教师准入资格上强调普通教师融合教育素养。

总体来看，普通教师融合教育素养职后培训的政策文件数量增长速度加快；文件的效力层次多样；文件的规定内容也取得了一些新的进展，如培训对象范围扩大、承担培训工作的机构得到扩充、将特殊教育相关内容纳入教师资格考试。可见，国家在政策层面对普通教师融合教育素养的关注有所提升，但相关规定仍存在诸多不足。

（四）相关规定的不足

整体来看，已有规定主要在约束力、完整性、可操作性以及效力层级四方面存在不足。首先，在已有的 10 个政策文件中，仅《教师教育课程标准（试行）》为普通教育领域的文件，其余文件均为特殊教育领域的文件。可见，普通教师融合教育素养职后培训的规定主要出现在特殊教育领域的文件中，其约束力仅限于特殊教育领域，难以调动整个教育领域落实相关规定。其次，已有文件涉及普通教师融合教育素养职后培训的对象、承担机构、内容、形式以及要求，但未对培训的时长、评估考核、经费等进行规定；而且将职后培训的内容限定为特殊教育相关内容，未扩展至融合教育相关内容。可见，已有文件的规定内容完整性不够。再次，已有文件对于培训的对象、承担机构、内容、形式以及要求的规定简略、用词模糊，导致可操作性较低。比如，《关于进一步加快特殊教育事业发展的意见》用“要加强对在普通学校中从事特殊教育工作教师的培训”在大方向上对普通教师融合教育素养职后培训进行规定和引导，可操作性低；《教育部基础教育司关于开展建立随班就读工作支持保障体系实验县（区）工作的通知》指出“加强随班就读教师的业务培训，为他们提供资料，提供咨询，提供指导；以县特殊教育学校为依托，有计划地开展随班就读教师的业务培训，并做到经常化，制度化”，该规定使用“有计划”“做到经常化，制度化”这种口号式词语，用词模糊，可操作性低。最后，已有规定均出现在行政法规、部门规章以及规范性文件中，强制力高的国家法律，比如《教师法》，没有对相关培训做出规定。可见，现有政策文件的效力层级不完善，使相关培训的强制性不够，不利于相关培训的落实。

二　省级行政区层面的政策分析

（一）基本概况

通过对 31 个（除去港澳台地区）省级行政区的政府门户网站、教育厅网站、残联网站的搜索，截至 2017 年共发现 92 份省级政策文件中提及了普通学校随班就读及相关教师融合教育素养职后培训的相关内容。从政策文件的数量上看是比较可观的，但同时还发现这 92 份文件大多属于特殊教育领域的政策文件，只有 5 份文件是属于普通教育领域的政策文件，分别是《天津市关于进一步加强高素质教师队伍建设的意见》、《天津市基础教育事业发展第十三个五年规划》、《浙江省中长期教育改革和发展规划纲要（2010~2020 年）》、《上海市“十三五”中小学、幼儿园、中等职业学校教师培训工作实施意见》和《河南省中小学幼儿园教师培训课程标准（试行）》。从政策文件的效力层级来看，这 92 份文件都属于强制力相对较低且具有一定时效性的“意见”“计划”“实施方案”等规范性文件，缺少效力层级较高的地方性法规。除此之外，相较于特殊教育教师职后培训的政策支持而言，涉及随班就读及相关教师融合教育素养职后培训的政策数量仍然较少，内容上也有待进一步的细化。

图 1　2001~2017 年省级政策文件数量统计

说明：未收集到 2003 年和 2007 年的数据信息。

由图 1 可知，2010 年之前的省级政策文件较少提及随班就读及相关教师融合教育素养职后培训的内容，而 2010 年之后提及相关内容的政策文件数量不断增多，增长的速度也有了明显的提升，更是在 2014 年形成了一个高峰，达到 24 份。通过进一步分析可以发现，出现这一变化的主要原因是在 2010 年之后国家层面相继出台了《特殊教育提升计划（2014~2016）》《普通学校特殊教育资源教室建设指南》等一系列政策文件，各省级行政区随后也相继出台了地方性政策文件，以推进培训工作的落实。除此之外，北京、浙江、福建、重庆、湖南、山东等 14 个省级行政区出台了残疾儿童少年随班就读工作的指导意见或者管理办法，进一步对培训工作进行明确的规定。值得一提的是，北京市、上海市和浙江省根据本行政区的发展情况，先于国家出台了更切合本行政区的文件，如《上海市随班就读教师工作职责》《浙江省普通学校随班就读工作职责》《北京市中小学融合教育行动计划》等，以推进本行政区融合教育和教师培训工作更好地开展。由上述可知，这 92 份政策文件大多是在国家政策文件的引领之下出台的，在政策方针上与国家文件保持高度一致，但是在内容上部分省份有所突破和细化。

（二）政策的发展趋势和特点

目前已收集的 92 份政策文件，对于随班就读及相关教师融合教育素养职后培训已经有了初步的规定。下面将从培训对象、培训数量、培训内容、培训形式、建立长效培训机制五个方面进行梳理和分析。

1. 培训对象不断扩大

在培训对象方面，除了要求对从事教育教学活动的随班就读教师、班主任、资源教师进行培训外，福建省、湖南省、湖北省、江苏省、江西省等的文件中还强调了要对普通学校的校长、主管随班就读的负责人以及各级各类兼设有融合教育资源中心的学校校长开展培训。这说明各省越来越重视管理层对开展随班就读工作的重要推动作用。除此之外，陕西省和江苏省提出将幼儿园随班就读教师和资源教师也纳入培训范围之列，将培训工作向学前教育阶段延伸。吉林省在《吉林省特殊教育提升计划实施方案（2014~2016 年）》中提出：在新一轮中小学教师继续教育中增加全纳教育内容，提升普通学校教师对随班就读残疾学生的服务意识和服务能力。该文件将普通中小学教师全体纳入了培训的范围。上述政策文件不仅对培训对象进行了清晰的定位，而且扩大了培训对象的范围。培训对象不再局限于随班就读教师和资源教师，更加广泛的普通在职教师也被纳入培训范围，对于提升普通教师融合教育素养的总体水平具有重要的作用。

2. 部分省份对培训数量进行了明确的规定

在培训数量上，多个省份进行了明确的规定。早在 2001 年，四川省就提出:“十五”期间,对普通学校承担特殊教育和随班就读工作的教师安排一次比较正规的短期培训。安徽省、陕西省、山东省、四川省等都在其各自的《特殊教育提升计划(2014~2016 年)》中提出:到 2016 年完成全省随班就读教师和资源教师的培训工作。而江苏省则在《江苏省第二期特殊教育提升计划》中进一步提出:各类融合教育资源中心校长每 5 年至少接受 1 次省级培训。上述各省对培训次数的明确规定保证了随班就读教师、资源教师以及学校主要管理人员的专业培训机会,对各级部门切实落实教师职后培训工作具有重要督促作用。

3. 对培训内容的规定从模糊和笼统走向清晰和具体

关于培训的内容,部分省级政策文件已经有了不同程度的规定。福建省在《福建省关于特殊教育提升计划(2014~2016 年)的实施意见》中提出:对于随班就读资源教室指导教师开展特殊教育理论、技能的培训,以便能更好地针对残疾学生开展个别化教育。但是在该文件中并没有规定具体的培训内容。上海市则在相关政策文件中强调对开展随班就读教育教学工作的教师进行康复专业知识与技能的培训。北京市在《北京市残疾儿童少年随班就读工作管理办法(试行)》中将培训的内容进一步具体化,包括个别化教育计划的制订与实施、随班就读教学策略、差异教学的实施、资源教室的功能与运用、随班就读学生的评估以及随班就读学生的生理与心理特点等培训内容。从江西省连续 9 年发布的《江西省关于举办全省随班就读资源教师培训班的通知》来看,培训的内容经历了三个阶段的变化:2011~2012 年,培训内容以“特殊教育方针、政策和法规”和“随班就读工作基本理论”为主;2013~2015 年,培训内容逐渐转向融合教育相关知识;2016~2017 年,培训内容进一步聚焦于如何更好地开展随班就读教育教学工作,主要包括随班就读学生的心理发展与学习、行为问题的管理、课程及教学调整等内容。从这三个阶段的变化可以发现培训内容从理论和宏观逐渐转向实践和微观。除此之外，江西省是最早提出进行“融合教育”相关知识的培训的省份。吉林省在 2014 年也提出了在培训中加入“全纳教育”的内容。从上述政策文件可知，培训内容的制定从模糊和笼统走向清晰和具体，主动回应随班就读实践的诉求，针对随班就读教师的教学困境引入有针对性的培训内容。与此同时，细致地列出培训内容也将有助于组织培训的单位和人员把握培训的要点，及时改进培训形式，推动培训更好地落实。

4. 培训形式从单一化走向多元

在已搜集到的政策文件中，对于培训形式的规定内容是最为丰富的，其中进行集中培训仍然是最常见的培训方式。值得一提的是，江西省 2009~2017 年连续 9 年举办省级随班就读资源教师培训班或者融合教育学校校长专题研修班，这样连续递进的培训方式对于培养随班就读骨干教师，促进随班就读教师专业成长具有显著的作用。另外，安徽省、湖北省、甘肃省、江西省等的相关文件中提及在国培和省培等项目中加入随班就读教师的培训计划，并采用集中培训和远程培训相结合的方式等。浙江省在相关文件中提出建立教师培训学分管理制度，更在《浙江省特殊教育教师分层培训学分结构指南》中对随班就读资源教师、随班就读班主任及随班就读学校普通教师的培训体系进行详细的规定。

除了开展集中培训的方式外，各省份也在不断探索如何在常规工作中开展培训，以加强对普通学校随班就读的过程性指导和技术支持。目前各省级政策文件中比较成熟的措施主要包括：探索建立特殊教育学校与普通学校定期举行交流活动的制度；进行随班就读的教育教学示范和巡回辅导工作；搭建随班就读学校教研网络交流平台，加强校际联系；开发随班就读工作指导手册的方法，推广先进学校的随班就读工作成果。除此之外，浙江省和上海市的相关文件中提出建立随班就读教研组，定期组织随班就读教师开展教研、科研活动，并要求随班就读教师积极开展随班就读个案研究。该举措将随班就读教师的教学、培训和研究结合起来，结合教师在教学中遇到的问题进行有针对性的培训，在培训实施过程中更具有操作性，培训效果也将更加显著。而浙江省在相关文件中还提出建立特殊教育随班就读资源库，为随班就读学校教师提供国内外特殊教育信息，共享先进地区随班就读工作的经验和成果。这一举措对促进各地区教育事业均衡发展具有显著的作用，值得在全国范围内推广。

5. 部分省份开始探索建立培训的长效机制

在建立随班就读及相关教师融合教育素养职后培训的长效机制的探索中，各省份分别从两个路径展开：一是重视资源中心和特殊教育学校在开展职后培训方面的重要作用；二是明确各级各类组织、部门的工作内容和职责。

各省级政策文件都十分重视资源中心和特殊教育学校在开展随班就读教师职后培训方面的重要作用。一方面，要求其利用自身的资源优势，帮助、指导有随班就读任务的普通学校建立特殊教育资源中心；另一方面，要求特殊教育教师、巡回指导教师加强对普通学校随班就读教师的职后培训，定期进行巡回教学指导、督查、评估、反馈、咨询等工作，江西省、贵州省、四川省更是提出建立健全特殊教育学校定期委派教师巡回指导随班就读工作制度，以确保随班就读的质量，推动融合教育的发展。

部分省级政策文件还明确规定了各级部门的工作内容和职责。首先，各省级政策文件都提出将随班就读教师和资源教师的职后培训纳入当地的师资培训当中，并规定了培训主要由当地教育行政部门负责组织实施。其次，山东省在相关文件中提出：随班就读教师培训实施省、市、县三级培训。北京市、广东省、江苏省则进一步制定了分层培训的体系，明确了各类培训的责任主体：省级教育厅负责组织随班就读资源中心教师、随班就读骨干教师培训；市、县（市、州）教育局负责其他管理人员及全体随班就读师资培训。除此之外，湖南省在相关政策文件中还明确了各级组织的工作内容：市、州教育行政部门负责本地区随班就读工作的统一规划，承担检查、指导、评估随班就读工作的责任；县、市、区教育行政部门则负责组织教师参加培训，组织巡回教学辅导与检查等。上述的政策文件不仅对开展培训的组织和人员做出了明确的规定，而且对各级组织的工作内容做了细致的规定，如此权责明确的规定，既能减少推诿、扯皮现象的发生，同时又保证了培训机制的长久性和有效性，更有利于培训工作的落实。

（三）相关规定的不足

1. 各省级地区差异过大

通过对各省份的政策文件进行梳理和分析，发现存在地区差异过大、发展严重不均的问题。西藏目前仍然没有任何政策文件提及随班就读及相关教师融合教育素养职后培训的相关内容，而辽宁、湖北等省份则仍然停留于“加强随班就读教师的培训”等这样口号式的阶段；相较而言，在北京、浙江、上海、重庆、江西等地区，相关的政策文件较多，政策支持力度更大，已经开始进行培训长效机制的探索。

2. 部分政策文件仍然有待补充和细化

已有的 92 份政策文件对于随班就读及相关教师融合教育素养的培训等各方面已经有了初步的规定，但是仍然有待补充和细化。比如，部分省份提出建立对普通学校特教班、随班就读学校定期巡回教学、指导与服务的工作制度，但该制度在由哪些部门来制定和统筹，由哪些组织和人员来执行，又如何进行督导和评估等方面尚未进行详细的阐述。除此之外，在培训的实施过程中，北京市、河南省、浙江省、江西省的文件虽然提出逐步形成分类培训体系，创新分层、分类培训，但在政策文件中缺少可操作性的实施方案，以针对不同发展阶段的培训对象，比如新手教师、熟手教师以及骨干教师，优化培训形式和内容，以增强培训的针对性和实效性，仍然是各省份需要探索的内容。除此之外，各省级政策文件基本未提及培训的考核和评价、培训时长、培训经费保证等相关问题，缺少这些方面的制度保证将无法进一步保障培训工作的可落实性和有效性。

三 建议

（一）将普通教师融合教育素养职后培训的内容写进更多普通教育领域的政策文件中，加强规定的约束力

在已有的 10 份国家层面和 92 份省级行政区层面的政策文件中，仅《教师教育课程标准（试行）》和《河南省中小幼儿园教师培训课程标准（试行）》为普通教育领域的文件，对普通教师进行融合教育素养职后培训仍被看作特殊教育领域的任务，未受到整个教育领域的重视。普通教师融合教育素养职后培训事关整个教师队伍质量的提升，是整个教育领域必须重视的问题。仅在特殊教育领域的法律文件中强调普通教师融合教育素养职后培训，其约束力仅限于特殊教育领域，很难调动整个教育领域落实有关规定。因此，必须将普通教师融合教育素养职后培训的内容纳入更多普通教育领域的政策文件中，使融合教育素养的提升成为普通教师专业化发展的重要内容。

（二）针对已有规定补充缺失内容，提升规定的完整性

国家层面的政策规定对省级行政区层面相关规定的出台和执行具有引

领作用，省级行政区层面的政策规定有助于普通教师融合教育素养职后培训工作的落地。国家层面和省级行政区层面的政策文件应尽可能对普通教师融合教育素养职后培训做出完整的规定，以便将其落实，在效力层级最低的规范性文件中尤其要确保规定的完整性。

目前，国家层面和省级行政区层面的政策文件提及了培训的对象、承担机构、内容、形式以及要求；而培训的时长、评估考核、经费等均未被提及，这些内容对于提升培训质量具有重要作用，需将其补充到相关文件中。此外，已有文件将职后培训的内容限定为特殊教育相关内容，未突破“特殊教育”即“融合教育”的局限，更未达到为融合教育培训教师的高度。因此，在相关的文件中要拓展“特殊教育相关内容”为“融合教育相关内容”。

（三）将已有规定具体化，增强规定的可操作性

虽然现有政策文件已提及普通教师融合教育素养职后培训的对象、承担机构、内容、形式以及要求，但国家和部分省级行政区的规定都较抽象、笼统，可操作性不强。且已有政策文件以规范性文件为主，规范性文件的规定内容应比法规、规章更明确，更具有针对性，才能为培训工作的执行提供明确的参照。因此，要修改已有政策文件的规定内容，将其更为具体化，且规范性文件的规定内容应作为修改的重点。

（四）将普通教师融合教育素养职后培训的内容写进国家法律，完善规定的效力层级

已有文件均为法规、规章以及规范性文件，法律效力高的国家法律仍未对普通教师融合教育素养职后培训进行规定，导致相关规定的效力层级不够、强制力受限。为了使普通教师融合教育素养职后培训更有力地得到实施，需将普通教师融合教育素养职后培训写进相关法律，如

《残疾人保障法》《教师法》，使普通教师融合教育素养职后培训有法律作为保障。

四 小结

通过对 10 份国家层面的政策文件和 92 份省级行政区层面的政策文件进行梳理和分析，发现国家和部分省级行政区都对普通教师融合教育素养职后培训给予了关注，2010 年之后，相关政策文件数量增长速度加快，普通教师融合教育素养职后培训的规范性得到提升。但相关规定仍存在诸多问题，在国家层面，相关规定内容不完整、可操作性低、效力层级不够、约束力不足；在省级行政区层面，相关规定地区差异过大，部分地区的文件仍处于鼓励支持的倡导阶段，但上海、北京、浙江等省份已经对培训制定出操作性较高的规定。总体来说，相关规定内容不够细致，普通教育领域缺少提升普通教师融合素养的政策文件。

融合教育课程在教师职前教育及资格证考试中落实情况调查报告

文 / 许家成

受全国心智障碍者家长组织联盟委托，笔者就师范院校开设融合教育课程，在教师资格证考试中是否包含融合教育内容及其比重等问题进行了调查。

一　相关的法律及分析

（一）对《中华人民共和国教师法》和《教师资格条例》的分析

现行的《中华人民共和国教师法》（以下简称《教师法》）是 1993 年 10 月修订通过后公布的，1994 年 1 月 1 日起施行。其中第十条规定，“国家实行教师资格制度。中国公民凡遵守宪法和法律，热爱教育事业，具有良好的思想品德，具备本法规定的学历或者经国家教师资格考试合格，有教育教学能力，经认定合格的，可以取得教师资格”。

第十一条第六款规定，“国家教师资格考试制度由国务院规定”。

第十三条规定，“中小学教师资格由县级以上地方人民政府教育行政部门认定”。

第十七条规定，“学校和其他教育机构应当逐步实行教师聘任制”。

《教师法》附则第四十条“本法下列用语的含义”是:“(一)各级各类学校，是指实施学前教育、普通初等教育、普通中等教育、职业教育、普通高等教育以及特殊教育、成人教育的学校。……(三)中小学教师，是指幼儿园、特殊教育机构、普通中小学、成人初等中等教育机构、职业中学以及其他教育机构的教师。”

从上述《教师法》的有关条文可以看出，我国有两条途径可以获得教师资格：一是具有相应的学历，二是经过国家规定的教师资格考试。附则中“各级各类学校”“中小学教师”系列包括特殊教育教师。这里的“特殊教育教师”主要是指在特殊教育学校（班）中从事教育工作的教师。

1995 年底国务院发布了《教师资格条例》(1995 年 12 月 12 日国务院令 188 号)。通读该条例，没有明文说明特殊教育教师系列，《教师法》是上位法，《教师资格条例》是下位法，从逻辑关系上应该包含特殊教育学校的教师，但是该条例完全没有提及。

同时，无论是《教师法》还是《教师资格条例》，均未在教师资格中提及融合教育等相关问题，在相关的资格考试内容中也未提及特殊教育或融合教育的相关内容。

我国于 2015 年开始实施教师资格证考试改革，“打破教师终身制且五年一审，改革后将实行国考，考试内容增加、难度加大。在校专科大二、大三，本科大三、大四才能报考。改革后将不再分师范生和非师范生的区别，想要做教师都必须参加国家统一考试，方可申请教师资格证”。改革后的教师资格制度弱化了“师范教育学历”的要求，强化了“教师资格考试”。

（二）对《中华人民共和国残疾人保障法》和《中华人民共和国残疾人教育条例》的分析

在我国的法律中，《中华人民共和国残疾人保障法》(以下简称《残疾人保障法》)、《中华人民共和国残疾人教育条例》(以下简称《残疾人教育条例》)等对师范院校开设特殊教育相关课程均有条例规定。

我国于 1990 年 12 月颁布了第一部《残疾人保障法》，其中第二十二条规定“普通教育机构对具有接受普通教育能力的残疾人实施教育”。第二十五条规定，“普通师范院校开设特殊教育课程或者讲授有关内容，使普通教师掌握必要的特殊教育知识”。

1994 年 8 月我国发布了第一个《残疾人教育条例》。该条例第三十七条提出，“国家实行残疾人教育教师资格证书制度，具体办法由国务院教育行政部门会同国务院其他有关行政部门制定”。该条例第四十一条提出，“普通师范院校应当有计划地设置残疾人特殊教育必修课程或者选修课程，使学生掌握必要的残疾人特殊教育的基本知识和技能，以适应对随班就读的残疾学生的教育需要”。

从 20 世纪 90 年代到 21 世纪的第一个十年，经过 20 年的实践，我国对《残疾人保障法》和《残疾人教育条例》做了修订，更加重视普通学校教师学习特殊教育的课程。

现行的《残疾人保障法》(2008 年 4 月修订通过公布)第二十八条规定，“国家有计划地举办各级各类特殊教育师范院校、专业，在普通师范院校附设特殊教育班，培养、培训特殊教育师资。普通师范院校开设特殊教育课程或者讲授有关内容，使普通教师掌握必要的特殊教育知识”。

现行的《残疾人教育条例》(2017 年 2 月修订通过公布)第四十四条提出，“普通师范院校和综合性院校的师范专业应当设置特殊教育课程，使学生掌握必要的特殊教育的基本知识和技能，以适应对随班就读的残疾学生的教育教学需要”。

从《残疾人保障法》和《残疾人教育条例》的产生和修订，我们也看到了一条比较明显的线索，就是明确地提出了普通院校的师范教育专业开设特殊教育课程的要求，以适应普通学校实施融合教育的强烈需求。

我们从对《教师法》及《教师资格条例》与《残疾人保障法》及《残疾人教育条例》两条法律线索的分析中，看到了其间露出的“缝隙”及“空白带”。《残疾人保障法》和《残疾人教育条例》中有关普通师范院校开设特殊教育课程或融合教育课程的相关内容，在《教师法》和《教师资格条例》中均未涉及，在相关的法律关系中露出“缝隙”；同时《教师法》和《教师资格条例》还有两个“空白带”，一是把特殊教育仅局限在特殊教育学校，二是《教师资格条例》忽略了普通教师应当掌握的特殊教育知识与技能。虽然在《残疾人保障法》和《残疾人教育条例》中有特殊教育和融合教育的明确条款，但是法律影响力和执法力度远不及《教师法》和《教师资格条例》。

我们认为，应该在《教师法》和《教师资格条例》中包含有关特殊教育和融合教育的相关内容，与现行的《残疾人保障法》和《残疾人教育条例》保持一致。

在教师资格考试改革以后，无论是师范教育还是其他专业毕业的人员，都必须通过资格考试才能获得教师资格证，这是成为教师的唯一“入口”。在这个“入口”把住特殊教育或融合教育的关，事关融合教育发展，保障残障儿童教育权利的大局。

二　高师开设融合教育课程

（一）背景

很长时间以来，我国特殊教育学校教师主要来源于普通师范教育，特教教师的专业知识与技能主要是师承式培养。我国实施九年义务教育，特殊教育学校为残疾学生提供小学和初中教育，师资来源以中等师范学校的学生为主。直到 20 世纪 80 年代，我国才建立了一批中等特殊教育师范学校，其中具有代表性的是南京特殊师范学校。该校面向全国招生，是我国特殊教育教师的重要来源。1986 年以北京师范大学为代表的教育部所属的 6 所师范院校及少数省属师范学院，建立了我国第一批特殊教育本科专业，目前有 70 余所师范院校设立有特殊教育专业，一些师范院校建立了特殊教育硕士点和博士点。

在我国，融合教育在新师资培养中是短板中的短板。随着我国随班就读的发展，陆续有一些师范院校尝试开设特殊教育或融合教育的公共课程。本调查聚焦于此。

（二）相关课程开设情况

1. 师范院校开设特殊教育公共课程的情况

北京师范大学建立特殊教育本科专业以后，从事特殊教育的专业教师，就在教育学专业中开设特殊教育公共课程，这对学生工作以后在普通师范专业课程中开设特殊教育公选课程产生了重要影响。现在昆明学院任教的李里教授介绍了她在北京师范大学就读教育学专业时学习特殊教育公共课程的情况，为她在昆明学院开设特殊教育公选课程奠定了基础。

于素红教授介绍了在华东师范大学开设融合教育课程的情况。

华东师范大学目前在学前教育专业开设“特殊教育学”“学前融合教育”课程，在教育学部开设了选修课程“超常儿童”（使用全英文自编教材）；面向全校开设了以下特殊教育选修课程：“特殊教育概论”、“儿童行为问题与矫正”、“融合教育”（使用全英文自编教材）、“特殊教育需要学生的教育”。此外，还利用暑期，面向全校开设选修课程“特殊教育需要课程与教学”“融合学校的建设”等。

华东师范大学拟在大类招生后实施如下计划。第一，在教育学部开设特殊教育的必修课；第二，面向全体师范学生开设公共平台课程。

于素红教授针对目前特殊教育公共课程提出了几点思考。

从课程的设置方式看，途径之一是在师范院校已有的公共必修课程心理学和教育学课程中增加特殊教育的内容或章节；途径之二是将特殊教育设成一门单独课程，设为师范专业的选修课程或者必修课程；途径之三是将特殊教育知识与技能纳入普通教师资格标准。

构建合理的特殊教育的课程结构，需要讨论清楚“特殊教育”“融合教育”的概念与理念，应该在课程中介绍对各类特殊儿童的认识（定义、发现与评估、具体特征），在融合学校建设团队，开展协同教学、合作学习、学校文化与环境、课程与教学、行为问题干预和评价等，推进融合教育发展。

一批省属师范院校开设了特殊教育公共课程。

重庆师范大学是省属师范大学中最先设立特殊教育公共选修课程的学校。许家成教授于 1992 年在重庆师范学院实施教育部师范司“世界银行贷款 - 师范教育发展”项目“高师增设特殊教育课程和师资培养”的课题中，在全校范围内开设了特殊教育公共选修课。第一次开设本课时，全校有 100 余位学生选修了这门课程，受到学生的欢迎。该课题获得了教育部师范司“世界银行贷款 - 师范教育发展”项目的一等奖。后来重庆师范大学一直在学校开设特殊教育公共选修课程，保持到现在，学生毕业后在重庆及周边地区从事相关教育教学工作。

20 世纪 90 年代，一批中等师范学校开设了特殊教育公共课程。我国中等师范教育学校升格为师范学院。目前，它们中的部分学院继续开设特殊教育公共课程。

曾亚茹教授介绍了泉州师范学院开展融合教育师资培养的情况。

从 1995 年开始就在为福建全省中专老师开展融合教育的培训；2003 年小学专业、2004 年学前教育专业开设“特殊教育概论”等课程。

该校调查了已经毕业的十几届学生，他们在普通幼儿园、小学对特殊儿童的接纳态度没有问题，面临的主要问题是普通教育任务的艰巨性、复杂性，导致融合教育推广难。因此，曾亚茹教授建议，融合教育课程在进行理论教学的同时，还必须要进行实践教学，以小组为单位进行个案追踪，接触融合教育实际。

该学院为了适应 2015 年师范生考教师资格证的改革，在师范专业开设“特殊教育概论”选修课。该学院成为硕士学位新增单位，将“融合教育”作为必修课介入，同时开设“个别化教育计划”“儿童早期干预研究”“问题行为处理”等课程，并开展数据调查小组合作，推动融合教育实践教学。

乐山师范学院特殊教育学院院长汪红烨教授介绍了该学院进行“融合教育师资培养”的实践活动。

从 2010 年到 2017 年在师范专业中开设了“手语”“特殊教育导论”“特殊儿童心理与教育”“特殊儿童早期干预”等课程，但尚未形成课程体系，缺乏课程管理，也没有对教学成效进行跟踪研究。

该学院目前在小学教育、学前教育专业人才培养方案中开设了“特殊儿童心理与教育”的必修课程。该学院成立融合教育师资培养教研室，进行建设性规划，将融合教育课程纳入师范生人才培养方案推进，实施分散式课程方案。

北京联合大学特教学院刘颂博士介绍了该校在学前教育专业中开设

学前融合教育方向的经验，在该方向中开设过“学前融合教育”课程，占15% 左右的学时。其中遇到的问题是：就业不是显性优势而是隐性优势。该校学前融合教育的课程体系，让毕业后的学生在从事学前教育工作中，能够善待具有特殊教育需求的残疾儿童，在教育实践中表现出了良好的专业素养。

唐山师范学院特殊教育负责人隋春玲博士介绍了本校开设特殊教育公共课程的情况。

该校在 4 年前就已经在推公共选修课，课程具有显著的应用性和实践性，并在丰南地区设立了融合教育实验点，在实践中，针对普校教师的融合教育积极性和主动性不足的问题，加强了课程的针对性。

以上从不同源头介绍了我国部分师范院校开设特殊教育公共课程的情况，但是这部分学校在国内数量很少，在已经开设特殊教育专业的 70 余所师范院校中，也仅是一部分。本次调查了解到，国内将有 20 余所师范院校开设和准备开设特殊教育公共课程，在国内师范院校总数中不足 10%。有必要通过多种方式推动更多，直至所有的师范院校开设融合教育课程，落实《残疾人保障法》和《残疾人教育条例》提出的要求。

2. 融合教育专业建设的实践

南京特殊师范学院是我国唯一一所以特殊教育及相关专业为主的师范学院，培养了大量特殊教育及相关专业的教师和专业人员。该校进行了融合教育专业方向的尝试。

（1）随班就读专业方向建设

南京特殊师范学院李泽慧教授介绍了该校 2005 年至 2014 年在初等教育中建立专科层次的随班就读方向，2015 年在特殊教育系建立本科层次的随班就读方向，2016 年至今在小学教育中建立本科层次的随班就读方向。在办学模式上体现了“普特融合、主辅兼修、实践导向、复合型应用型人才”的特色。

（2）融合教育课程开设

在随班就读专业方向开设了融合教育的专业必修课程、专业限选课程。这些课程包括“融合教育的理论与实践”“特殊儿童教育诊断与评估”“个别教学计划的制订与实施”“行为改变技术”“差异教学策略”“资源教室方案与管理”“融合教育的班级管理”等。

南京特殊师范学院也在非特教的师范专业中开设了融合教育的选修课程、公选课程等。

三　教师入职考试中增加融合教育内容及比重

推动融合教育发展的关键之一是普通学校教师了解融合教育。有几个原因导致中国大部分的教师不了解融合教育。

过去，中国的教师教育（师范教育）按幼儿师范学校、中等师范学校和师范学院的层次来培养，分别对应我国的幼儿园教师、小学教师和中学教师。

近 20 年来，幼儿师范、中等师范逐渐退出教师教育的领域，逐渐由学前教育本科专业、小学教育本科专业和原来的师范院校本科专业来替代。但是这三个层级的教师教育，主要培养普通学校的教师；特殊教育教师最初只是在教育部直属的 6 所师范大学及少数的省属师范院校来培养，目前扩展到 70 余所师范院校设立特殊教育专业来培养特殊教育教师。

我们将南京特殊师范学院的发展过程作为一个范例。该校在开办时是中等师范学校，第一次升格成为专科层次的职业学院，再升格成为本科层次的特殊师范学院，从中可以看到我国特殊教育教师的培养经历了从中师逐渐发展到本科层级的师资培养机制的过程。同时这个过程也客观呈现了我国特殊教育教师与普通教师分开培养的基本线索。

目前，我国教师来源不断扩大，从一般师范院校发展到只要是综合高校毕业生，通过教师资格考试都可以承担教师工作。这样一来，从综合院校毕业后拟进入教师行列的人员更是没有渠道获得特殊教育及融合教育的观念、理论与技能。因此，如何让我国新教师必须掌握融合教育的知识技能，成为一个严重的挑战。这与我们在前面对《教师法》和《教师资格条例》的分析中发现的情况一致，说明立法的“空白”给实践带来的影响是十分明显的。在我国新教师培养和入职中，与特殊教育及融合教育相关的内容是其中最为薄弱的环节，引人关注。

从调查中了解到的情况如下。

南京特殊师范学院李泽慧教授介绍，南京市从 2015 年开始在教师入职考试中逐年增加特殊教育学分的比重。从 2015 年开始，仅有“5 分”的考试内容，逐年增加到“10 分”“15 分”。

据救助儿童会项目四川项目官员罗荔芊介绍，成都市郫都区（原来的郫县）在新教师的入职培训和考试中增加了融合教育的考试内容。

成都的经验是先有比较系统的培训课程及相关资源，再有教师入职考试中的融合教育内容，这两个环节并存，教师入职培训和考试形成一个完整的系统。

在救助儿童会的支持下，成都地区正在系统地进行这项工作。目前主要是在成都郫都区的教师入职考试环节中，特殊教育（以融合教育为主）的内容占教师入职考试的 10% 左右。

调查了解到，在具有全局影响的全国教师资格证书考试题库建设中，有专家开始将融合教育的内容加入其中。由于涉及国家题库建设，需要保密，不能注明人名及单位，更不能涉及题目的具体内容。

立法分析与调查结果都表明，在教师资格证或入职考试中弥补融合教育这个“漏洞”或“空白带”成为一个关键环节。

因此，此项工作的启动具有重要的战略意义，但是也出现了一个值得注意的问题，如果在全国考试中一旦选用了融合教育题目，而培训的课程跟不上，出现了断裂，也会带来问题。因此，需要加强相关课程的建设。考试提供了一个“倒逼”的机制，但是真正的目的是让新入职的教师了解融合教育的意义，具有融合教育的情怀，知道融合教育的知识，掌握融合教育的技能，才能有效地推进融合教育。如何很好地利用这个机会，值得相关方面重视。

四　典型案例分析

（一）项目的实施概况

为了促进高等师范院校开设融合教育课程，救助儿童会与中国教育学会作为合作伙伴，在北京联合大学、成都大学和昆明学院三所学校的师范专业开设融合教育课程。

该项目的具体目标是，在三所学校进行三个周期的融合教育课程的教学，每所学校每次 50 人次，共计 450 人次；课程共计 3 学分，48 个学时。项目从 2016 年 7 月开始，到 2018 年 11 月 15 日结束。

项目有六项任务。

第一，基线评估。数据表明，开设融合教育公共课程十分必要。

根据三校提供的基线数据，在课程开设前，仅有不足 40% 的学生听说过融合教育，其中不足 30% 的学生赞成融合教育，大部分的学生对特殊教育还停留在“残疾学生到特殊教育学校读书”的传统认知上。

第二，课程开发。课程理念、课程大纲、教材、教材资源得到丰富。

目前课程进行到第二轮，对融合教育课程的理念有了进一步厘清，对特殊教育与融合教育的关系、内在联系与差异有了新的认识，突出了融合教育的新进展及国内（当地的）经验；课程大纲进行了两轮修订，教材经过两轮以上的教学，积累了较为丰富的教学资源，如教学 PPT、图书、影视资料，经过两轮教学得到丰富与完善。

第三，教学实施、教学实践活动和考核评估等环节业已完善。

经过两轮以上的教学，学校完成了 3 个学分 48 学时的教学过程。教师在教学中采用了讲授、讨论、观摩、影视、专题演讲、调查、宣讲等丰富的教学形式和实践活动，作业等多种形态的考试，形成了比较规范和生动的教与学的过程。

第四，中期检查表明成效明显，揭示了存在的问题。

2017 年下半年，项目对三个学校的项目实施情况进行了自我评估、项目评估、专家评估（观课、问卷、座谈和访谈等）等中期评估的环节。经过上述环节的调查，发现项目取得了明显的成效。经过系统的融合教育课程教学，学生对融合教育知晓度、系统理解、培养情怀和主动实践等方面有了明显进展。同时也发现了三校发展不平衡的问题，昆明学院、成都大学超额完成了任务的目标和相关内容，北京联合大学实施滞后，尚未达到预期目标。项目组及评估专家对项目存在的问题进行了分析，为项目实施和推广带来了新的思路，也提出了建议对策。

在项目中期评估的基础上，进行了项目中期成果交流、汇报和研讨活动，来自全国各地 20 余所高等师范院校的领导和教师共 48 人出席了会议。

第五，项目评估，自我总结评估、项目总结评估（2018 年完成）。

第六，项目推广，中期总结推广、项目成果推广（2018 年完成）。

目前已经经过两轮教学，学生总数超过项目的总体数目要求，有近 600 名学生参与了融合教育公共课程的学习。项目的初步成效明显，也遇到了一些值得思考和解决的问题。例如，在不同类型的学校的课程体系中如何引入融合教育课程，建立课程后效监控机制等。

（二）项目的预期成果

1. 建立具有中国特色的融合教育课程与教学体系

在“立德树人”的教育观指引下建立师范教育的全人教育观，关照包括残障儿童在内的所有儿童。树立一个统一的教育理念，让“普通教育”与“特殊教育”整合在一个理念下，有共同的话语体系，而不是让“特殊教育”与“普通教育”形成“两张皮”，再来实行“普特融合”；站在“教育权利”的高度上，讨论残障儿童的“融合教育”，基本的出发点就是儿童教育的“公平”与“正义”等核心价值理念；从人的个体差异与显著差异的角度，建立新的残障观，抛弃传统的残疾观，将国际上新的理念与中国实践相结合，形成一套相对完整的适合我国国情的融合教育课程理论与教学实践体系。

2. 在现有师范教育体系中引入融合教育课程

三校项目在实施过程中遇到的困难与挑战之一，是如何在现有课程设置体系中引入融合教育课程。成都大学有良好的前期项目基础，在制定《人才培养方案》的环节中引入融合教育；昆明学院前身是师范学院，有良好的教师教育的理念和氛围，在这样的课程体系中开设融合教育，项目实施比较顺利；但是，北京联合大学作为综合性大学，课程体系多学科化，融合教育课程需要在校一级专门会议上讨论通过才能进入现有的课程体系。而在这一过程中，由于教育之外的其他学科专家认为特殊教育只能在特殊教育学校开设，不理解目前融合教育已经在普通学校开始全面实施的情况，质疑开设融合教育课程的必要性，使课程不能进入学校的课程系统。因此，针对这种情况，项目组专题分析了国内外开设融合教育课程的几种路径。

目前，国外有增强式（在现有课程体系中增加融合教育内容）、重组式（对现有课程进行重组，在结构调整中融入课程教育元素，形成新的课程方案）和叠加式（在保持原来的课程系统的基础上，新增特殊教育或融合教育学分）等几种开设融合教育课程的途径。而本项目实施，原来是设计一种途径在非特殊教育的师范专业开设融合教育公共课程。从目前的实施状况来看，可以总结出三种设置途径。

（1）嵌入式：北京联合大学在按独立课程引入融合教育课程体系受到阻碍后，在师范学院的相关课程中增加 30% 的融合教育内容，共计 8 次课程 16 节。北京联合大学子项目组针对这种情况，调整了原来独立 48 学时的课程大纲，将内容浓缩到 16 学时，并加强了对北京市融合教育实际和当前新政策的介绍。嵌入式课程可以在现有的心理学和教育学课程中增加融合教育课程，并在学前融合教育课程中增加融合教育课程，可以成为同类学校开设融合教育公共课程的起点基础模式。

（2）融入式：成都大学在教育学的《人才培养方案》之中增加必修课程，作为一门独立的融合教育课程配置在师范教育课程体系内。

（3）叠加式：昆明学院在《人才培养方案》之外增加公共选修课程，作为独立课程供全校师范和非师范学生选择，具有广泛的学生来源，为融合教育发展奠定广泛的人力资源基础。

上述三种课程引入模式可以为准备开设课程的其他学校提供参考，选择或创造更适合自己的课程引入机制。

3. 为相关高校开设融合教育课程提供了平台和教学资源

三校开设融合教育课程的项目也为其他已经或拟开设此课程的学校提供了课程及教学资源。在项目实施以前，国内几乎没有一个平台来讨论高等师范院校如何设置和开设融合教育课程的问题，无法面对融合教育快速发展而产生的对普通教师掌握融合教育的强烈需求。该项目的实施让三所学校能够对该课程进行比较系统的研究和实验，由此获得较为丰富的资源，为国内高校建设融合教育课程平台与教学资源库奠定了较好的基础。

4. 为教师资格考试中增加融合教育内容提供课程与教学资源

在我国建立和实行教师资格证书制度的过程中，加强融合教育观念、知识和技能的培训，增设融合教育考试内容十分必要。本项目积累的资源可以为填补这个环节的空白提供相应的课程平台与教学资源。本项目的课程建设、理论成果和教学实践环节可以为教师资格考试提供开放的公共资源，协助新教师完成必需的融合教育观念、知识和技能的培训，进而协助他们顺利完成入职考试、教师资格考试，最终实现推进融合教育发展的目标。

五　结论

（一）立法层面

分析发现，在立法层面，我国现有的教师法虽然提及特殊教育学校和教师，但是立法理念和条款局限在传统、隔离式的特殊学校（机构）教育的范围内，缺乏融合教育的内涵，而在《教师资格条例》中特殊教育及融合教育几为空白；虽然在《残疾人保障法》和《残疾人教育条例》中规定了有关特殊教育和融合教育的相关内容，但法律影响力小，执法力度较弱。因此，《教师法》、《教师资格条例》和《残疾人保障法》、《残疾人教育条例》在特殊教育及融合教育的问题上出现了“空白带”，导致法律在实践中存在困难和问题。因此，需要在《教师法》和《教师资格条例》中补充和完善有关特殊教育和融合教育的内容，以满足我国融合教育发展对教师掌握特殊教育观念、知识与技能的需求。

（二）教师培养层面

调查表明，面对融合教育在我国的发展，我国一批师范院校开设了特殊教育公共课程及相关课程，但是这些学校的数量太少，课程比例不足，难以应对我国融合教育快速发展对教师教育提出的强烈需求。因此，国家应该对师范院校开设融合教育课程提出要求、给予支持，逐步实现我国所有的师范院校或综合高校师范教育专业开设融合教育课程，以适应融合教育在我国快速增长的形势，贯彻落实新修订的《残疾人教育条例》提出的“普教优先”的要求。

（三）教师资格证考试

调查发现，2015 年我国教师资格证考试制度改革，一方面是放开了我国新教师的源头，无论拟任教师的专业是不是师范教育，均必须通过教师资格考试；另一方面，一改教师终身制，五年一审，也为入职后的教师补修融合教育带来机会。从以上的分析可以看出，让国内所有教师了解、学习、掌握融合教育的关键就是“教师资格证”考试这个环节。因此，抓住教师资格证书这个环节落实融合教育的培训和考试，按照现行《残疾人保障法》和《残疾人教育条例》，依法增设融合教育培训和考试内容，对培养全体教师融合教育的观念、知识和技能，提升融合教育质量十分必要。

2017 年全国两会提案：关于提升全纳教育的专业能力及建设支持体系的提案

文 / 许家成

一　基本背景

自 20 世纪 80 年代随班就读在我国开展以来，至今已有 30 多年的历史。截至 2015 年底，在入学率方面，在普通小学、初中随班就读和附设特教班就读的在校残疾学生 23.96 万人，占特殊教育招生总数和在校生总数的 54.2%。与其他地区相比，比例较低。以台湾为例，开展全纳教育十几年，目前 95% 的残疾学生在普通学校就读。由于特殊教育专业资源配置不到位并缺乏合理性，尤其在软件建设和人才培养方面措施不足，普通学校多倾向于只招收轻度残疾儿童入学，拒收残疾儿童入学的现象也比较严重，而且进入普通学校就读的残疾儿童受教育质量也令人担忧。根据 2016 年由全国心智障碍者家长组织联盟联合北京师范大学、北京联合大学等科研机构，在北京、广州等七地开展的《随班就读师资状况和家长需求抽样调查报告》（以下简称《抽样调查报告》）结果显示，曾经就读普通学校的学生，有 27% 的家长表示孩子有被要求退学的经历。就此，本提案主张提升所有教师职前及在职期间与全纳教育相关的专业能力，建设普通学校系统内全纳教育的支持体系，有效落实残疾儿童入学“零拒绝”原则，切实保障残疾儿童在普通教育系统内真正获得融合的、有专业支持措施的优质教育。

二 具体问题

第一，大多数普通学校开展全纳教育的资源不足，特别是人力、技术资源不到位，专职的特殊教育资源教师配置严重不足。以广州市为例，随班就读学生总人数为 1947 人，配专职特殊教育支持的资源教师 54 人，师生配比为 1∶36，严重低于其他国家或地区的水平。例如，台湾地区普通学校专职特殊教育资源师生的配比为 1∶7。

第二，普通学校没有建立系统的针对所有教师有关全纳教育的持续培训体系，导致全纳教育的实施浮于表面，特殊需要儿童在其中被视作额外的压力和负担。上述所提抽样调查报告调查结果显示，77% 的教师正在或曾经为特殊需要学生授课，然而 60% 的教师从未接受过特殊教育培训，不足 30% 的教师只接受过零星的特殊教育培训。

第三，特殊教育的专业体系发展滞后，人才储备不足，教育课程设置和内容落后，全纳教育理念在整个师资培养体系中未得到体现，全纳教育的专业发展未来堪忧。特教专业高校师资严重缺乏。据统计，目前特殊教育专业设立本科的师范院校就有 70 多所，2016 年毕业的来自 8 所高校的硕士毕业生总共 50 名，加上 8 名博士生，总共不超过 60 名特教专业学生。特殊教育作为多学科和跨学科的领域，在普通高校中更是严重缺位，这从侧面折射出特殊教育专业体系发展滞后。在专业培养方面，特殊教育师范生较少接触普通教育课程体系、最新方法和理念，也不了解最先进的全纳教育理念和方法；普通教育师范生完全不了解特殊教育及全纳教育理念和基础工作方法。从根本上看，因为隔离式的教育，在专业的设置和发展上长期存在把普通教育和特殊教育对立起来的现象。

三 具体建议

2017年1月11日，国务院常务会议通过《残疾人教育条例（修订草案）》。草案对残疾人保障义务教育、扩大职业教育和防止各类教育入学歧视增设了相关规定，强化了合理配置特殊教育资源、规范残疾人教学、提高特殊教育质量和教师待遇等要求。本提案即以此精神为原则，针对当前亟待解决的全纳教育师资能力建设及支持体系建设的问题，提出如下建议。

第一，将落实残疾儿童全纳教育的入学、升学及执行纳入对当地区县政府民生业绩考核体系，就此敦促并监督各学校落实"零拒绝"的招生原则。通过具体的政策和监督机制，敦促要求接收残疾学生的普通学校必须按合理比例（参考台湾地区师生比例是1∶7）配置专职的特殊教育资源教师，并设立职称评定体系，为他们提供合理的职业成长通道。

第二，做好在职普通教师有关全纳教育的继续教育工作。各级政府出台管理制度，要求普通幼儿园、小学、中学的所有在职普通教师接受全纳教育培训不少于12学时/年，担任特殊教育资源岗位的专职教师以及特教班特殊教育教师每年接受全纳教育培训不少于24学时。

第三，持续推动特殊教育学校向特殊教育资源中心转型，确立特殊教育作为全纳教育有机的和必备的专业支持的定位，逐步实现教育体系的融合，为全纳教育消除机制方面的障碍。结合项目制、责任制，由教育管理部门主导，推进特殊教育学校转型，发挥特殊教育专业资源支持的骨干作用，协助接纳残疾学生的普通学校规范全纳教育的工作系统（筛查—支持一督导一评估），持续为各学校普通教师提供全纳教育理念和工作方法的培训，提升教师对特殊需要学生的接纳度和专业素养。

第四，建立制度，要求普通学校逐步建设和落实校内全纳教育实施的支持体系。建立校长责任制的多学科支持团队，即由学校校长直接领导，由班主任、学科负责人、特殊教育教师和校外专家共同参与组成的全纳教育支持体系。

第五，关于未来全纳教育推广的人才培养。应当根据《特殊教育教师专业标准（试行）》所建立的特殊教育教师专业标准，深化教师教育改革，提升特殊教育教师培养的质量，科学设置教师教育课程体系，改革教学方式，将特殊教育教师的培养与普通教育教师培养体系做有效结合，结束二者相互独立并行的现状。

要求师范院系所有师范生的必修课程中增加全纳教育理念和方法等内容，普通教师资格证书考试的测试内容中应当包含一定比例的全纳教育理念和知识。

推动特殊或全纳教育硕士及以上高级研究型人才的培养，与国际趋势接轨，推动行业发展。

推动全纳教育理念和原则的主流化和常态化。一方面，在学校日常工作中全面纳入全纳教育的理念、原则和做法；另一方面，确保所有教育改革举措（如课程改革、学生学业评价方法改革和教师绩效考核方式改革）将全纳教育理念作为改革所依据的原则之一。

通过项目制，与全纳教育领域内优秀的国外高校建立合作，以项目制设立专项资金，引入国外高校专业资源，促进国内高校全纳教育的学科建设和人才培养。

2018 年全国两会提案：关于完善融合教育支持体系的提案

文 / 家长组织联盟

一　背景

2017 年 5 月 1 日，新修《残疾人教育条例》（以下简称《条例》）开始实施。新修条例明确禁止基于残疾的教育歧视，规定残疾人教育应当提高教育质量，积极推进融合教育，优先采取普通教育方式。新《条例》的生效明确了推动保障残障儿童受教育权利进入依法执教的新阶段。

2017 年 9 月，随着一批中小学新生入学，民间公益组织心智障碍者家长组织联盟等发起“适龄残障儿童入学状况调查”，收集到 9484 份有效家长问卷，调研结果不容乐观。适龄受访者（6~15 岁残障儿童）中只有 45% 正在接受义务教育，休学、在康复机构 / 培训机构、在家的占 37%。2017 年 9 月申请入学的 2465 名受访者中，有 28% 申请失败未能接受义务教育，入学被拒原因包括学校不接收特殊孩子、学校认为孩子的障碍程度不能上普通学校、学校通过筛选 / 评估进行有条件录取、学校资源有限等；另有 3% 虽成功入学，但在 12 月已经休学或退学。而在 1604 名成功入学的受访者中，有 45% 经过测试、试读、反复协商才最终得以入学。基于如上挑战，本提案建议尽快在教育行政管理系统和普通学校两个层面建立并完善融合教育支持体系，进而切实保障残障儿童平等接受教育的权利。

二 问题

（1）尽管《条例》明确了残障儿童就近申请入学以及入学申请遇到障碍的转介程序，但目前缺少强制程序和督导机制促进入学申请的便利和有效，因此上述调研中体现了高比例的休学、退学。

（2）入学争议的申诉程序不够明确。在入学争议处理机制上，新修《条例》规定县级教育部门委托专家委员会进行评估，并据此进行入学、转学的建议。但在实际操作过程中，各地专家委员会的组建缺乏依据，委员会的权责并不清晰，在解决入学、转学争议时难以发挥作用。

（3）新修《条例》指出支持特殊学校建立资源中心指导支持随班就读工作，并为普校教师提供培训，为残疾学生父母提供咨询。《条例》并未明确普通学校在落实融合教育方面的具体责任和义务，结果造成作为融合教育实施主体的普通学校被动实施融合教育，不愿攻坚克难，融合教育落实状况堪忧。

（4）校园无障碍环境及校园建设薄弱，不利于融合教育开展。残疾学生入读普通学校之后常常面临被退学的风险。

（5）法律层面，《中华人民共和国义务教育法》规定了残障儿童享有接受义务教育的权利，但涉及普通学校相关义务的具体规定存在争议。该法第十九条第二款规定，“普通学校应当接收具有接受普通教育能力的残疾适龄儿童、少年随班就读”，这与《残疾人权利公约》提出的“残疾人不因残疾而被排拒于普通教育系统之外”的规定相矛盾，为现实中普通学校拒收残障儿童留有空间。

三　建议

为落实十九大报告提出的“幼有所育、学有所教”的精神，依法落实推进《残疾人教育条例》，促进残障儿童平等享有受教育权利，基于上述问题提出如下建议。

第一，国务院及教育部门强制保障残障儿童申请入学便利程序，即就近申请入学。明确建立入学被拒或存在争议进行申诉的受理程序（受理申请渠道、申请材料要求、流程、时间和反馈渠道等）及工作机制，确保适时、及时解决被拒绝或存在争议的残障儿童入学申请。

第二，建议相关部门尽快启动新修《残疾人教育条例》实施工作的督导督查，敦促县级人民政府教育部门依法落实成立残疾人教育专家委员会，系统明确委员会的工作职责、机制，要求专家委员会每学期至少召开一次工作审议会议。同时，规定县级残疾人教育专家委员会应当依据如下原则处理入学争议：普通教育优先原则，就近入学原则，最少限制原则。建议在县一级残疾人教育专家委员会的成员构成方面，至少 1/3 为残障人士及家长代表。

第三，建议教育部门明确普通学校有责任建立并完善校内融合教育支持系统。①确保教育环境的无障碍或为残障儿童就学提供合理便利。②建立并完善普通教育教师融合教育素养培训的长效机制。③建立以校长为第一责任人的多学科支持团队，即由学校校长直接领导，由班主任、学科负责人、资源教师和校外专家共同参与组成的融合教育支持体系。为确保普通学校依法履行如上职责，教育行政部门及财政部门应优化特殊教育经费支持，除按普通教育生均经费 8~10 倍提供常态特殊教育生均经费外，基于残障儿童教育需求，普通学校可以向教育部门申请提供专项经费支持，如培训经费、无障碍或合理便利经费、外聘专家支持等。

第四，持续推动特殊教育学校向特殊教育资源中心转型，重视资源中心和特殊教育学校在开展职后培训方面的重要作用，通过特殊教育教师、巡回指导教师加强对普通学校融合教育教师的职后培训，定期进行巡回教学指导、督查、评估、反馈、咨询等工作。

第五，建议教育部门在普通中小学开设生命教育课程，纳入中小学德育课程体系。通过生命教育课程、校园文化实践教导普通学生认识生命的平等、多元和包容，提升所有学生对残障人士的包容，减少校园歧视和欺凌，建设友好校园环境。

第六，建议尽快启动《义务教育法》修订工作，深化法律层面的改革，全面保障残障儿童受教育权利。将相关条款（如第十九条第二款、第五十七条第三款等）中有关“具有接受普通教育能力”的描述修改为“具有接受普通教育意愿”，将就学的主动权和选择权转移给学龄儿童及其家长。

2018 年全国两会提案：关于提升普通学校教师融合教育专业素养的提案

文 / 家长组织联盟

一　背景

2017 年 5 月 1 日，新修《残疾人教育条例》开始实施，新修条例规定残疾人教育应当提高教育质量，积极推进融合教育，优先采取普通教育方式。2017 年 9 月，随着一批中小学新生入学，全国心智障碍者家长组织联盟发起“适龄残障儿童入学状况调查”，共收集到 9484 份有效家长问卷，调研分析发现残障儿童入学问题不容乐观。适龄受访者（6~15 岁残障儿童）中只有 45% 正在接受义务教育，休学、在康复机构 / 培训机构、在家的占 37%。2017 年 9 月申请入学的 2465 名受访者中，有 28% 申请失败未能接受义务教育，入学被拒原因包括学校不接收特殊孩子、学校认为孩子的障碍程度不能上普通学校、学校通过筛选 / 评估进行有条件录取、学校资源有限等；另有 3% 虽成功入学，但在 12 月已经休学或退学。而在 1604 名成功入学的受访者中，有 45% 经过测试、试读、反复协商才最终得以入学。2017 年入学普校的 1086 名残障儿童，遇到的最大困难还是缺乏专业师资（69%）和老师缺乏特教培训（67%），14% 的入学残障儿童不被老师接纳，10% 的残障儿童曾被学校要求过退学 / 休学 / 转学，但仍在坚持。

如何保障更多残障儿童入学并保障教育品质，促进残障学生融入学校、提升所有教师的融合教育素养是关键。已有众多研究表明，普通教师缺少融合教育知识和技能，由此带来残障儿童入学和就读的困难。这已然成为我国融合教育质量提升的瓶颈。

二　具体问题

首先，在教师教育中，包括职前和职后阶段，缺少融合教育的理念、知识和技能培养。在职前阶段，特殊教育专业发展滞后，人才储备不足；教育课程设置和内容落后，融合教育理念在整个师资培养体系中未得到体现。在特殊教育学科内容设置方面，特殊教育师范生较少接触普通教育课程体系，较少掌握普教理念，更不了解融合教育理念和方法。与此同时，普通教育师范生几乎不了解特殊教育及融合教育理念和基本工作方法。高校师资培养体系中存在的这种普教、特教分离状况导致现实中融合教育缺乏合格师资。而在职后阶段，通过对普通教师融合教育素养职后培训的政策文件进行分析，发现普通教师融合教育素养职后培训的规定主要出现在特殊教育领域的文件中，其约束力仅限于特殊教育领域，难以调动整个教育领域落实相关规定，培训的内容限定为特殊教育相关内容，未扩展至融合教育。

其次，融合教育师资的待遇得不到保障。第二期特殊教育提升计划指出，“各省（区、市）可结合地方实际制定特殊教育学校教职工编制标准”，但开展融合教育工作的艰巨性和“绩效工资分配倾斜”规定的不明确，使普通教师、随班就读教师以及资源教师在开展融合教育时缺乏积极性。

2016 年全国心智障碍者家长组织联盟的调研发现，76% 的教师认为特殊需要学生应该进入特殊学校或者由专业特教老师来辅导，普通学校和学科老师应专注于为普通学生提供教学。在提供适当支持、培训、考评和激励的机制下，有 1/3 的老师愿意担任随班就读的教学工作。

最后，教师开展融合教育的质量评估和考核机制尚不完善，对残障学生的发展评价标准和评价体系尚未形成，无法进一步保障普通教师开展融合教育的可落实性和有效性。

三　具体建议

2017 年 5 月 1 日，新修《残疾人教育条例》开始实施，新修条例规定保障残疾人享有平等接受教育的权利，禁止任何基于残疾的教育歧视，明确指出优先采取普通教育方式，依法施教是每个学校的责任。本提案即以此精神为原则，针对当前亟待解决的融合教育师资素养问题，提出如下建议。

首先，建议教育部要求师范院系在所有师范生的必修课程中增加融合教育理念和方法等内容，科学设置教师教育课程体系，改革教学方式，将特殊教育教师的培养与普通教育教师培养体系做有效结合，结束二者相互独立的现状。在教师资格证书考试的测试内容中增加一定比例的融合教育理念和知识内容，提高师范生及教育专业学生对融合教育课程学习的热情。推动融合教育硕士及以上高级研究型人才的培养，与国际趋势接轨，推动行业发展。通过项目制，与全纳教育领域内优秀的国外高校建立合作，以项目制设立专项资金，引入国外高校专业资源，促进国内高校全纳教育的学科建设和人才培养。在职后阶段，建议教育部明确提升普通学校教师融合教育素养的责任，普校建立校长责任制的多学科支持团队，即由学校校长直接领导，由班主任、学科负责人、特殊教育教师和校外专家共同参与组成的融合教育支持体系，建立普通教育教师融合教育素养培训的长效机制。

其次，合理配置特殊教育资源。以台湾地区为例，普通学校专职特殊教育资源师生的配比为 1：7，确保普通学校对残障学生开展有质量的教育所需的特教师资、资源教师及教师助理等教师队伍的编制或待遇。建议省市级教育部门及区县政府尽快督促区县级教育行政部门成立融合教育师资流动岗，明确其对普通学校开展巡回教学指导、督查、评估、反馈、咨询的责任。根据普通学校招收的残障学生情况灵活机动配置融合教育师资，使用特教经费及专项经费保证融合教育师资的待遇及其开展融合教育所需的其他经费。

最后，建议将普通教师融合教育素养培训的内容写进国家法律，如《义务教育法》《教师法》等，使普通教师融合教育素养培训有法律作为保障，提升法律及政策规定的效力层级。在今后出台的教师融合教育素养培训的政策文件中明确其培训对象为所有的普校教师，培训的主体是所有普通学校，组织开展全员培训，由特殊教育资源中心提供培训师资支持。确保所有教师每个学年融合教育素养培训不少于 12 学时；建议教育部敦促省市级教育行政部门尽快组织专家制定适合残障学生发展的评价标准和融合教育教师的教学质量评价体系。

第三部分

2017 中国残障年度权利事件

残障十大权利事件在中国的诞生、演绎与发展

文 / 解岩

联合国《残疾人权利公约》（下称《公约》）充分意识到媒体这把双刃剑的威力，在第八条提高认识中明确："鼓励所有媒体机构以符合本公约宗旨的方式报道残疾人。"这一规定，赋予残障权益保障机构（DPO）一把利剑，挥向公众话语权的领地！

慢慢地，就这样在相互感染、教育和改变中，媒体与以 DPO 为代表的监督机构，开始以《公约》中"鼓励、符合、宗旨、报道"所描绘的意境和要求开启各自和共同的历程。

年度"中国残障十大权利事件"（下称年度权利事件）评选从诞生、演绎到发展，在中国的社会环境里，上演了一场项庄舞剑，意在沛公的大戏。

熟悉与陌生：媒体报道中的残障者形象的建构与解构

媒体与残障者之间是熟悉，还是陌生？

曾经一位长期跟踪报道残障人的记者在与我聊天时戏称："这么多年，给我一个残疾人的名字，是哪里人，哪儿残，做什么，我基本上可以不用下去采访，写出来的稿子八九不离十。"他向我传递出媒体对残障者是熟悉的，媒体对残障者说："你的形象，千人一面，老生常谈。"

当残障者与媒体打交道的时候，有的人告诉我："他们媒体就知道写我如何不容易，如何惨，我偏不这么说，后来他们急了，非要教我怎么说。"而有的人告诉我："接受媒体采访，原则是先把自己整哭，再把对方整哭，最后一定要仰天长叹，命运以痛吻我，我愿报之以歌……"他们向我传递

出媒体对残障者是陌生的，残障者对媒体讲:“你的报道，千篇一律，如法炮制。”

仔细品读上面桥段中的味道。残障者活在媒体想象的形象里，媒体在残障者的积极配合下印证或鉴证他们的想象。媒体完成了报道任务，残障者也因此获得了既得利益，皆大欢喜的结果，这成为一种报道的定式和方式。谁说我们彼此不熟悉!

同时，我们搜索、浏览一些研究残障者在媒体中的形象的专业性论文，大多数的问题和结论可以总结为以下几点。

（1）残障者或是模糊的客体形象，或是积极乐观的主体形象，或是边缘化、受歧视的形象。

（2）塑造残障者形象的语言不准确，依然还有歧视性用语。

（3）媒体报道残障者的数量偏少，“节日报道”特征明显；报道主题片面，报道主体单一；报道基调积极，但报道视角缺乏平常心。

如此众多的研究表明，媒体对残障者的了解的确是陌生的。现实中的感受与研究后的结论，怎么会有这么大的不同？这一问题也多年困扰着中国 DPO 的代表机构一加一。

一方面，一加一本身就是媒体，无论是作为 2008 年北京残奥会的赛事注册媒体，经历了前所未有的国际赛事报道和媒体合作，还是作为中央人民广播电台中国之声《残疾人之友》的节目制作机构，一加一对媒体的了解，在残障社群中具有得天独厚的优势。另一方面，一加一本身又是残障者组成的 DPO，作为残障者又是被报道的对象。最为明显的还是 2008 年北京残奥会前后，既要完成自身的采访报道任务，又要不断地接受国际和国内各类媒体的轰炸式采访。采访者、被采访对象，在频繁地切换身份中，相关思考也就是在那个时候开始浮出水面。

媒体是什么？其作用又是什么？尤其是自媒体时代，我们每个人都是媒介，每个人凭借自己的知识、态度、信仰、观念等在人际、群体、组织、大众之间相互联系、作用和影响，实现了行为的改变、社会的动员、议题的倡导、价值观的传播，甚至社会的运动。这些在新闻、传播、社会学等学科都已经有了深入和广泛的研究，尤其是在弱势群体方面。从某种意义上讲，大部分理论和结论在残障领域都是适用的，这也就解释了上面所提及的最近在这方面的研究越来越多。

但无法回避的一点是，任何媒体及传播的背后都是人，不同的人基于不同的目的以各自的价值观进行操作和执行。我们看到的一篇篇报道，都是一个个报道者通过自身的叙事逻辑所展现出来的。同时，每一个采访对象也以自身的目的和利益为目标，在与报道者的访谈中，试图突破报道者的逻辑框架，带入自己的叙事中，讲述自己想让更多人知道的故事，完成一次博弈。正如先贤所称：人是万物的尺度。那么，我们透过媒体的报道捕捉、收集和察觉到的各种信息，正是大部分人的社会态度，正是残障者对自己的态度，正是人对残障的尺度。而这些社会态度的集合恰恰是整个社会文化价值观的集中反映，是晴雨表，反映了人们对残障的态度、认知和理解。

此刻，我们再去思考媒体报道中的残障者形象，回答“媒体与残障者之间是熟悉还是陌生”这一问题。与其说我们是去拆解残障者形象的建构，不如说是去解构，通过媒体所反映的社会态度及其成因。我们更不能简单粗暴地回答媒体与残障者是“熟悉”还是“陌生”，无论媒体还是残障者，都不能绝对化地回答。而这一理解，在《公约》中已经明确，并设第八条提高认识，独立成章，如下：

第八条　提高认识

一、缔约国承诺立即采取有效和适当的措施，以便：

（一）提高整个社会，包括家庭，对残疾人的认识，促进对残疾人权利和尊严的尊重；

（二）在生活的各个方面消除对残疾人的定见、偏见和有害做法，包括基于性别和年龄的定见、偏见和有害做法；

（三）提高对残疾人的能力和贡献的认识。

二、为此目的采取的措施包括：

（一）发起和持续进行有效的宣传运动，提高公众认识，以便：

1. 培养接受残疾人权利的态度；

2. 促进积极看待残疾人，提高社会对残疾人的了解；

3. 促进承认残疾人的技能、才华和能力以及他们对工作场所和劳动力市场的贡献；

（二）在各级教育系统中培养尊重残疾人权利的态度，包括从小在所有儿童中培养这种态度；

（三）鼓励所有媒体机构以符合本公约宗旨的方式报道残疾人；

（四）推行了解残疾人和残疾人权利的培训方案。

我们清晰地看到国家和政府对于制止关于残障人的陈腐观念、偏见和有害做法的义务（第八条第一款），以及应采取的措施“鼓励所有媒体机构以符合本公约宗旨的方式报道残疾人”。

从 2006 年开始，一加一在中国推广和践行《公约》，终于在 2011 年之前找到了一种工具，即媒体监测，可以将“慈善模式”“医疗模式”“社会模式”“人权模式”等残障工作的 4 种模式，以及当前社会态度所处的现实，借助公开的媒体报道，为残障社群、利益相关者及公众逐一解读和呈现。这对于当时的一加一来说，无疑是最为合理和有效的工作手法。

我们以为的熟悉，或许是陌生；我们以为的陌生，或许是另一种熟悉。熟悉与陌生真真切切地发生在我们周围，以更加思辨和哲学的方式道出人与人之间的关系。因为残障，这种人与人之间的关系尤为深刻而有趣。

显影与定影：2011~2012 年的媒体监测与成像

有趣的媒体，需要有趣的呈现。

2011 年之前，每一次接受媒体采访，主观上我们都有改变对方的目的，试图突破他们预设好的理念框架和采访提纲，大多数情况下是徒劳的，我们很困惑，也很无奈。站在读者的视角，简单、新奇、励志的采访素材，会引发他们的好奇和关注。我们希望媒体写视障者可以做的事情很多，结果媒体描述视障者怎么使用电脑，把手段当成了目标。我们希望媒体写视障者通过广播接收信息，于是就想自己尝试，结果媒体讲述视障者战胜困难，做了他人不敢想的事情。我们希望媒体多写残障者发出自己的声音的重要性，结果媒体表达为这是对生命的呐喊，发出生命的最强音。

慢慢地，接受的采访越多，我们也越理解记者们的苦衷。要在规定的时间里完成稿件，每一次的采访，面对专业性极强、理念为先的残障领域，短时间内看到的最为现实，写怎么用电脑，性价比越高，写励志，逻辑框架最为简单。当时唯一能有所改变的，只能是一些基础知识和词语，比如“正常人”改为“健全人”等。同时我们也发现一些做深度报道的记者，泡在我们这里一段时间，长时间、频繁地和我们接触后，最终的稿件还原了我们的生活，进入从现象看本质的阶段。

于是我们意识到媒体需要一个“润”的过程，如水般浸泡、渗透。但水无形而常有形，残障理念的浸泡是无形的，而有形的水放在不同形状的器皿里，说方即方，说圆即圆。我们需要找到那个器皿，也是媒体在报道残障事务方面究竟长什么样子。

《残障相关事务报道媒体监测不完全报告·2011 年度》(见附录一) 在这样的背景下出炉了。我们希望借助媒体监测，为媒体做一次显影，把大家想象中的媒体外形和内心世界勾画出来并加以定影，最终成像。

起初命名为“不完全报告”，源于我们面对浩瀚的媒体海洋，种类、样态、地域等那么多样和丰富，我们该怎么截取，我们是否有能力去监测，又该怎样去做，这是我们的迷茫和不自信，也是万事开头难的写照。关于这些问题的思考和答案，当我们再去翻阅 2011 年的报告时，发现其中的“阅读提示”在那时已经给出了解答。

【阅读提示】

自有一加一以来，作为中国本土残障人自助组织，我们报道过北京残奥会，制作《中国残障人观察》节目，举办《中国残障青年领袖训练营》和政策倡导研讨会等等，一直以来致力于实践各种方式、突破各种限制，向社会和残障人自己说点什么，以残障的视角记录变革，透视社会，发出残障人自己的声音。

直到有一天，我们阅读了联合国《残疾人权利公约》，明确：残障问题的关键在于社会中存在的恐惧、无知、偏见以及种种社会障碍和歧视，并用一整条的篇幅规定了宣传和国家对于制止关于残障人的陈腐观念、偏见和有害做法的义务，要求各国采取措施鼓励各类媒体以同公约宗旨相一致的方式塑造残障人的形象。

同时，我们在实践中又进一步发现，负面的态度已经导致了陈腐的观念，给人贴标签和歧视，影响了人们如何选择行动和对他人做出反应，这一切往往又会被媒体、政策等所强化，主流媒体首当其冲！我们身处其中，正在用残障人自己的行动来改变这些，这是一加一作为中国残障领域独立媒体的责任和义务！

为此，我们自 2011 年起，通过收集主流媒体关于残障类新闻的报道，监测评析社会对于残障人的态度，分季度制作《残障相关事务报道媒体监测不完全报告》，旨在与媒体探讨如何改善新闻报道的技巧和效果，正面塑造残障人形象，在社会各个层面倡导建立完善一个对残障人无歧视、机会均等的环境。

我们不求面面俱到，但求深入浅出，不求艰涩精深，但求通俗易懂，不求辞藻华丽，但求言简意赅，故取名为不完全报告，板块包括案例、走势、用词、海外、热词、猜想、人物和微博等，通过《不完全报告》，你可以：

——了解残障新闻中的歧视

——直面残障报道中的误区

——掌握残障事务中的趋势

——见证社会发展中的态度演变

没有我们的参与，不能做出与我们有关的决定！Nothing about

us without us！

本报告全部由残障人编写并制作完成，其中一定有很多不足，敬请批评指正，以待进一步完善与充实！并感谢比利时政府发展部、国际助残、英华残障人教育基金会给予本报告的支持和资助！

面对未来，我们知道，这仅仅是个开始……

从这段“阅读提示”中你能看到当时的我们，傲娇但又锐意进取，无畏但又谨小慎微。分析 2011 年的报告，首先，“用词”的数据支撑无力。最初设计这一板块，一方面是为了呈现媒体中的一些歧视性用语，并用数据做支撑，以证明事实的存在。但通过 4 个季度的统计发现，以“季度”为时间间隔过于狭窄，变化并不明显，并且费力耗时。另一方面，我们当时的理解在于，一份报告如果没有数据图表，似乎不完整，不是一份研究报告。我们承认这是草根组织和残障者的谨小慎微、不自信在作祟。

其次，“走势”和“猜想”两部分内容同质性强。通过“走势”对基于本季度的事件分析后，达到对未来的“猜想”，这是两个板块之间的关系。然而在实际执行中，由于写作时间采取下一季度完成上一季度的内容，那么上一季度的“猜想”变成了下一季度的“趋势”，写作起来有些分裂。我们承认这是傲娇的表现。

最后，“海外”“人物”“热词”“微博”不属于媒体监测。当时心大无畏的我们，将这 4 个板块列为每个季度监测的内容，目的是解决“案例”中分析不到位的地方。但我们忽略了在显影媒体报道的理念框架时，报道的人物、事件以及用词，都是媒体的理念框架所决定的，拆解“案例”更可以呈现全貌，对应《公约》的具体条款。只针对某一点解读难免有以偏概全的嫌疑。

回顾 2011 年的报告后，进而来到 2012 年，媒体监测报告的名称变了，《残障相关事务媒体报道一加一观察与评论报告 · 2012 年度》（见附录二），板块的结构变了。“阅读提示”如下：

【阅读提示】

声明：本报告选取 2012 年 ×× 月 ×× 日至 ×× 月 ×× 日的媒体报道残障相关事务的典型案例，以联合国《残疾人权利公约》和《中华人民共和国残疾人保障法》为理论和法律依据，结合一加一作为中国残障领域独立媒体的实践和经验积累，进行独立的观察和评论，出发点并不是对传媒的责难与褒奖，仅是一种观点和理念的分享，以期能对读者有所启示。具体板块为：

典型案例：选取现阶段媒体报道经常出现的、刻意塑造残障人负面形象的、观念无视或违反《残疾人权利公约》的用语及报道角度和专业能力欠缺的或者符合《公约》、理念先进的案例进行评论及相关资料补充。

热点追踪：选取时下引发社会公众热议、密切关注的新闻事件为背景的、报道残障人事务的案例，进行评论及相关资料补充。

一加一报道：选取已经被多家媒体广泛报道或关注的新闻事件，提出基于残障的关于此事件的一加一报道视角。

2012 年的报告设计，我们剔除非媒体监测板块，以“案例”聚焦为主，视角和内容方面发生两大变化。一是突出一加一的主体性，二是增加

“评论”的分量。

突出一加一的主体性，事实上是突出 DPO，突出以残障人为本，突出残障视角。这是立意，是根本，是拆除媒体报道理念框架的前提。这一大变化，抛弃 2011 年我们的谨小慎微和不自信，大大方方地基于“典型案例”道出我们的评论，每个“典型案例”的最后，还用“一加一提示”以调侃、幽默的方式展现民间气质，呼应媒体调性。

增加“评论”的分量，这又是一个大胆的突破。在中国做“评论”，即使在主流媒体中也是如履薄冰。但如果我们面对问题总是绕着走，说一些不痛不痒的话，不触碰问题的核心，那堵无形的“墙”总是置于残障者与社会大众之间。好在我们有一大法宝——《公约》加持。

但是，2012 年的报告依然有很多的遗憾和不足，除去内容方面，仅在板块设计上，我们的初衷是希望当季的案例能以典型、热点、多次报道等方向分别对应《公约》。但当实际操作中都以“评论”为主要的回应手段时，这样的分配很牵强，彼此之间的区别并不明显。2012 年过后，这个问题随即被我们捕捉到。

探索是一个渐进的过程，媒体基于《公约》所展现出来的形象也是渐进的。2011 年和 2012 年，借助两份目标一致、结构不同的报告，显影和定影，最终成像出我们眼中的中国媒体。

开弓没有回头箭！

重塑和试妆：2013~2016 年残障十大权利事件的评选

箭，瞄准靶心。我们知道方向，明确目标，靶心就摆在那里。然后，拉弓，射箭，再拉弓，再射箭。一次次射向靶心的过程，也是反复尝试的过程。

2006 年中国残障领域进入《公约》时代，其中一个重要的事件发生在 2012 年。我们，一加一，作为中国 DPO 的代表向联合国残疾人权利委员会递交《公约》中国履约情况的民间报告。对于我们而言，这是第一次；对于民间 DPO 而言，也是第一次。在这次之后，我们瞄向靶心的过程又精进了一步。

回忆当年民间报告的撰写经历，其间最大的挑战不是发现问题，而是发现问题后的举证，否则就是无根据的抢白。于是在找寻证据的过程中，媒体的报道成了证据主要的来源，这也就促成我们进一步反思过去的媒体监测。

我们发现，在儿童、妇女权益保障和性别领域，每到岁末年初，都会评选“年度十大儿童权利事件”“年度十大女性新闻事件”“年度十大性与性别事件”等类似的以“十大”做总结评选的主题活动，评选的主体或是媒体，或是民间机构，或是多方联合。评选的精神遵循本领域的国际人权公约，比如《儿童权利公约》《消除对妇女一切形式歧视公约》。同时，各主流媒体、行业媒体同样也是在岁末年初进行整年的基于全社会、本行业的事件评选，以此记录和梳理发展脉络。

结合 2011~2012 年的报告撰写经历，借鉴公益领域和主流媒体的实践经验，2013 年“年度权利事件”应运而生，这是对媒体监测方式的一次重塑。

出生后，第一个困扰我们的问题就是这个活动取什么名字，是“残障十大权利事件”还是“十大残障权利事件”？还是不叫“权利”，改为“发展”“热点”“新闻”？最先达成一致的是，肯定以“权利”为核心，这是毫无争议的。随后就出现很大的分歧，比照儿童、性别等同行业的惯例，以及文字的工整性，命名为“十大残障权利事件”显然是最为安全和妥当的。但最终放弃了这个命名，定为“残障十大权利事件”，原因如下。

我们经常问自己一个问题，残障是不是一个领域，还是官方使用的“残疾人事业”？如果是一项事业，有多少人，又是谁为这项事业而奋斗终生？回答起来似乎有些沉重。退而求其次，我们能否先承认残障是一个领域，在这一领域里，各学科、各行业的交集和汇集形成残障的专业。我们希望借此去定义“残障”这一领域。

“残疾”或者“残障”后面，要不要加上“人”字？我们看到法律、法规的条文里“残疾人”三个字一直连在一起。但口语里，我们经常省略“人”。比如，“残疾人证”读成“残疾证”，“他是残疾人”简化为“他残疾”，等等。我们相信这并不是有意的歧视，但足以引发我们对语言的探究。残疾人或残障人，“人”是主语，“残疾”或“残障”是定语。那么，如果经常遗漏“人”读成“残疾”或“残障”，那或许“残疾”或者“残障”本身就是一个领域，是专属名词。如果不读作“残疾”或者“残障”，只保留“人”，是的，残障是人权问题，这是全世界的共识，但的确在文字描述上少了“残障”的专属性，似乎两种都有道理。再看《公约》里定义“歧视”，是基于残障的歧视，如此强调“基于残障的”，是为了区分基于性别、民族、宗教等方面的歧视。当特定某一类别的歧视时，才会使用残障歧视、性别歧视等。由此，我们再看“十大残障权利事件”，应该称为“十大基于残障的权利事件”或者“十大残障人权利事件”，显然这么叫的语言节奏感差，不利于传播，满足了专业但没有满足传播。而“残障十大权利事件”，“十大权利事件”，既表明残障是人权问题，又清晰明了，加上“残障”二字，领域定义了范围。故最终圈定“残障十大权利事件”。

相信读到这里，各位多少会有些迷茫，到底该怎么称呼？这也是我们希望看到的，“残障十大权利事件”的称谓，当你有疑问的时候，证明你开始了质疑，有了独立思考，无论是否认同上述我们的解释，都不会阻挡你对残障人权问题的求索。

被重塑的媒体监测工具，即“年度权利事件”，当确定名字后，内容结构怎样？该如何组织展开？我们似乎又回到了 2010 年末时的迷茫。只是在这一次的迷茫中，我们真切地知晓，从过往每季度的梳理，到将时间跨度拉长改为年度梳理，未来的每一年都将进行。那么，对其反复尝试、调整、修正和试妆，需要时间来完成，更要以做一份事业的心态终生去打造。

此外，在细数历年经历之前，有一个人和机构我们必须隆重介绍，他们是“年度权利事件”打磨过程中最重要的推动者和支持者，卜卫教授和中国社会科学院新闻与传播研究所青少年媒介与发展研究中心。作为儿童和性别方面的专家和传播学教授，卜卫老师先后支持儿童、性别、外来务工者等草根机构开展权利框架下的新闻传播。同为少数社群的残障领域，又是卜卫老师率先协助我们开展“残障议题媒体倡导工作坊”的培训，介绍其他领域“十大权利事件”的评选经验，共同设计“年度权利事件”的内容结构和发布形式。在与 DPO 的协作中，一直陪伴我们的成长，而非代替或代表我们做出决策。这才使我们从 2013 年至 2016 年，用 4 年的时间，启航“年度权利事件”。

2013~2014 年，我们尝试，我们选—专家投—我们写。

“年度权利事件”究竟为何物？在稚嫩的中国残障领域，我们很难一下子阐述清楚，大家从名字上似乎很容易知道这是一个事件评选，但问起来该做点什么的时候，又都很迷茫。于是，候选事件的筛选自然落到我们的身上，并且那时候的我们对此耿耿于怀，为什么在我们提交的备选事件里去评选，这不民主，程序不正当。混沌中，事情要做下去，但我们没有遗忘当时的那个心结。

同 2011 年和 2012 年的谨小慎微、不自信一样，面对新事物，DPO 的我们又习惯性地进入这样的心理状态。对此，我们一直非常警醒和好奇，除了个人成长的经历之外，是什么促使我们每每出手开启一项新议题的时候，总是充满犹豫和不确定。现在想来，社会环境的因素固然重要，但 DPO 这种模式，在中国处理残障与非残障、官与民、专业与爱心、生存与发展等多个维度下的实践是空白的，也就造就了中国民间社会这种普遍的心理状况。接下来，习惯性地找专家做背书。DPO 认可的残障领域专家，之所以定义为 DPO 认可，这一论断又将开启专家与 DPO 关系的话题，本篇暂且不展开论述，内容极具中国特色，先留下伏笔以后再论。

这些年来，中国残障领域的从业者及专家多以医疗模式见长，理念的转变非一朝一夕。这也就注定了熟悉《公约》的专家少之又少，以至于我们没得选。再加上来自国际机构的工作人员，多年来只有这些人活跃。此外，当初我们并没有采取公众投票等全面铺开的方式进行。一方面，残障社群基础薄弱，有固定活动的残障小组很少，散落在各地的残障者还没有通过组织化的运作聚合在一起，个体只在本残障领域内活跃；另一方面，我们自知没有那么大的社群号召力和社会影响力，况且对于这项技术活而言，当真不是随便就可以实现。就这样，在候选事件投票的环节里，参与人在我们的不断沟通和联络中，完成了十大事件的确认。

事件选出后，对事件进行分析和撰写的重任，在当时很自然地由我们承担。与以往不同的是，在内容处理上，我们更倾向于与《公约》的具体条款一一对应，以便更为明确地提出现有媒体报道的理念框架与《公约》的同与不同。

2015 年，我们尝试，我们选—社群投—我们写。

2015 年，我们发现，专家持续地忙，我们持续地催，这是可以理解的现状。但同时，我们观察到中国民间残障领域的发展开始步入崭新的时代。随着互联网技术的应用，通过网络及各种应用，残障社群的凝聚力和社群形象逐渐显现。通过我们持续开展线下的各类培训，残障社群中的领导者开始出现，尤以中国家长领域的培育结果突出。是时候通过一些事情，使大家彼此遇见，开启交流，共同议事。

2015 年，“年度权利事件”我们第一次“抛弃”专家话语权的左右，在候选事件的投票环节，由残障社群机构的领导者、活跃的残障者、家长组织共同完成。而这一举动，现在看来承受着相当大的风险。

第一，“抛弃”专家等于 DPO 宣告对专家的不满，这显然不可以。事实上，残障权利领域的专家深知 DPO 的价值和力量，反倒是混迹在国际机构的项目人员，既了解中国的国情，通晓中国民间残障领域的弱，代言残障社群，又似懂非懂地假装《公约》专家。这对于 DPO 而言，如果这次不“抛弃”，或许我们还沉醉其中。但“抛弃”不等于放弃，我们依然保留专家评议的环节，只是这一部分缩减到最小限度。

第二，缺少组织化运作经验的社群领导者，个人色彩所导致的随意性和非职业化的做事风格，或许对每年有时间要求的事件评选来说，我们要冒完不成或推迟的风险。

第三，既代表个人又有组织背景的社群领导者，没有经过民主训练的过程，在各自的初创期又都带有不同的利益，那么一起议事时的规则、相互平衡的利益点，着实让我们无比的纠结和着急，唯恐出来的结果降低“年度权利事件”的品质。

好在即便有上述的风险，残障社群的小伙伴们在成组织化运作的初期，初心和使命感使彼此出现不同观点碰撞时，达到平衡和共识。更庆幸的是，小伙伴们的参与在 2015 年仅限于评选投票阶段。

2016 年，我们尝试，社群选—社群投—社群写。

进入 2016 年，社群给我们的信心，使我们的胆量和底气越来越大，从候选事件的筛选，到事件评选投票，特别是最后事件分析的撰写，长驱直入，一气呵成，全部由社群人士承担。

我们不再担心社群的能力低。低意味着成长空间巨大，担心意味着如果连我们 DPO 都对社群失去了信任，该如何指望外界改变对残障社群的态度。

我们不再忧虑事件品质的下降。因为品质下降，说明残障社群权利意识的启蒙还远远不够广泛和充分，说明我们 DPO 更在意自己的名头大小，而非关注整体社群的能力提升。

我们不再犹豫事件评选的效果。因为我们知道，与其说犹豫“年度权利事件”这一手段对于媒体监测效果的大小与好坏，不如说是在犹豫这一事件由 DPO 操盘的专业性和正当性。

4 年不长也不短，对于残障权利意识淡薄的当下而言，需要我们有足够的耐心、信心、智慧和担当。4 年时间，我们仅仅做了两件事——重塑和试妆，完成对媒体监测工具的重塑，试妆监测工具的扮相。

留一片空白，随时浓墨重彩。

定妆和补位：第一个五年计划在 2017 年完成

重彩后的定妆，是手艺人对他从一而终的坚守。

从 2011 年和 2012 年开始铺垫，到 2013~2016 年的试妆，“年度权利事件”在一加一的打磨下，于 2017 年诞生的第一个五年之际，正式完成了定妆之照。

何为年度残障十大权利事件

选取本年度的、媒体公开报道的、基于残障的新闻事件，进行梳理、总结和提炼，在符合联合国《残疾人权利公约》的精神和宗旨及其第八条提高认识的内容和框架下，鼓励、评测和监督媒体机构报道残障事务。

评选宗旨

符合联合国《残疾人权利公约》的精神和宗旨下，基于权利视角的年度事件观察和聚焦中国残障领域发展的社会现实状况，把握中国残障及残障领域的发展路径和中国特色，揭示中国残障及残障领域的发展方向。以评选活动鼓励、评测和监督中国残障及残障事务的媒体报道，促进社会对当代中国残障及残障领域发展的关注和认识，并引导社会共识的形成。

评选条件

事件时间：每年 12 月 1 日至第二年 11 月 30 日

权利视角：联合国《残疾人权利公约》

残障领域发展的现实意义和价值：基于中国社会发展的现实状况，基于中国残障领域的法律、政策环境，基于公众对残障的态度变化，不超前许多，不推崇国外，不空谈权利。

对未来的推动作用。

评选流程

发起方提交→ 20 项预选事件→社群遴选 → 10 项候选事件→专家评议→确定十大当选事件→公布结果→媒体发布十大事件

我们确定，选择 2017 年，详细梳理“年度权利事件”，不仅仅是因为第一个五年计划的完成，还有一项标志性事件，“年度心智障碍十大权利事件”正式从“年度权利事件”中分离出来，作为一个独立评选单元。这预示着以“年度权利事件”为代表的媒体监测工具，从全残障类别到障别细分、从粗犷化发展到精细化、从联合到单一的渐进和迈进，是 DPO 作为残障者代表，引领和带动心智障碍者家长组织在遵循《公约》精神基础上进行专业化发展的具体行动，是媒体监测工具的再一次补位和完善。

2017 年，我们完整记录过去 5 年所经历的故事，故事里讲述了中国民间残障领域发展的进程，很幸运，我们是亲历者。2017 年，我们也给媒体监测工具定制的“年度权利事件”做最后的定妆和补位。那么，接下来呢?

我们的现在由过去决定，我们的未来由现在决定。

已知和未知：年度残障十大权利事件的阶段性定位

决定对媒体进行监测的那一刻起，已知和未知对于我们而言就在交替变化。时而已知肯定，时而未知不定，心情也随之忽上忽下。

当进入 2017 年，对“年度权利事件”进行完定义和总结之后，我们又一次陷入未知的境地。是的，这一媒体监测的工具有了定义、宗旨、条件和流程，保证了我们可以持续做下去，至少在程序上不走样。但在此基础上，“年度权利事件”未来再继续下去的永续动力又是什么呢? 理性定义有了，我们再给它做一次已知的、阶段性的感性定位。

（一）年度残障十大权利事件是主观制造的事件

“年度权利事件”不是一开始就有的，是 DPO 主观制造的事件，是传播学的事件营销。既然是事件营销，就需要衡量参与者的广泛参与，参与的热度又依赖于事件的传播力。而事件的传播力关键在于事件对公众利益的介入程度。介入程度越高，则事件的传播力越大，相应的公众卷入度就越高。卷入度和事件的传播力，互为因果，相互促进。

然而，过去 5 年“权利事件”一直都面临一个巨大的质疑，既然是主观制造的事件营销，受众有多少？为什么传播力那么小？为什么公众不知道？面对质疑，我们反思：残障与公众何干？回答这个问题，我们尝试使用排除法。短时间的悲悲惨惨，公众可以接受，太悲惨的人生，大部分人会远离。残障者超人般的神描述，在视频、图片等传播媒介里百花齐放，无论是媒体还是残障者自己，都乐此不疲，甚至以此为生。如果上述内容以权利框架去衡量，显然是不符合的，即便现实存在，余下的还有什么？自强不息的励志吗？或许还有……

透过媒体的报道，这就是大部分人的社会态度，这些社会态度汇聚起来成为整个社会文化价值观的集中反映。如同我们的口号：“残障是人性的尺度”。你愿意剖析自己的人性，坦露善与恶吗？如果愿意，到那时候“年度权利事件”就会成为爆点！

（二）年度残障十大权利事件是利益相关的链接

“年度权利事件”是利益相关的链接。何为利益？通俗地讲，利益是指好处。“所谓利益，就是人们受客观规律制约的，为了满足生存和发展而产生的，对于一定对象的各种客观需求。”《牛津法律大辞典》中将利益解释为：个人或个人的集团寻求得到满足和保护的权利请求、要求、愿望或需求，利益是由个人、集团或整个社会的、道德的、宗教的、政治的、经济的以及其他方面的观点而创造的。

我们理解的利益没那么复杂。DPO 去培育残障社群的成长，这是我们的利益。DPO 希望影响和带动与残障者相关的利益相关者，家长、政策制定者、学者、法律人、媒体人等，至少找个机会我们能拉到一起，谈谈残障者为主体的权益保障，这是我们的利益。DPO 还想去改变社会态度，与不确定的公众谈谈励志之外的生命，这还是我们的利益。

说到底，DPO 的利益只有一点：以残障者为本。建立链接，就是为了这个“本”，生根破土，发芽长大。

（三）年度残障十大权利事件是残障发展进程的记录

“年度权利事件”是残障发展进程的记录。每一年的事件，都是当年现实发生的，事件是真实的。评选的人也是真实的，作为残障小组的领导者，无论他们发展顺利，积极参与评选，还是远离评选，抑或转变为服务者形象，甚至回到受助对象的角色，他们都是真实存在的，都值得持续关注和陪伴。专家也是真实的，无论他们秉承何种残障理念，只要愿意参与到残障专业性的建设中，为残障贡献力量，与 DPO 在一起总有相互影响的机会。不一一列举，记录残障发展的进程，这是真真切切的。

（四）年度残障十大权利事件是理解《公约》和改变观念的工具

“年度权利事件”不是媒体监测的工具吗？怎么又是理解《公约》和改变观念的工具呢？监测的工具是最终呈现的分析结果，结果的背后是与《公约》相符合的理念做支撑。一条媒体报道是否符合《公约》精神，如果不理解《公约》，没有因此而得到残障权利意识的启蒙和改变，只是知晓或者熟读，就无法一眼看穿每条报道背后那位作者的理念框架。而参与过评选过程的残障者和家长，尤其是家长，当恍然大悟后发现，知道、了解和使用《公约》，有好大的距离。正是因为缺了这样的工具，大家觉得《公约》高不可攀，产生距离感，进而忽视《公约》。

（五）年度残障十大权利事件是中国残障权利倡导的保护

“年度权利事件”是中国残障权利倡导的保护。在中国的社会环境下谈权利，要分场合，分谁谈，怎么谈。DPO 天然具备权利诉求，推动残障者权益的实现。那么既然定义为保护，保护的是什么呢？看到此处，如果你内心突然起了一点点变化或者波动，我建议你购买《中国残障观察报告》仔细阅读，因为此刻你对“权利”和“倡导”过于敏感了，一定是哪里出了状况，多读读 DPO 的思考，有助于建立我们沟通的通道。

DPO 谈的“保护”，是不同残障理念的从业者彼此的尊重和共存。不同的理念，没有绝对的好或坏，不同场景下的效果是不同的。DPO 倡导的是以残障者为本，这是任何理念下残障从业者的初心。不保护初心，残障者的权益又怎能实现呢？

小　结

以上五点“年度权利事件”的感性定位，是阶段性的已知，是 5 年前的未知成为现在的已知。那么，5 年后的已知，又是现在怎样的未知呢？未来的 5 年，甚至更长的时间，我们要处理好以下三点。

评选主体。这是一个老生常谈的话题，但正是因为太值得探讨，才会时常提起。残障领导者和家长为评选主体，这毋庸置疑。只是随着中国民间残障领域的发展与活跃，无论是由残障者家长组成的家长机构，还是由残障者构成的互助小组，甚至发展成 DPO，各自的组织或机构都有其定位和工作重点；同时，从机构发展的角度看，都希望形成自己的品牌和知名度。我们预计，中国民间残障领域百家争鸣的时代即将到来。那么，“年度权利事件”如何凝聚百花齐放的评选主体，在权利框架下呈现百家争鸣的行业景象？这对于一加一来说，面临未知。

权利≠影响力。权利与影响力的关系，体现在汉字上是“利”与“力”的关系。这几年，我们越来越多地发现在残障领域里，极具社会动员和影响力的公益项目，如 2017 年的“一元画作”事件。当社会文明进程加快、爱心爆棚的时候，当人的独立思考能力被削弱，从众心态占据的时候，当残障者所面临的社会障碍依然靠个人奋斗实现突破，精致的利己主义成为残障者的效仿对象的时候，某些项目影响力的“力”就会成为一股力量，以强力、道德、正义等席卷权利、淹没权利和覆盖权利。这种情况不仅体现在残障领域，更多见于父母与孩子的关系中。权利不等于影响力，这一论断，未来会如何演变，面临未知。

聚焦 or 传播。聚焦会更深度、更专业，而传播会更广泛、更全面。垂直的线和平面的面之间的交集只是一点，还是线成为面的外沿，勾勒出平面的大小。这不是立体几何，这是“年度权利事件”持续面对的问题。坚持了专业意味着丧失大部分公众的参与，坚持了传播意味着要妥协公众的理解和认知，难道在聚焦和传播上没有中间地带可走？事实上，这个问题的实质，还是“残障与公众何干”这道目前无解的题目，未来会如何抉择，面临未知。

“年度权利事件”的评选，这场从诞生、演绎到发展的项庄舞剑，意在沛公的大戏，讲述到这里告一段落。我们相信，诸位一定可以回答以下问题：中国的残障领域，项庄为何人？舞在哪里？剑为何物？意向何方？沛公怎么样？

2017 年度中国心智障碍十大权利事件

壹

忍一时风起云涌　退一步还是回家

撰写者：蔡聪　有人公益基金会残障项目总监

【新闻标题】

自闭症女孩被迫休学　母亲：她一去别的孩子就走了

【事件概述】

2016 年 12 月 7 日，有家长向记者爆料，称北京市海淀区玉泉路小学二年级 12 班有一名叫小方的学生因自身问题常扰乱课堂秩序，并存在打其他同学的现象，因此家长联名劝退此名学生。在记者现场调查采访当事人后，发现这名“熊孩子”是一位自闭症女孩。小方的妈妈刘女士表示，女儿小方确实是自闭症。而此时，小方已经休学一个多月了。

【推荐理由】

普通学生调皮捣蛋是老师的责任，但残障学生扰乱秩序，那就是残障的问题。

在一个本应学会协作、理解并珍惜生命多样性的环境里，我们的孩子们，却在家长的控制、老师的消极中，因为竞争和比较，成为孤独而焦虑的孩子。

我们联名劝退一个自闭症孩子，剥夺的是她受教育的权利，也同时剥夺了我们的普通孩子受到更好的教育的权利。因为他们的人生中，失去了一次对生命的体谅与赞美，却学会了为了自己的成功一种毫无愧疚的对他人的牺牲。

我们推行融合教育，不是因为解决残障孩子的安置，而是因为它是更好的一种教育，是对每个孩子都更有价值的教育。所以，我们需要大家再次记起，我们不想大家只看到眼前到底是自闭症孩子触犯了这些家长的私益，还是家长成功逼退了自闭症孩子。我们会一直问，一直问：本有着共同利益的我们，为什么却走向了对立?

贰

走过路过没熬过，到底是谁之过

撰写者：蔡聪　有人公益基金会残障项目总监

【新闻标题】

一个自闭症少年的死亡之路

【事件概述】

雷文峰，智力发育迟缓的他，3 年前到了深圳与在深圳打工的父亲一起生活。2016 年 8 月 8 日清晨，他离家之后一路向北，然后踏上了一条通往死亡的路——他到了东莞，被民警送到了医院，后来又被送到东莞市救助站，再之后被送到了韶关的新丰县练溪托养中心。这是他生命的最后一站。45 天后，他死了。死时他已瘦到皮包骨头，以至于其父亲首次认尸时，竟认不出来他。

2017 年 3 月 20 日，《新京报》推出上万字的调查报道《一个自闭症少年的死亡之路》，完整地复原了自闭症少年雷文峰从出走迷失，辗转于医院、派出所、救助站，最后被托养中心送至医院死亡的全过程。

【推荐理由】

雷文峰有太多可以获救后回到其父母身边的机会，可这些机会却被救助责任链上的层层失守给挥霍，最终让他遭遇了我们最不愿看到的那个结局——这无关制度漏洞，而是起于对生命淡漠的责任伦理系统性溃败。这种溃败，还容易因为残障被冠上一些看似合理的理由，或者让人觉得可以原谅的辩解之词。譬如：

是他，说不清自己的家人怎样联系；

是他，没有办法跟我们沟通；

是他，居然不听管教，大吵大闹；

是他，是他，还是他……

就这样，我们看到，残障人士，尤其是心智障碍者，在一个本就充满问题的系统里，因为残障，生命权被剥夺。

雷文峰生前在托养中心究竟遭遇了什么，还有待调查。可从已知的情形看，涉事托养中心不堪的地方太多。无论是高死亡率，还是不合民政部 2015 年颁布的《流浪乞讨人员机构托养工作指南》要求的居住条件，抑或是新丰县民政局对练溪托养中心早前整改通知书中指出的“未按期参加年检、内部管理混乱”，都暴露了一堆问题。

我们也希望，在一次死亡推动系统整改的过程中，心智障碍者所需的合理便利，能够被作为不可或缺的一部分考虑进去，让我们在 2017 年末重新祭奠这个逝去的生命时，能够告诉他些什么。

叁

在那遥远的小山村，给你一块糖

撰写者：雷晓佳　全国心智障碍者家长组织联盟传播官员

【新闻标题】

智障少女疑多次惨遭性侵　生下女婴不知父亲是谁

【事件概述】

居住在龙岩连城的14岁智力障碍女孩儿阿秀（化名）生下一名女婴，但并不知道孩子父亲是谁。阿秀的父亲（智力障碍）告诉记者，村里多名男子曾和阿秀发生性关系，"她什么也不懂，是遭人强奸导致怀孕的"。记者获悉，该案件连城警方已经以强奸立案，并刑拘了一名犯罪嫌疑人，目前还在详细调查中。在采访中记者得知，阿秀家在偏远的大山里，两个智力残疾的老人照顾一个刚出生的婴儿，身边还有一个智商只有两岁半孩童水平的阿秀。家庭收入只有靠父亲给人扛扛毛竹，打打零工，年收入不过两三千元。今年，享受多年的低保被取消。一家人的处境让村里人既同情又担忧。

【推荐理由】

性侵，性侵，又是性侵。心智障碍领域发生的性侵，案件年年有，地方各不同。在那遥远的小山村，给你一块糖，心智障碍者被性侵就会发生。贫穷、无助、熟人、智障、女性等几个关键词是其中的共性。正如联合国《残疾人权利公约》序言第十七条所言“确认残疾妇女和残疾女孩在家庭内外往往面临更大的风险，更易遭受暴力、伤害或凌虐、忽视或疏忽、虐待或剥削”。既然是确认，这一各国普遍存在的现象更应该警钟长鸣。更何况《公约》第十六条免于剥削、暴力和凌虐中还有进一步的明确条文。

2017年，当类似事件再次发生，我们乐见媒体报道从最初的猎奇，到如今顺藤摸瓜的逐步深入，媒体已经不满足于停留在“性侵”本身，围绕着女性心智障碍者的性侵事件所引出的法律上的忽视、政策上的矛盾、社会支持系统的缺少等一系列问题，为未来可能甚至一定会发生的心智障碍者性侵事件，提供了多元而丰富的报道方向，也彰显媒体监督之责任担当！

肆

世界上最重要的就是那些最不值钱的东西

撰写者：蔡聪 有人公益基金会残障项目总监

【新闻标题】

李春平的财产之争

【事件概述】

2017年，随着著名慈善家李春平被北京某医院精神疾病司法鉴定科诊断为器质性精神障碍，智能缺损，在法律能力上被认为是限制民事行为能力人，自2016年围绕这位一生传奇的慈善家的财产与监护之争，进入一个新的段落。此前，因为家人发现李春平言语不清到意识不清，后随事情被报出，闪婚妻子，私生儿子，财产托管公司抢人，背上巨额债务，关于李春平的每一个新闻都牵动着公众的关注，而这起事件的最后，大家最关注的还是他的这笔巨额财产会花落谁家。

【推荐理由】

作为一个现代社会对成功男性想象的典型，可能李春平面临如此晚景，比一个普通人来得要更让人唏嘘。“老年痴呆”，巨额财产，半路杀出的妻子和儿子，万里迢迢赶回的妹妹，中途抢人的身边人……似乎电视剧中的豪门恩怨因素都被集齐，引发公众关注之余，更是让富人们心有戚戚。

然而，纵观此事件背后的各种热点讨论，最大的思考基本在事先如何防范，以免落得如李春平般好不凄凉。可遍翻可以查找到的材料，却没有李春平本人的只言片语，也无人就此事提出质疑，我们只能看到他被认定为限制民事行为能力人的盖棺定论。

李春平的遭遇无疑是从一个侧面在提醒我们，每个人在其生命周期里，都有可能成为一个残障者。这也是我们回顾这起事件，推荐这起事件的重要原因。但当我们意识到这一点之后，是采取类似“出生缺陷阻断”式的预防，做好财富传承，以及残障后的悲剧式认命，还是说要思考确保无论我们的生命处于一种什么状态，都能够被作为一个有尊严的人尊重的路径，不因心智能力的变化转移而削减。

财富的传承，监护系统的完善，固然重要，但最重要的还是我们每个活生生的人，如同我们在期盼辞旧迎新之际，能看到李春平作为一个普通的老人，在经历人生中可能大概率地会经历的这样一个阶段的时候，作为一个公众人物出现的时候，让我们有机会听到他的声音，让我们感受到他仍然活得有尊严。

如果那样的话，即使巨额财富面前人性没能经得起考验，但我们仍能感受到一丝看透世事的温暖，驱散心中的悲凉。

伍

我考上了名校，但最终死在了原生家庭手里

撰写者：蔡聪　有人公益基金会残障项目总监

【新闻标题】

我考上了名校，但最终死在了原生家庭手里

【事件概述】

这是知乎上的一则爆料网帖。康莫（化名），本科毕业于武汉大学，硕士毕业于香港中文大学，本应有大好的前途，但她的母亲却通过伪造证据（病情）、贿赂医生等非法手段，将她强制送进了精神科进行所谓的治疗，并在其母亲的威胁下办理了残疾人证（精神残疾）。在毕业后的七年里，康莫遭受了电休克治疗、强制服药、扎针、捆绑、软禁、恐吓、嘲讽辱骂等一系列惨无人道的折磨。如今的她仍被软禁在家中，除了上午 10 点到下午 2 点可以自由到楼下溜达外，其他任何出行都要得到父母的批准。如果不服从或者想要逃走，她就会被家人、亲戚、雇佣者甚至警察强制押送到医院继续进行“精神治疗”。

【推荐理由】

看似一起非残障人与非残障人之间的“被精神病”之争，却让我们看到《公约》第十二条在法律面前获得平等承认和第十三条司法保护的重要性。如若不承认每个人在法律面前的平等权利和一般人格，如果仍将心智能力与法律权利能力等同，并以心智能力不足作为削减其法律权利能力的理由，那任何一个人都可能身陷其中，无法自证其“无病”。如果利益最大原则可以凌驾于自愿原则之上，那只需一句“为你好”，就会让任何一个人开口辩驳便会被指为不识好歹，甚至成为其“有病”的确凿证据。

我们不想以威胁为名来迫使法律在保护非残障者的权利之余，捎带上残障者的权利。因为这将是一个标准究竟置于何处的无止境的争端。通过一次原生家庭的“被精神病”，我们期待能被看到的是，每一个虽然存在差异，却拥有同样尊严与权利的人。

陆

你很强，但生命有尊严

撰写者：陈婧劼　北京市海淀区融爱融乐心智障碍者家庭支持中心理事会秘书兼传播经理

【新闻标题】

白马镇少年杀人事件

【事件概述】

2016 年 3 月 16 日，三名辍学少年对一名智障男子进行殴打，先后打断两根木棍后，又换了铁管继续殴打；最终将一罐汽油从智障男子头顶浇下并点燃，导致智障男子因全身大面积烧伤死亡。2017 年 6 月 20 日，广西玉林市中级人民法院一审宣判了这起故意伤害致人死亡案。

【推荐理由】

24 岁的智障青年被比他小近 10 岁的三个少年凌虐致死。报道详细描述少年杀人的过程似乎让人回忆起童年时在草丛里捉住蚂蚱或毛毛虫后好奇且兴奋的情绪，接下来被收入囊中的昆虫将被用我们能想到的方式“解剖”处死。

虽然最终法院以故意伤害罪判处三名未成年人14年、10年和9年有期徒刑，但我们仍旧心怀疑虑，心智障碍者的人格与固有尊严，有没有在这起案件之后，被承认，被认可，被重视，被还原？我们心忧类似事件再次发生和人们的麻木与淡漠。在非残障儿童的受教育权都需要打上问号的山区，在把心智障碍者的生命价值几乎看作为零的村镇，我们看到贫穷和残障叠加后将会对家庭造成毁灭式打击。如何从教育系统、基层政府倡导层面让农村地区能践行《残疾人权利公约》中第八条和第十六条，培养村民对心智障碍者及其家庭权利的尊重和认同，避免心智障碍者遭受歧视、暴力及凌虐，或将是此类"'弱者对弱者'行凶"案件给我们最大的启示。

2017年，触犯法律的人得到了应该有的惩罚，我们却无法高兴起来。因为我们更期待惩罚之后系统性的反思与改进。

柒

我的抗争有意义

撰写者：徐为 精神障碍自倡导者

【新闻标题】

我国“精神卫生法第一案”迎来重大转机 被困14年他终于能飞越“疯人院”

【事件概述】

2013年《精神卫生法》实施，规定自愿住院原则，同时也规定了没有能力办理出院的由监护人办理；反之，有能力办理出院的自行办理出院。徐为于2003年住院，其间几经申请出院不能，故在《精神卫生法》实施后发起诉讼。历经各级法院及抗诉至检察院，都以败诉收场。2017年，《民法总则》实施后依据被法院认定为“限制民事行为能力的人可以申请宣告完全民事行为能力”之规定，提起诉讼。最终被认定为完全民事行为能力人，自主出院，结束了长达14年的失去自由的精神病院生活。

【推荐理由】

2013年，一部法律——《精神卫生法》，规定了自愿住院原则，规定了无能力办理出院的住院精神障碍者由监护人为其办理。但是，法条没有对“能力”做出精确的定义和解释，致使执法部门在具体执法时遭遇困难。

2017年，一个人——徐为，住院14年后获得完全行为能力的评定，自主出院。这是中国精神障碍史上的罕见一幕，促使执法部门在住院精神障碍者的出院问题上或主动或被动地向前迈进一步。

2017年徐为出院，为我们留下一系列的思考。完全行为能力的评定是遵照医学标准还是人权标准?《公约》所明确的残障人士与他人平等的人格如何从写在纸上落实在生活中？法律权利能力与心智能力的彻底分离带给我们怎样的观念挑战和制度挑战？中国现状如何逐步贴近联合国《残疾人权利公约》中的不得以残障为理由侵害残障者自由的权利等相关规定？精神障碍者个体持续不断地维护自身自由的努力，能否推动以尊重个体法律权利能力的享有和行使的过程中，获得系统支持?

徐为出院，在给出部分答案的同时，留给2017年更多思考，留给2018年更多期待。

捌

天空飘来五个字："这都不是钱"

撰写者：解岩　残障观察发起人　一加一残障人公益集团创始人兼CEO

【新闻标题】

"一元购画"事件

【事件概述】

8月29日，微信朋友圈被一幅幅"小朋友"画作刷屏。此次"一元购画"募捐活动是腾讯公益平台发起的，名为"用艺术点亮生命"的项目。画作是由WABC无障碍艺途公益机构患有自闭症、智力障碍、脑瘫等病症的特殊人群创作，用于帮助这些"小朋友"改善生活，融入社会，实现自我价值。微信用户可以一元钱的价格购买画作，保存成壁纸使用。1500万元善款短时间内迅速募集完毕，该事件即刻引起多方热议。

【推荐理由】

这是一次大众爱心短时间内完成集体性宣泄的捐赠狂欢；

这是一次引发各方对心智障碍者空前关注的全民传播；

这是一场关于善心、善款和善意从哪里来，往哪里去的多方论战，心智障碍在获得巨大关注的同时，因其影响力，也成为一个公共议题。

当荷尔蒙退去，热点转移，辩论沉寂之后，“一元购画”事件无可争议地要被列入 2017 心智障碍年度权利事件。不是因为它所产生的影响力值得我们学习，或者奖赏，恰恰是如教科书般经典的传播与成功募款，能否真正转化为心智障碍者的权利切实得到保障和实现，还是仅仅停留于此，继续等待下一个“小朋友”以“艺术”与“善良”为主题，更有影响力的筹款事件出现。

2017 年，我们唯恐“爱心的浪潮”一次次拍打心智障碍者的身躯，或者淹没在有总比没有好的片刻满足中，忽视了心智障碍者与生俱来的钢筋铁骨般的权利。我们丝毫不敢放松，我们不会停止思考，我们更不会放弃监督与追索，这才是我们选择“一元购画”的真实目的所在！

玖

虎毒不食子　虎不毒倒食子

撰写者：张莉萍　深圳市守望心智障碍者家庭关爱协会项目专员

【新闻标题】

广州83岁黄老太杀死智障儿

【事件概述】

2017年5月9日，广州一位83岁的黄老太，趁其他家人离开之机，将其46岁的“智障儿子”杀害，随后投案自首。黄老太在供述中称，她的小儿子黎某乙，在出生后即被确诊为大脑发育不良及软骨症，不会说话，生活也不能自理，只能长期卧床，活得很痛苦。黄老太悉心照料儿子40余年，47岁时即为此申请了退休。随着其年事日高，担心自己离世后黎某乙无人照顾，遂产生了喂他吃安眠药弄死他的念头。越秀区法院于10月26日对该案做出一审判决，判处被告人黄某某有期徒刑3年，缓刑4年。

【推荐理由】

一个极端却并非孤例的“因爱杀子”事件，最终予以减轻处罚，并适用缓刑告一段落。法庭说“其悲可悯，其情可宥”。我们看到了一个努力平衡情、理、法的判决，然而，我们不愿看到“爱”和“杀害”被放到一起。

一个人的生命全程，教育、就业、社会生活、养老都是自然的过程，而心智障碍者家庭在每个环节经历着什么？终身照料，对于一个家庭来说又是怎样的考验？在心智障碍服务走过30年发展历程的今天，一位老人仍在担心自己离世后儿子无人照顾，甚至将其杀死。我们的社会保障体系尚有缺失。

这不是一个家庭有了心智障碍者的偶然悲剧，这是一个社会对家和家庭的支持缺失的系统性悲哀。2017年对黄老太的缓刑与轻判，彰显了我们社会的善意。但在善意之下，那份让我们能够感受到踏实的制度性的保障，才是不让这份善意如空中楼阁般崩塌的最强有力的支撑。

【相关参考】

新闻标题：男子杀害16岁脑瘫女儿获刑15年

首发媒体:《生活报》2017年11月25日，A05版

事件概述：2017年4月10日，租住在哈尔滨市香坊区的李某将熟睡中的16岁脑瘫女儿杀害，随后投案自首。11月24日9时30分许，哈尔滨市中级人民法院一审公开开庭审理了被告人李某故意杀人一案。最终，法庭判决李某犯故意杀人罪，判处有期徒刑15年。

拾

越搬家越孤单

撰写者：陈婧劼　北京市海淀区融爱融乐心智障碍者家庭支持中心理事会秘书兼传播经理

【新闻标题】

倒计时，北京三家服务自闭症人士的服务机构恐又面临“被”搬家！

【事件概述】

2017 年，根据北京市疏解、整治、促提升的指示精神和环境整治以及散乱污企业的清理工作，现需清理非首都功能。东旭新村要打造高端小区，位于其中的三家服务机构被认为有碍观瞻，责令尽快搬离。

【推荐理由】

是机构太破有碍观瞻，还是机构里的人影响了城市的形象？

是机构不够高端，还是机构里的人让高端的人觉得看见就是一种冒犯？

是机构无人声援，还是机构里的人注定在哪里都是一座孤岛？

是机构没有为首都服务圈的稳定做出贡献，还是机构里的人对社会没有价值？

我们提出问题，我们没有答案。

因为在纸上，在口中，残障群体是一个必须关爱的群体，可在现实生活里，这种关爱的前提，还是他们最好不要总是出现。

几乎每一个做过心智障碍者社区服务的机构都有过被迫搬家的经历。

每一次搬家事件的背后，比服务机构更焦虑、更无能为力的，是那些中重度心智障碍孩子的家长们。

机构可以关闭，可心智障碍者们能去哪里？

我们被一破再破的心理底线，请有人看见！

2017 年度中国心智障碍十大权利事件候选列表

1. 自闭症女孩被迫休学母亲：她一去别的孩子就走了

2016 年 12 月 7 日，有家长向记者爆料，称北京市海淀区玉泉路小学二年级 12 班有一名叫小方的学生因自身问题常扰乱课堂秩序，并存在打其他同学的现象，因此家长联名劝退此名学生。在记者现场调查采访当事人后，发现这名“熊孩子”是一位自闭症女孩。小方的妈妈刘女士表示，女儿小方确实是自闭症。而此时，小方已经休学一个多月了。

2. 一个自闭症少年的死亡之路

雷文峰，智力发育迟缓的他，3 年前到了深圳与在深圳打工的父亲一起生活。2016 年 8 月 8 日清晨，他离家，之后一路向北，然后踏上了一条通往死亡的路——他到了东莞，被民警送到了医院，后来又被送到东莞市救助站，再之后被送到了韶关的新丰县练溪托养中心。这是他生命的最后一站。45 天后，他死了。死时他已瘦到皮包骨头，以至于其父亲首次认尸时，竟认不出来他。

2017 年 3 月 20 日，《新京报》推出上万字的调查报道《一个自闭症少年的死亡之路》，完整地复原了自闭症少年雷文峰从出走迷失，辗转于医院、派出所、救助站，最后被托养中心送至医院死亡的全过程。

3. 在绝望中守护：一个自闭症家庭的七年抗病记录

菲菲今年 28 岁，8 个月大时父母离异，3 岁被发现有自闭症倾向，但由于单亲家庭妈妈精力有限，只能将其送回乡下由隔代长辈抚育。由于菲菲的生活完全不能自理，极大地增加了祖父母的体力和精神上的负担，最终两老因日夜照料，积劳成疾，相继早早过世。随着菲菲的状况加重，辗转于家庭、医院、精神病院，菲菲的母亲甚至曾几度流露要带上女儿一起走上不归路的意愿。但这都只是自闭症患者群体的一个缩影——每个自闭症患者的家庭都有一本不尽相同的“血泪史”。

2010 年，摄影师郑敏在机缘巧合下接触了一批自闭症患儿的家庭。7 年多的时光，30 多位“星儿”及家庭，10 万多张照片，150 篇《关爱自闭症》的专栏博客，一幅幅“自我与他人的关系认知偏差”严重交往障碍星儿的“基因图谱”在郑敏心中渐渐清晰。菲菲母女是其中比较特殊的一家。

4. 智障少女疑多次遭性侵　生下女婴不知父亲是谁

居住在龙岩连城的 14 岁智力障碍女孩儿阿秀（化名）生下一名女婴，但并不知道孩子父亲是谁。阿秀的父亲（智力障碍）告诉记者，村里多名男子曾和阿秀发生性关系，“她什么也不懂，是遭人强奸导致怀孕的”。记者获悉，该案件连城警方已经以强奸立案，并刑拘了一名犯罪嫌疑人，目前还在详细调查中。在采访中记者得知，阿秀家在偏远的大山里，两个智力残疾的老人照顾一个刚出生的婴儿，身边还有一个智商只有两岁半孩童水平的阿秀。家庭收入只有靠父亲给人扛扛毛竹，打打零工，年收入不过两三千元。今年，享受多年的低保被取消。一家人的处境让村里人既同情又担忧。

5. 100 多名邻居联名签字，把上海自闭症人士佳佳第九次强制送进精神病院

精神病院一位不愿意透露姓名的医生说：37 岁的佳佳是被当地警察送

来，原因是 5 月以来出现打人、破坏公共财物、扰民等行为，且有视频和录音为证。但具体情况会根据佳佳在医院的表现做进一步观察，目前暂诊断为轻度精神发育迟滞。这些天虽然没有过激的行为，但仍然还会存在伤人和自伤的危险，需要在医院接受一段时间的治疗。这一次是小区 100 多名邻居联名签字要求把佳佳送进精神病院的，也是第九次。

6. 李春平的财产之争

2017 年 5 月，随着著名慈善家李春平被北京某医院精神疾病司法鉴定科诊断为器质性精神障碍，智能缺损，在法律能力上被认为是限制民事行为能力人。自 2016 年围绕这位传奇的慈善家的财产与监护之争，进入一个新的段落。此前，因为家人发现李春平言语不清到意识不清，后随事情被报出，闪婚妻子，私生儿子，财产托管公司抢人，背上巨额债务，关于李春平的每一个新闻都牵动着公众的关注。而这起事件的最后，大家最关注的还是他的这笔巨额财产会花落谁家。

7. 死而复生的“鬼妻”:“阴婚”牵出拐卖妇女犯罪团伙

随着偏远农村男子娶妻难现象日益增多，一个专门拐卖智障女的团伙发现一条发财之道，只要在大街上遇见走失或精神发育迟滞、神情呆木的智障女子，他们就以提供食宿等为借口诱骗女子跟其回家，然后冒充智障女的父亲、大娘、哥哥等“家人”给智障女找婆家，最后按分工不同从中获利。为了挣钱，他们拐卖走失智障女，不惜采取故意杀人手段将活人当成“鬼妻”下葬，其行为情节严重，社会影响恶劣，理应受到法律严惩。

8. 我考上了名校，但最终死在了原生家庭手里

这是知乎上的一则爆料网帖。康莫（化名），本科毕业于武汉大学，硕士毕业于香港中文大学，本应有大好的前途，她的母亲却通过伪造证据（病情）、贿赂医生等非法手段，将她强制送进了精神科进行所谓的治疗，并在其母亲的威胁下办理了残疾人证（精神残疾）。在毕业后的七年里，康莫遭受了电休克治疗、强制服药、扎针、捆绑、软禁、恐吓、嘲讽辱骂等一系列惨无人道的折磨。如今的她仍被软禁在家中，除了上午 10 点到下午 2 点可以自由到楼下溜达外，其他任何出行都要得到父母的批准。如果不服从或者想要逃走，她就会被家人、亲戚、雇佣者甚至警察强制押送到医院继续进行“精神治疗”。

9. 马莉：我眼中精神病患者的世界

纪录片《囚》是马莉导演的新作，记录了中国东北某精神病院封闭疗区男性精神病患者的状态，这一病区基本是重症患者。

10. 白马镇少年杀人事件

2016 年 3 月 16 日，三名辍学少年对一名智障男子进行殴打，先后打断两根木棍后，又换了铁管继续殴打；最终将一罐汽油从智障男子头顶浇下并点燃，导致智障男子因全身大面积烧伤死亡。2017 年 6 月 20 日，广西玉林市中级人民法院一审宣判了这起故意伤害致人死亡案。

11. 我国“精神卫生法第一案”迎来重大转机　被困 14 年他终于能飞越“疯人院”

2013 年《精神卫生法》实施，规定自愿住院原则，同时也规定了没

有能力办理出院的由监护人办理；反之，有能力办理出院的自行办理出院。徐为于 2003 年住院，其间几经申请出院不能，故在《精神卫生法》实施后发起诉讼。历经各级法院及抗诉至检察院，都以败诉收场。2017 年《民法总则》实施后，依据被法院认定为“限制民事行为能力的人可以申请宣告完全民事行为能力”之规定，提起诉讼。最终被认定为完全民事行为能力人，自主出院，结束了长达 14 年的失去自由的精神病院生活。

12.“一元购画”事件

8 月 29 日，微信朋友圈被一幅幅“小朋友”画作刷屏。此次“一元购画”募捐活动是腾讯公益平台发起的，名为“用艺术点亮生命”的项目。画作是由 WABC 无障碍艺途公益机构患有自闭症、智力障碍、脑瘫等病症的特殊人群创作，用于帮助这些“小朋友”改善生活，融入社会，实现自我价值。微信用户可以一元钱的价格购买画作，保存成壁纸使用。1500 万元善款短时间内迅速募集完毕，该事件即刻引起多方热议。

13. 倒计时，北京三家服务自闭症人士的服务机构恐又面临“被”搬家！

2017 年，根据北京市疏解、整治、促提升的指示精神和环境整治以及散乱污企业的清理工作，现需清理非首都功能。东旭新村要打造高端小区，位于其中的三家服务机构被认为有碍观瞻，责令尽快搬离。

14. 广州 83 岁黄老太杀死智障儿

2017 年 5 月 9 日，广州一位 83 岁的黄老太，趁其他家人离开之机，将其 46 岁的“智障儿子”杀害，随后投案自首。黄老太在供述中称，她的小儿子黎某乙，在出生后即被确诊为大脑发育不良及软骨症，不会说话，生活也不能自理，只能长期卧床，活得很痛苦。黄老太悉心照料儿子40余年，47岁时即为此申请了退休。随着其年事日高，担心自己离世后黎某乙无人照顾，遂产生了喂他吃安眠药弄死他的念头。越秀区法院于10月26日对该案做出一审判决，判处被告人黄某某有期徒刑3年，缓刑4年。

15. 16岁智障少女疑遭50岁大伯持续猥亵大半年　涉事男子：就只是摸了摸

南宁王女士的16岁智障女儿小洁遭同村50岁左右男子猥亵。小洁说，这名男子每次都会给她二三十块钱，她都拿了和弟弟一起买零食，直到被王女士发现，这件事持续了大半年的时间。女儿遭遇这种事，王女士既气愤又委屈，9月9日带着女儿去了辖区河堤派出所报警。

16. 北京自闭症家长正在大别山众筹一个500亩的中国梓之乡

位于北京市海淀区的康纳洲会议室一楼坐满了近百名自闭症孩子的家长，他们的孩子大多十几岁、二十几岁。他们讨论的议题是北京康纳洲（金寨）星星小镇针对家长的对外推介会，招纳家长共同为建设小镇出力。据小镇发起人之一罗意爸介绍，小镇整体规划面积为300~500亩，第一期小镇面积60~100亩，能容纳100个居民，总投资额在5000万元左右。这笔资金，主要以家长自筹和企业资助为主。

17. 智障老人遭车祸致死　因智障可少赔？法院：生命平等不能以智障为由减少赔偿

年过五旬的智障老人阿耀不幸被货车撞死，其亲属将货车司机和保险公司一同告上法庭，要求赔偿 30 余万元，保险公司却以阿耀是智障人士为由主张少赔。广东省五华县人民法院审结了这样一起机动车交通事故责任纠纷案，判决保险公司赔偿阿耀亲属因阿耀交通事故死亡所造成的全部损失，共计 32 万余元。

18. 传宗接代之殇：为有后娶智障妻、找重残女

在我国封建传统思想中，传宗接代一直被视为人生中的大事！对于个别贫困家庭或“没本事”的单身男人来说，娶妻很难，自己无力，父母着急，但为了能够延续香火，他们的父母不得不求人托关系，只要能生，哪怕是智力障碍或重度残疾也可以。

19. 男子杀害 16 岁脑瘫女儿获刑 15 年

2017 年 4 月 10 日，租住在哈尔滨市香坊区的李某将熟睡中的 16 岁脑瘫女儿杀害，随后投案自首。11 月 24 日 9 时 30 分许，哈尔滨市中级人民法院一审公开开庭审理了被告人李某故意杀人一案。最终，法庭判决李某犯故意杀人罪，判处有期徒刑 15 年。

20. 认为母亲残疾给自己丢脸　广东一中学生当街打母亲

多名广东肇庆街坊爆料，他们的微信朋友圈流传一段肇庆中学生暴打母亲的小视频。视频中，一名穿着校服的男生咆哮着在对一名中年女性拳打脚踢，甚至用自行车往她身上推压，被打女性却没有还手，只是发出哭声。该男生今年 14 岁，正在读书，家庭属于低保户，父亲在 2008 年因意外死亡，母亲患有语言残疾及智障，以往都是男生的姨妈照顾他们两人，社区、学校也一直在各方面照顾、关怀他们。

附

参与机构名单（按名称首字母排序）：

北京市海淀区融爱融乐心智障碍者家庭支持中心

成都智协家长俱乐部

长沙市感恩之旅精神健康倡导中心

长沙市岳麓区唐氏综合症家长互助中心

残障观察 CDO

广东省佛山市星爱联盟

慧灵智障人士服务集团

济南市星星缘心智障碍者关爱中心

辽宁心智障碍者家长互助会

兰州德爱心智障碍者社会服务中心

青海省心智障碍者互助会

唐山市路南区蓝凤凰心智障碍者帮扶中心

陕北爱心树特殊孩子服务中心

深圳市守望心智障碍者家庭关爱协会

厦门市湖里区小蜗牛身心障碍者家庭支持中心

一加一残障人公益集团

珠海市香洲区护航心智障碍者家庭支援中心

2017 年度中国残障十大权利事件

壹

我骄傲，我是残障人

【新闻标题】

大连、广州两地残障者徒步

【事件概述】

2017 年 4 月 28 日至 5 月 11 日、11 月 24 日至 12 月 3 日，由广州展融文化发起的两届视障乐行徒步活动在广东举行，共有约 30 名视障人参与。这两次徒步主题为“跨一步，海阔天空”，旨在支持视障人跨一步，走出局限的小世界，走进开阔的大世界，以身体和行动去体验行走、消除障碍、传播理念、表达自我。无独有偶，同年 8 月 20 日，由生命之歌发起的残障骄傲徒步大会在大连举行，共有 300 多人参加了活动，活动旨在促使残障人走出家门，融入社会，凸显残障骄傲的理念。

【推荐理由】

走出家门算什么？在交通如此便捷的今天，一日千里早已不再是梦。可是，对于很多残障人而言，走出家门仍然是一个难以实现的梦想。固然有物理环境的障碍，但更为重要的是，传统的观念对残障者的排斥限制以及压力。

2017年，有那么一群残障人，不仅走出了家门，而且以“残障”为骄傲，组织了更多残障人士参加徒步活动。

残障有什么值得骄傲之处呢？比别人残，比别人惨，何谈骄傲？

殊不知，值得骄傲的并不只是完美的身体，也不只是主流社会定义的成功与美丽，残障状态作为残障人的生活体验，残障者作为人的生命价值与尊严，同样值得骄傲，值得晒出来，值得让世界看见。

走出家门，仅仅是残障人实现自我的起点。走出家门以后呢？残障人要一步一步跨越有形无形的重重障碍，要走进普校接受融合教育，走进银行办理业务，走进企业从事各项劳动，走进公共场所参加社会活动，最重要的是让平等和不歧视的理念走进所有人的心里。唯有如此，才能真正让残障人走向海阔天空。

贰

我的抗争有意义

【新闻标题】

《精神卫生法》实施第一案告一段落

【事件概述】

2017 年 12 月，徐为终于出院了。《精神卫生法》规定自愿住院原则，同时也规定了没有能力办理出院的由监护人办理。徐为于 2003 年被迫住院，其间几经申请出院不能，故在《精神卫生法》实施后发起诉讼。历经各级法院及抗诉至检察机关，都以败诉收场。2017 年 10 月 1 日《民法总则》实施后，徐为依据“限制民事行为能力的人可以申请宣告完全民事行为能力”之规定，再次提起诉讼，最终被认定为完全民事行为能力人，并自主出院，结束了长达 14 年的失去自由的精神病院生活。

【推荐理由】

2013 年，一部法律——《精神卫生法》，规定了自愿住院原则，规定了无能力办理出院的住院精神障碍者由监护人为其办理。但是，法条没有对“能力”做出精确定义和解释，导致执法部门在具体执法时遭遇困难。

2017年，一个人——徐为，住院14年后获得完全行为能力的评定，自主出院。这是中国精神障碍史上的罕见一幕，促使执法部门在住院精神障碍者的出院问题上或主动或被动地向前迈进一步。

2017年徐为出院，为我们留下一系列的思考。完全行为能力的评定是遵照医学标准还是人权标准?《公约》所明确的残障人士与他人平等的人格如何从纸上落实到生活中？法律权利能力与心智能力的彻底分离带给我们怎样的观念挑战和制度挑战？中国现状如何逐步贴近联合国《残疾人权利公约》中的不得以残障为理由侵害残障者自由的权利等相关规定？精神障碍者个体持续不断地维护自身自由的努力，能否推动以尊重个体法律权利能力的享有和行使的过程中，获得系统支持?

徐为出院，在给出部分答案的同时，留给2017年更多思考，留给2018年更多期待。

叁

虎毒不食子　虎不毒倒食子

【新闻标题】

广州老太杀害残障孩子起波澜

【事件概述】

2017 年 5 月 9 日，广州一位 83 岁的黄老太，趁其他家人离开之机，将其 46 岁的“智障儿子”杀害，随后投案自首。黄老太在供述中称，她的小儿子黎某乙，在出生后即被确诊为大脑发育不良及软骨症，不会说话，生活也不能自理，只能长期卧床，活得很痛苦。黄老太悉心照料儿子 40 余年，47 岁时即为此申请了退休。随着其年事日高，担心自己离世后黎某乙无人照顾，遂产生了喂他吃安眠药弄死他的念头。越秀区法院于 10 月 26 日对该案做出一审判决，判处被告人黄某某有期徒刑 3 年，缓刑 4 年。

【推荐理由】

一个极端却并非孤例的“因爱杀子”事件，最终以减轻处罚，并适用缓刑告一段落。法庭说“其悲可悯，其情可宥”。我们看到了一个努力平衡情、理、法的判决，然而，我们不愿看到“爱”

和“杀害”被放到一起。

一个人的生命全程，教育、就业、社会生活、养老都是自然的过程，而心智障碍者家庭在每个环节经历着什么？终身照料，对于一个家庭来说又是怎样的考验？在心智障碍服务走过 30 年发展历程的今天，一位老人仍在担心自己离世后儿子无人照顾，甚至将其杀死。我们的社会保障体系尚有缺失。

这不是一个家庭有了心智障碍者的偶然悲剧，这是一个社会对家和家庭的支持缺失的系统性悲哀。2017 年对黄老太的缓刑与轻判，彰显了我们社会的善意。但在善意之下，那份让我们能够感受到踏实的制度性的保障，才是不让这份善意如空中楼阁般崩塌的最强有力的支撑。否则，人们可能会因一份温情的判决书而无视被害残障人的生命与价值。

肆

开不了口，还上不上得了台?

【新闻标题】

华东理工聋人大学生演讲，感动之余凸显手语缺位

【事件概述】

2017 年 6 月 16 日，在华东理工大学毕业典礼上，一位聋人本科毕业生高羽烨作为代表发表演讲。她在演讲中说："我是一名聋人，我的发音有点不标准，但会努力说好每一个字，请大家谅解。"有人把这段演讲放到了微博上，瞬间获得数以万计的点赞，许多主流媒体也以"看哭了""感动全国"等题目加以报道，引发社会热评。

【推荐理由】

聋人、女大学生、看哭了……这些词语，太容易抓住人们的眼球。

抓住眼球也并非坏事，起码让大家知道聋人也可以顺利戴上学位帽，也可以代表全体毕业生发表演讲，也可以通过努力说好一篇演讲词。

但在抓住眼球以后呢?

我们看到的仍然是一位聋人之所以引发感动，是因为竭力使用“正常人”的交流方式发声，做到了我们觉得聋人做不到的事情，我们看不到聋人社群独有的手语文化元素和身份自信，看不到残障群体在联合国《残疾人权利公约》中所被承认的平等的固有尊严。

但在光鲜亮丽、相机频闪的背后，还有很多细思极恐的情况让我们不得不做出滑坡般的推论。倘若某位聋人学生确实无法发出准确的语音，那么恐怕她将永远与毕业生代表无缘；倘若某位聋人学生在课堂上难以接收到有效的知识信息，那么恐怕她甚至会成为肄业生代表。

如果某一天，演讲台上的她能够使用属于自己的手语向人们宣告自己的骄傲，收获尊重与认可，那将多么美好！

手语是多元化社会的最好注脚，是尊重个人特点的最好体现。在《残疾人权利公约》中，手语被视为一种独特的语言文化，承载着聋人社群的文化信息，而不仅是一项交流的工具。遗憾的是，在艰难迎合主流和自信使用手语之间，有多少聋人自身也能毫无顾忌地选择使用代表多元文化的手语呢？

至于舆论中“看哭了”的情感宣泄，我们只能无奈地说，这场演讲再一次满足了普罗大众的观赏需求，再一次迎合了主流社会乐意看到聋人竭力向“正常人”靠拢的审美习惯。

而我们最想在此指出的是高羽烨的毕业设计，她制作了一款面向手语族的人机交互 APP。我们期待有更多的聋人能够自信地使用手语，有更多的社会支持能够打破聋人和健听人之间的交流障碍，最终建起一座新的巴别塔。

伍

一个“过粪”的玩笑，一场教育的反思

【新闻标题】

延庆二中儿麻学生惨遭霸凌

【事件概述】

2017年6月24日，网络上传出一段学生受辱视频，事发地点在北京延庆二中。视频中，身穿绿白校服的小儿麻痹症学生在厕所的蹲坑旁，用手抓起了坑内的粪便，尽管他对镜头外的人说“饶了我吧”，但对方仍然要求其舔舐手指。事件引起极大的社会反响。事发后，延庆警方在官方通报中称，涉案7名学生中，5人被给予行政拘留并罚款处罚，因不满16周岁，依法不执行行政处罚；2人因不满14周岁，依法不予处罚。

【推荐理由】

本为同窗，竟公然施暴！情节之恶劣，令人触目。是谁给了他们这样的胆量和优越感，让他们觉得自己在儿麻同学面前高人一等，可以像对待奴隶一般肆意妄为！

案件的被害人是一名儿麻学生。也正因此，施暴者恐怕认为

他就应该被戏弄、被侮辱、被施暴，谁叫他自己“有缺陷”！在这样一场黑暗的狂欢中，又有谁可以逃脱罪责？在侮辱施暴之时，没有人意识到被害学生是一个“人”，施暴者并不认为自己是一场暴行的凶手，旁观者也并不认为自己的袖手旁观有何不妥。试想一下，这些施暴者和旁观者长大之后，又会做出什么样的行为？

很多人都看到了这些，很多人都想到了这些。这是时代的进步，这是文明的展现。

但在这场引发热议的欺凌背后，我们更为担忧的是，从残障者到家长，从老师到教育系统，这起事件可能引发一场融合教育事业的倒退。因为我们的担忧，因为我们的爱，因为我们不敢，因为我们还没准备好……所以，我们在想，还是应该让残障孩子回到特殊的学校里去，这样他们就不会受欺凌，这样老师还能更好地教育他们，保护他们；待到未来，我们把硬件搞好了，老师都有专业能力了，同学们也有良好素质了，再让他们回来。

结果呢？只能是两个平行的轨道，渐行渐远，再无相交。

陆

我不是你们的励志榜样，谢谢！

【新闻标题】

穿短裙露假肢，独腿女孩谢仁慈走红网络

【事件概述】

2017 年 5 月，一个穿短裙露假肢的残障女孩在社交网络上走红，她就是西南政法大学在校生谢仁慈。以前，她和大多数肢残人一样，千方百计掩藏自己的肢体残缺。但有一次，服装店的营业员偷偷打量着她粗细不一的双腿。她无法忘记营业员的目光，干脆撕去了假肢外包装，剪掉了右面的裤腿，让金属的躯干裸露在外，从此坦坦荡荡率性生活，逐渐成了好多人的“励志女神”。然而，谢仁慈从不愿意被视为一个励志的偶像，她在知乎上这样说：“从一直用有外包装假装‘正常人’到我把外包装撕掉成为一个露着假腿到处蹦跶的大姑娘，这个过程不仅仅关乎美，更是一个自我接受与认同的过程。”

【推荐理由】

在中国的大街上很少见到残障人，更少见残障人裸露着自己的“缺陷”，除了那些卖惨乞讨的人。当大多数肢残人因为种种原因千方百计掩盖自己的假肢、藏掖自己的“缺陷”时，谢仁慈却剪掉了裤腿，穿上了短裙，让闪烁着金属光泽的小腿沐浴在阳光之下，迎接他人的审视与打量。

然后，她突然就火了。似乎是突破了这个时代的大众审美，却又没有逃出属于残障的坚强与乐观。露出假肢的她，尝试的是一次自我接纳，但更多人在想象中看到的是，一个落到如此悲剧人生的姑娘的不容易与勇敢，这种不容易与勇敢给“正常人”带来了正能量。

面对网络上潮水般的赞叹和崇拜，谢仁慈十分平静。她不认为自己应被视为励志偶像。励志偶像究竟意味着什么呢？大家明面上对偶像鼓掌、欢呼、崇拜，但潜意识里，只不过是在消费一场木偶戏——“偶像”者，供人欢乐的傀儡也，有用的时候拿来感动自己，没用的时候丢弃在一旁。在当前这个励志鸡汤满天飞的时代，谢仁慈用这样的话回敬那些消费自己的人：“残障不会使一个人变得优秀，残障也不代表着要成为激励你们的对象。”她以一个权利的享有者自居，她思考与呼吁的，更多的是残障人群体的权利与未来。

柒

走过路过没熬过，到底是谁之过

【新闻标题】

一个自闭症少年的死亡之路

【事件概述】

雷文锋，智力发育迟缓的他，3 年前到了深圳跟在深圳打工的父亲生活。2016 年 8 月 8 日清晨，他离家之后一路向北，然后踏上了一条通往死亡的路——他到了东莞，被民警送到了医院，后来又被送到东莞市救助站，再之后被送到了韶关的新丰县练溪托养中心。这是他生命最后一站。45 天后，他死了。死时他已瘦到皮包骨头，以至于其父亲首次认尸时，竟认不出来他。

2017 年 3 月 20 日，《新京报》推出上万字的调查报道《一个自闭症少年的死亡之路》，完整地复原了自闭症少年雷文峰从出走迷失，辗转于医院、派出所、救助站，最后被托养中心送至医院死亡的全过程。

【推荐理由】

雷文峰有太多可以获救后回到其父母身边的机会，可这些机会却被救助责任链上的层层失守给挥霍，最终让他遭遇了我们最不愿看到的那个结局——这无关制度漏洞，而是起于对生命淡漠的责任伦理系统性溃败。这种溃败，还容易因为残障被冠上一些看似合理的理由，或者让人觉得可以原谅的辩解之词。譬如：

是他，说不清自己的家人怎样联系；

是他，没有办法跟我们沟通；

是他，居然不听管教，大吵大闹；

是他，是他，还是他……

就这样，我们看到，残障人士，尤其是心智障碍者，在一个本就充满问题的系统里，因为残障，生命权被剥夺。

雷文峰生前在托养中心究竟遭遇了什么还有待调查。可从已知的情形看，涉事托养中心不堪的地方太多：无论是高死亡率，还是不合民政部2015年颁布的《流浪乞讨人员机构托养工作指南》要求的居住条件，抑或是新丰县民政局对练溪托养中心早前整改通知书中指出的“未按期参加年检、内部管理混乱”，都暴露了一堆问题。

我们也希望，在一次死亡推动系统整改的过程中，心智障碍者所需的合理便利，能够被作为不可或缺的一部分考虑进去，让我们在2017年末重新祭奠这个逝去的生命时，能够告诉他些什么。

捌

人生实苦，我们请你守规矩

【新闻标题】

甘肃轮椅考生给清华的一封信成热点

【事件概述】

2017 年 6 月高考过后，甘肃一残障考生魏祥向清华大学写信求助。魏祥称自己罹患先天性脊柱裂，下肢功能丧失，且父亲早逝，只有坚强的母亲陪同自己一路求学，直至考上清华大学。他只希望清华能给他们母子俩解决一间陋宿，供其栖身。清华大学随后回信答应为期解决住宿问题，并称："人生实苦，但请你足够相信！"这两封信函在网络上迅速走红，成为身残志坚的经典范例。

然而，同年入学的东北师范大学视障新生王宠就没有如此"幸运"。作为东北师大招收的首位视障学生，王宠被学校告知，"出于安全考虑"，拒绝其入住学校集体宿舍，其可以在家长陪同下到校外租房。对于王宠家人提出的配备导盲犬或其他辅具的请求，校方则一直未正面回应。

【推荐理由】

和家长同住的居所，成为一座无奈的监狱，四面墙上写满了

“关爱”，但仔细一看，墙缝里密密麻麻的写的全是“歧视”。

看上去魏祥比王宠幸运，起码得到了一封催人泪下的信。然而仔细看看，二人的待遇又有什么差别呢？同样都要和家长单独居住，同样都被迫和其他同学隔绝，只不过魏祥在校内，王宠在校外。

从这个角度来说，王宠倒比魏祥更加清醒。在面对《新京报》记者采访时，王宠明确表示：“我应该和其他人一样，拥有完整的同学关系。但学校没有配套措施，我还是被区别对待。”

人生确实辛苦，人们也确实需要有乐观自信的心态，清华大学的善意也确实值得肯定。但问题在于，凭借“足够相信”的昂扬斗志，残障学生在大学的学习生活就会顺利吗？简单的“足够相信”，就能够一笔勾销学校应尽的无障碍服务责任吗？事件发生不久，一些残障权利倡导者来到清华大学实测，结果令人遗憾：轮椅无法进入图书馆、教学楼、食堂，无障碍卫生间缺少扶手，电梯缺少语音提示……硬件上的问题尚且如此，更遑论盲文教材、手语翻译、考试合理便利等软性服务。

其实，对于勤劳善良的中国残障人来说，这些问题都算不得什么，大家已经习惯通过自己的努力去克服，“不怨天不尤人”。然而让人担忧的是，面对如此尴尬的现实，学校想到的不是自我反思和制度性变革，而是给残障学生一碗“请你足够相信”的心灵鸡汤，同时收获了最催泪的营销效果。

可是，下一个残障考生，仍然觉得内心惶惶。

对不起，你拿什么让我足够相信？

玖

商业巨头终于“目中有人”，企业无障碍前路仍艰

【新闻标题】

高德发布无障碍地图，锤子科技发布会向残障人道歉

【事件概述】

2017 年 9 月 21 日，高德地图发布无障碍地图产品，北京地铁站的无障碍电梯等无障碍设施被全面标注，且无障碍电梯等地点可导航。在此之后，上海、广州、深圳、杭州等城市也上线了无障碍地图。据了解，在此之前，高德地图收到了一封 337 位残障青年的联名信《让我们出行无障碍》，信中呼吁高德地图为无障碍出行做出努力。

同年 11 月 7 日，锤子科技公司秋季新品发布会在成都举行，锤子科技 UX 产品总监朱萧木在发布会现场，面对所有现场来宾、各大媒体和众多在线直播平台向全国残障人表示道歉：“我们一直没有做无障碍设计，所以我们非常惭愧。但是就因为起步晚，所以我们这一次一定要好好做，不但要做到平均水平，我们还想做得更好。”

【推荐理由】

看似寻常最奇崛，成如容易却艰辛。经过不懈努力，企业终于在 2017 年听到了残障人的声音，并诚恳地用行动回应了残障人的声音与需求。

从法律上讲，如果国家没有落实无障碍的责任，人们有权通过诉讼维护自己的权利。然而，如果是私主体的企业呢？它们只是以营利为目的的法人，大多数企业也只会在所谓的“慈善晚会”上抛个头露个面。现实中，我们见惯了铁路总公司购票软件的不友好，也见惯了一些手机生产企业对无障碍系统开发的抵触，他们的目中无人已经成为常态。也正因此，高德地图和锤子科技的无障碍设计越发显得弥足珍贵。它的珍贵之处不在于关注到了残障群体，给这个群体“施舍”了爱，而是在告诉这个社会，无障碍是一种义务与责任。

其实，纸面上的“权利”残障人早已享有。2012 年的《无障碍环境建设条例》中明确规定:“电信终端设备制造者应当提供能够与无障碍信息交流服务相衔接的技术、产品。”然而，权利来源于争取而非赏赐，所有将希望寄托在“好心人”身上的人，只能生活在期待与等待之中。我们可以看到，无论是去年网络销售火车票取消验证码，还是今年高德地图增加无障碍服务，锤子科技向残障人道歉，背后都有无数残障人的艰辛努力。

我们还看到，尽管尚有许多商业巨头仍旧“目中无人”，但残障人已经在行动。2016 年 12 月，1000 名视障人签署了呼吁华为改善无障碍漏洞的建议书，并制作了长达34页的反馈报告。在朋友的帮助下，他们将建议书发到了华为总裁任正非的邮箱。我们期待他们的反馈。

残障人一直在努力，还会一直努力下去。

拾

盲人参加考试有点忙

【新闻标题】

国家诸多考试面向视障考生开放

【事件概述】

2017 年 6 月 17 日，全国大学英语四六级考试开考。与以往不同，本次考试首次向视障考生开放并提供盲文试卷。试卷提前由老师翻译成盲文，唯一的区别就是考试时间，其他考生的考试时间为 130 分钟，而视障考生的考试时间延长到 195 分钟。随后的国家社工师职业资格考试，有 7 名视障人以人工读题和大字试卷的方式参加。

同年 7 月，视障人王瑞报名参加国家司法考试，并通过了资格审查。其向青岛市司法局提出要求提供盲文版或电子读频试卷，但被以“未配发可供盲人考试的特种试卷”为由拒绝。随后，司法局工作人员以口读题目、代为填写的方式协助其完成了考试。

【推荐理由】

从公务员考试到普通高考，从四六级考试到社工师考试，从教师资格证到司法考试。近年来，视力障碍人士似乎很忙，忙于参加各类考试，还忙于争取参加更多考试。

尤其是 2017 年，虽然参加的考试似乎不是什么大考试，但争取参加考试的容易度有所提升。从没有先例，到相关条例出台，从数年坚持一朝突破，到提出申请便被重视，这一切都是视障人士不再将自己视为一种问题，积极争取的结果。它值得被记住，它应该被书写。

然而在欣喜于这些突破到来之余，还有职业医师考试、会计师考试、翻译考试……是在视障人士忙得过来之后，才会一个接一个的突破，还是某一天，所有的考试都能沐浴在《残疾人保障法》的光辉之下。我们并不确定，但我们会一直忙下去，为我们的权利。

2017 年度中国残障十大权利事件候选列表

1. 自闭症女孩被迫休学　母亲：她一去别的孩子就走了

2016 年 12 月 7 日，有家长向记者爆料，称北京市海淀区玉泉路小学二年级 12 班有一名叫小方的学生因自身问题常扰乱课堂秩序，并存在打其他同学的现象，因此家长联名劝退此名学生。记者在现场调查采访当事人后，发现这名“熊孩子”是一位自闭症女孩。小方的妈妈刘女士表示，女儿小方确实是自闭症。而此时，小方已经休学一个多月。

2. 一个自闭症少年的死亡之路

雷文峰，智力发育迟缓的他，3 年前到了深圳与在深圳打工的父亲一起生活。2016 年 8 月 8 日清晨，他离家之后一路向北，然后踏上了一条通往死亡的路——他到了东莞，被民警送到了医院，后来又被送到东莞市救助站，再之后被送到了韶关的新丰县练溪托养中心。这是他生命的最后一站。45 天后，他死了。死时他已瘦到皮包骨头，以至于其父亲首次认尸时，竟认不出来他。

2017 年 3 月 20 日，《新京报》推出上万字的调查报道《一个自闭症少年的死亡之路》，完整地复原了自闭症少年雷文峰从出走迷失，辗转于医院、派出所、救助站，最后被托养中心送至医院死亡的全过程。

3. 在绝望中守护：自闭症家庭的七年抗病记录

菲菲今年 28 岁，8 个月大时父母离异，3 岁被发现有自闭症倾向，但由于单亲家庭妈妈精力有限，只能将其送回乡下由隔代长辈抚育。由于菲菲的生活完全不能自理，极大地增加了祖父母的体力和精神上的负担，最终两老因日夜照料，积劳成疾，相继早早过世。随着菲菲状况的加重，辗转于家庭、医院、精神病院，菲菲的母亲甚至曾几度流露要带上女儿一起走上不归路的意愿。这都只是自闭症患者群体中的一个缩影——每个自闭症患者的家庭都有一本不尽相同的“血泪史”。

2010 年，摄影师郑敏在机缘巧合下接触了一批自闭症患儿的家庭，7 年多的时光，30 多位“星儿”及家庭，10 万多张照片，150 篇《关爱自闭症》的专栏博客，一幅幅“自我与他人的关系认知偏差”严重交往障碍星儿的“基因图谱”在郑敏心中渐渐清晰。菲菲母女是其中比较特殊的一家。

4．智障少女疑多次遭性侵，生下女婴不知父亲是谁

居住在龙岩连城的 14 岁智力障碍女孩儿阿秀（化名）生下一名女婴，但并不知道孩子父亲是谁。阿秀的父亲（智力障碍）告诉记者，村里多名男子曾和阿秀发生性关系，“她什么也不懂，是遭人强奸导致怀孕的”。记者获悉，该案件连城警方已经以强奸立案，并刑拘了一名犯罪嫌疑人，目前还在详细调查中。在采访中记者得知，阿秀家在偏远的大山里，两个智力残疾的老人照顾一个刚出生的婴儿，身边还有一个智商只有两岁半孩童水平的阿秀。家庭收入只有靠父亲给人扛扛毛竹，打打零工，年收入不过两三千元。今年，享受多年的低保被取消。一家人的处境让村里人既同情又担忧。

5．100 多名邻居联名签字，把上海自闭症人士佳佳第九次强制送进精神病院

精神病院一位不愿意透露姓名的医生说，37 岁的佳佳是被当地警察送来，原因是 5 月以来出现打人、破坏公共财物、扰民等行为，且有视频和录音为证。但具体情况会根据佳佳在医院的表现做进一步观察，目前暂诊断为轻度精神发育迟滞。这些天虽然没有过激的行为，但仍然存在伤人和自伤的危险，需要在医院接受一段时间的治疗。这一次是小区 100 多名邻居联名签字要求把佳佳送进精神病院的，也是第九次。

6. 李春平的财产之争

2017 年 5 月，随着著名慈善家李春平被北京某医院精神疾病司法鉴定科诊断为器质性精神障碍，智能缺损，在法律能力上被认为是限制民事行为能力人。自 2016 年围绕这位传奇的慈善家的财产与监护之争，进入一个新的段落。此前，因为家人发现李春平言语不清到意识不清，后随事情被报出，闪婚妻子，私生儿子，财产托管公司抢人，背上巨额债务，关于李春平的每一个新闻，都牵动着公众的关注。而这起事件的最后，大家最关注的还是他的这笔巨额财产会花落谁家。

7. 死而复生的“鬼妻”:“阴婚”牵出拐卖妇女犯罪团伙

随着偏远农村男子娶妻难现象日益增多，一个专门拐卖智障女的团伙发现一条发财之道，只要在大街上遇见走失或精神发育迟滞、神情呆木的智障女子，他们就以提供食宿等为借口诱骗女子跟其回家，然后冒充智障女的父亲、大娘、哥哥等“家人”给智障女找婆家，最后按分工不同从中获利。为了挣钱，他们拐卖走失智障女，不惜采取故意杀人手段将活人当成“鬼妻”下葬，其行为情节严重，社会影响恶劣，理应受到法律严惩。

8．我考上了名校，但最终死在了原生家庭手里

这是知乎上的一则爆料网帖。康莫（化名），本科毕业于武汉大学，硕士毕业于香港中文大学，本应有大好的前途，她的母亲却通过伪造证据（病情）、贿赂医生等非法手段，将她强制送进了精神科进行所谓的治疗，并在其母亲的威胁下办理了残疾人证（精神残疾）。在毕业后的 7 年里，康莫遭受了电休克治疗、强制服药、扎针、捆绑、软禁、恐吓、嘲讽辱骂等一系列惨无人道的折磨。如今的她仍被软禁在家中，除了上午 10 点到下午 2 点可以自由到楼下溜达外，其他任何出行都要得到父母的批准。如果不服从或者想要逃走，她就会被家人、亲戚、雇佣者甚至警察强制押送到医院继续进行“精神治疗”。

9．马莉：我眼中精神病患者的世界

纪录片《囚》是马莉导演的新作，记录了中国东北某精神病院封闭疗区男性精神病患者的状态，这一病区基本是重症患者。

10．白马镇少年杀人事件

2016 年 3 月 16 日，三名辍学少年对一名智障男子进行殴打，先后打断两根木棍后，又换了铁管继续殴打；最终将一罐汽油从智障男子头顶浇下并点燃，导致智障男子因全身大面积烧伤死亡。2017 年 6 月 20 日，广西玉林市中级人民法院一审宣判了这起故意伤害致人死亡案。

11．我国“精神卫生法第一案”迎来重大转机　被困 14 年他终于能飞越“疯人院”

2013 年《精神卫生法》实施，规定自愿住院原则，同时也规定了没有能力办理出院的由监护人办理；反之有能力办理出院的自行办理出院。徐为于 2003 年住院，其间几经申请出院不能，故在《精神卫生法》实施后发起诉讼。历经各级法院及抗诉至检察院，都以败诉收场。2017 年《民法总则》实施后，依据被法院认定为“限制民事行为能力的人可以申请宣告完全民事行为能力”之规定，提起诉讼。最终被认定为完全民事行为能力人，自主出院，结束了长达 14 年的失去自由的精神病院生活。

12. “一元购画”事件火爆网络

8 月 29 日，微信朋友圈被一幅幅“小朋友”画作刷屏。此次“一元购画”募捐活动是腾讯公益平台发起的，名为“用艺术点亮生命”的项目。画作是由 WABC 无障碍艺途公益机构患有自闭症、智力障碍、脑瘫等病症的特殊人群创作，用于帮助这些“小朋友”改善生活，融入社会，实现自我价值。微信用户可以一元钱的价格购买画作，保存成壁纸使用。1500 万元善款短时间内迅速募集完毕，该事件即刻引起多方热议。

13. 倒计时，北京三家服务自闭症人士的服务机构恐又面临“被”搬家

2017 年，根据北京市疏解、整治、促提升的指示精神和环境整治以及散乱污企业的清理工作，现需清理非首都功能。东旭新村要打造高端小区，位于其中的三家服务机构被认为有碍观瞻，责令尽快搬离。

14. 广州 83 岁黄老太杀死智障儿

2017 年 5 月 9 日，广州一位 83 岁的黄老太，趁其他家人离开之机，将其 46 岁的“智障儿子”杀害，随后投案自首。黄老太在供述中称，她的小儿子黎某乙，在出生后即被确诊为大脑发育不良及软骨症，不会说话，生活也不能自理，只能长期卧床，活得很痛苦。黄老太悉心照料儿子 40 余年，47 岁时即为此申请了退休。随着其年事日高，担心自己离世后黎某乙无人照顾，遂产生了喂他吃安眠药弄死他的念头。越秀区法院于 10 月 26 日对该案做出一审判决，判处被告人黄某某有期徒刑 3 年，缓刑 4 年。

15．16 岁智障少女疑遭 50 岁大伯持续猥亵大半年　涉事男子：就只是摸了摸

南宁王女士的 16 岁智障女儿小洁疑遭同村 50 岁左右男子猥亵。小洁说，这名男子每次都会给她二三十块钱，她都拿了和弟弟一起买零食，直到被王女士发现，这件事持续了大半年的时间。女儿遭遇这种事，王女士既气愤又委屈，9 月 9 日带着女儿去了辖区河堤派出所报警。

16．北京自闭症家长正在大别山众筹一个 500 亩的中国桦之乡

位于北京市海淀区的康纳洲会议室一楼坐满了近百名自闭症孩子的家长，他们的孩子大多十几岁、二十几岁。他们讨论的议题是北京康纳洲（金寨）星星小镇针对家长的对外推介会，招纳家长共同为建设小镇出力。据小镇发起人之一罗意爸介绍，小镇整体规划面积为 300 ∽ 500 亩，第一期小镇面积 60 ∽ 100 亩，能容纳 100 个居民，总投资额在 5000 万元左右。这笔资金，主要以家长自筹和企业资助为主。

17．智障老人遭车祸致死　因智障可少赔？法院：生命平等不能以智障为由减少赔偿

年过五旬的智障老人阿耀不幸被货车撞死，其亲属将货车司机和保险公司一同告上法庭，要求赔偿 30 余万元，保险公司却以阿耀是智障人士为由主张少赔。广东省五华县人民法院审结了这样一起机动车交通事故责任纠纷案，判决保险公司赔偿阿耀亲属因阿耀交通事故死亡所造成的全部损失，共计 32 万余元。

18．传宗接代之殇：为有后娶智障妻、找重残女

在我国封建传统思想中，传宗接代一直被视为人生中的大事！对于个别贫困家庭或“没本事”的单身男人来说，娶妻很难，自己无力，父母着急，但为了能够延续香火，他们的父母不得不求人托关系，只要能生，哪怕是智力障碍或重度残疾也可以。

19．男子杀害 16 岁脑瘫女儿获刑 15 年

2017 年 4 月 10 日，租住在哈尔滨市香坊区的李某将熟睡中的 16 岁脑瘫女儿杀害，随后投案自首。11 月 24 日 9 时 30 分许，哈尔滨市中级人民法院一审公开开庭审理了被告人李某故意杀人一案。最终，法庭判决李某犯故意杀人罪，判处有期徒刑 15 年。

20．认为母亲残疾给自己丢脸　广东一中学生当街打母亲

多名广东肇庆街坊爆料，他们的微信朋友圈流传一段肇庆中学生暴打母亲的小视频。视频中，一名穿着校服的男生咆哮着在对一名中年女性拳打脚踢，甚至用自行车往她身上推压，被打女性却没有还手，只是发出哭声。该男生今年 14 岁，正在读书，家庭属于低保户，父亲在 2008 年因意外死亡，母亲患有语言残疾及智障，以往都是男生的姨妈照顾他们两人，社区、学校也一直在各方面照顾、关怀他们。

21. 一加一残障人公益集团合伙人蔡聪在奇葩说上发言成为网红

2017 年初，凭借在《奇葩大会》中 7 分钟演讲征服众人的蔡聪成为奇葩说第四季辩手之一，爆红网络。蔡聪是一加一残障人公益集团合伙人、有人公益基金会的残障项目总监，也是非视觉摄影的培训师。

22.《残疾人教育条例》修订

2017 年 1 月 11 日，国务院常务会议通过《残疾人教育条例（修订草案）》。草案立足对残疾人保障义务教育、扩大职业教育和防止各类教育入学歧视增设了相关规定，强化了合理配置特殊教育资源、规范残疾人教学、提高特殊教育质量和教师待遇等要求。

23. 饿了么雇佣残障外卖小哥获关注

2017 年 12 月，饿了么雇佣聋人外卖小哥送外卖，受到社会普遍关注。有人提出给聋人外卖小哥额外增加红包鼓励，但聋人小哥提出这是对自己的另类对待，自己并不乐意。也有人对聋人送外卖的能力表示担忧和怀疑。

24. 大连快轨不免费，残障人起诉地铁公司获赔偿

残疾人乘坐大连快轨 3 号线不享受任何优惠。2017 年 8 月，辽宁大连市一名视力残疾人将大连地铁运营有限公司（下称大连地铁）起诉至法院，要求返还 4.8 元乘车费。法院一审判决，大连地铁返还 4.8 元乘车费。

25. 云南昆明城管戏弄盲人按摩师被曝光

2017 年 5 月，一则“城管整顿露天盲人按摩，嬉笑戏耍盲人”的视

频在网上热传，引发争议不断。26 日，昆明市城管局正式通报此事，称所谓“戏耍”是工作人员为了避免与盲人小贩正面冲突，在进行躲避。

26. 浙江单眼盲人因教师证体检认证状告教育局案二审开庭

2017 年 5 月，浙江义乌幼师、单眼盲人王丽诉义乌市教育局、金华市教育局教师资格考试体验标准认证案二审，在金华市中级人民法院公开审理。此案于 2018 年 3 月 28 日判决王丽胜诉，金华市教育局和义乌市教育局于 4 月 5 日提起上诉。

27. 深圳盲人入户遭拒案二审开庭，“个人能否申请入户”成争议焦点

距最初申请入户已有 5 年之久，深圳盲人肖光庭因为视力问题，仍被拒之门外。2017 年 8 月 23 日，肖光庭因入户遭拒状告深圳市人社局、市卫计委一案二审在深圳中院开庭审理。肖光庭的代理律师李国光告诉记者，作为被上诉人之一的深圳市卫计委并未出庭。在庭审过程中，上诉人和被上诉人深圳市人社局双方存在较大争议，争议焦点主要在肖光庭能否以个人名义直接向人社局申请入户。

28. 大连、广州两地残障者徒步

2017 年 4 月 28 日至 5 月 11 日、11 月 24 日至 12 月 3 日，由广州展融文化发起的两届视障乐行徒步活动在广东举行，共有约 30 名视障人参与。这两次徒步主题为“跨一步，海阔天空”，旨在支持视障人跨一步，走出局限的小世界，走进开阔的大世界，以身体和行动去体验行走、消除障碍、传播理念、表达自我。无独有偶，同年 8 月 20 日，由生命之歌发起的残障骄傲徒步大会在大连举行，共有 300 多人参加了活动。活动旨在促使残障人走出家门，融入社会，凸显残障骄傲的理念。

29. 国家诸多考试面向视障考生开放

2017 年 6 月 17 日，全国大学英语四六级考试开考。与以往不同，本次考试首次向视障考生开放并提供盲文试卷。试卷提前由老师翻译成盲文，唯一的区别就是考试时间，其他考生的考试时间为 130 分钟，而视障考生的考试时间延长到 195 分钟。随后的国家社工师职业资格考试，有 7 名视障人以人工读题和大字试卷的方式参加。

同年 7 月，视障人王瑞报名参加国家司法考试，并通过了资格审查。其向青岛市司法局提出要求提供盲文版或电子读频试卷，但被以“未配发可供盲人考试的特种试卷”为由拒绝。随后，司法局工作人员以口读题目、代为填写的方式协助其完成了考试。

30. 高德发布无障碍地图，锤子科技发布会向残障人道歉

2017 年 9 月 21 日，高德地图发布无障碍地图产品，北京地铁站的无障碍电梯等无障碍设施被全面标注，且无障碍电梯等地点可导航。在此之后，上海、广州、深圳、杭州等城市也上线了无障碍地图。据了解，在此之前，高德地图收到了一封 337 位残障青年的联名信《让我们出行无障碍》，信中呼吁高德地图为无障碍出行做出努力。

同年 11 月 7 日，锤子科技公司秋季新品发布会在成都举行，锤子科技 UX 产品总监朱萧木在发布会现场，面对所有现场来宾、各大媒体和众多在线直播平台向全国残障人表示道歉：“我们一直没有做无障碍设计，所以我们非常惭愧。但是就因为起步晚，所以我们这一次一定要好好做，不但

要做到平均水平，我们还想做得更好。”

31. 甘肃轮椅考生给清华的一封信成热点

2017 年 6 月高考过后，甘肃一残障考生魏祥向清华大学写信求助。魏祥称自己罹患先天性脊柱裂，下肢功能丧失，且父亲早逝，只有坚强的母亲陪同自己一路求学，直至考上清华大学。他只希望清华能给他们母子俩解决一间陋宿，供其栖身。清华大学随后回信答应为期解决住宿问题，并称:“人生实苦，但请你足够相信!”这两封信函在网络上迅速走红，成为身残志坚的经典范例。

然而，同年入学的东北师范大学视障新生王宠就没有如此“幸运”。作为东北师大招收的首位视障学生，王宠被学校告知，“出于安全考虑”，拒绝其入住学校集体宿舍，其可以在家长陪同下到校外租房。对于王宠家人提出的配备导盲犬或其他辅具的请求，校方则一直未正面回应。

32. 华东理工聋人大学生演讲，感动之余凸显手语缺位

2017 年 6 月 16 日，在华东理工大学毕业典礼上，一位聋人本科毕业生高羽烨作为代表发表演讲。她在演讲中说:“我是一名聋人，我的发音有点不标准，但会努力说好每一个字，请大家谅解。”有人把这段演讲放到了微博上，瞬间获得数以万计的点赞，许多主流媒体也以“看哭了”“感动全国”等题目加以报道，引发社会热评。

33. 延庆二中儿麻学生惨遭霸凌

2017 年 6 月 24 日，网络上传出一段学生受辱视频，事发地点在北京延庆二中。视频中，身穿绿白校服的小儿麻痹症学生在厕所的蹲坑

旁，用手抓起了坑内的粪便，尽管他对镜头外的人说“饶了我吧”，但对方仍然要求其舔舐手指。事件引起极大的社会反响。事发后，延庆警方在官方通报中称，涉案 7 名学生中，5 人被给予行政拘留并罚款处罚，因不满 16 周岁，依法不执行行政处罚；2 人因不满 14 周岁，依法不予处罚。

34. 穿短裙露假肢，独腿女孩谢仁慈走红网络

2017 年 5 月，一个穿短裙露假肢的残障女孩在社交网络上走红，她就是西南政法大学在校生谢仁慈。以前，她和大多数肢残人一样，千方百计掩藏自己的肢体残缺。但有一次，服装店的营业员偷偷打量着她粗细不一的双腿。她无法忘记营业员的目光，干脆撕去了假肢外包装，剪掉了右面的裤腿，让金属的躯干裸露在外，从此坦坦荡荡率性生活，逐渐成了好多人的“励志女神”。然而，谢仁慈从不愿意被视为一个励志的偶像，她在知乎上这样说：“从一直用有外包装假装‘正常人’到我把外包装撕掉成为一个露着假腿到处蹦跶的大姑娘，这个过程不仅仅关乎美，更是一个自我接受与认同的过程。”

附一

2017 年度中国残障十大权利事件

参与机构名单（按名称首字母排序）：

残障观察 CDO

全国心智障碍者家长组织联盟

深圳市守望心智障碍者家庭关爱协会

一加一残障人公益集团

参与者名单（按名称首字母排序）：

安徽同行身心障碍者发展中心　皮晓宁

宝鸡市彩虹桥助残服务中心　王瑞珑

北京瓷娃娃罕见病关爱中心　张皓宇

北京心法之声法律与心理支持中心　金　希

残障之声　王　菁

DAWS 残障姐妹　彭玉娇

广州残培教育发展基金会　李远红

附二

2017 年度中国心智障碍十大权利事件

参与机构名单（按名称首字母排序）：

北京市海淀区融爱融乐心智障碍者家庭支持中心

成都智协家长俱乐部

长沙市感恩之旅精神健康倡导中心

长沙市岳麓区唐氏综合症家长互助中心

残障观察 CDO

广东省佛山市星爱联盟

慧灵智障人士服务集团

济南市星星缘心智障碍者关爱中心

辽宁心智障碍者家长互助会

兰州德爱心智障碍者社会服务中心

青海省心智障碍者互助会

唐山市路南区蓝凤凰心智障碍者帮扶中心

陕北爱心树特殊孩子服务中心

深圳市守望心智障碍者家庭关爱协会

厦门市湖里区小蜗牛身心障碍者家庭支持中心

一加一残障人公益集团

珠海市香洲区护航心智障碍者家庭支援中心

第四部分

2017 中国残障年度观察述评

这一次的改革，又在深圳画了一个圈

文 / 解岩

2017 年 2 月 23 日，在中国篮球协会第九届全国代表大会上，家喻户晓的篮球明星姚明当选篮协主席。

同年 5 月 16 日，中国排球协会称，增补郎平兼任中国排球协会副主席的报告日前得到上级主管部门批复，这也意味着郎平将在新一届中国排协中兼任副主席职务。根据规程，中国排协将在随后按协会章程规定办理相关手续，并送民政部备案。

2017 年上半年发生的这两件吸引了无数球迷和媒体关注的人事安排和群团改革，都是继 2014 年 12 月 29 日中央政治局会议审议通过《中共中央关于加强和改进党的群团工作的意见》，提出“新形势下党的群团工作更为重要和紧迫，只能加强、不能削弱，只能改进提高、不能停滞不前”，2015 年 2 月 3 日新华网报道中共中央印发《中共中央关于加强和改进党的群团工作的意见》，7 月 9 日新华社授权发布全文等一系列群团改革政策之后，中国篮球协会和中国排球协会做出的回应、行动和举措。

即便上述两个事件万众瞩目，牵动人心，但对于 8500 万的中国残障者而言，与我们的切身利益没那么直接相关，反而是比这两个事件更早发生的改革与我们密切相关。正如《春天的故事》里所唱的“1979 年，那是一个春天，有一位老人在中国的南海边画了一个圈”，这一次的改革，深圳残联在 2017 年的冬天画了一个圈！

2017 年 1 月 10 日，深圳市残联第六届主席团第六次全体会议暨 2017 年全市残联工作会议召开。本次会议的多项举措为中国残联系统的群团改革，以及各地各级残联的换届选举鸣响了第一枪，也树立起第一个样板。

中国残障观察 CDO 在《中国残障观察报告 2016》趋势猜想中洞悉到这一变化，在兴奋和喜悦的同时，及时记录下这一历史时刻。以下信息均来自官方公开资料。

变化一："小机关、大残联"

CDO 观察：深圳市残联按照《中国残联贯彻落实〈中共中央关于加强和改进党的群团工作的意见〉的实施方案》（残联发〔2015〕51 号）要求，结合深圳市的社会、经济发展实际状况，率先提出"小机关、大残联"的社会化改革的思路。（残联描述）

CDO 记录："小机关、大残联"的修辞方式，与"小政府、大社会"的提法类似。

变化二：理事会构成人员出现革命性变化

CDO 观察：扩充社会能量，提高残联"代表性"；面向社会基层，加强残联"群众性"；融合科技力量，增强残联"先进性"。通过政策撬动作用，吸引和调动全社会包括行政力量、社会力量和市场力量，参与创新并推动残疾人事业和产业互动发展、并重发展。（残联描述）

进一步加强各级残联组织社会化建设，完善残联主席团、理事会和各专门协会的社会化制度建设。通过吸纳更多的优秀残疾人代表和投资界、健康界、科技界、金融界、教育界等跨界代表担任理事会不驻会的副理事长、理事，发挥代表的先进模范作用，把各方面人才、资源、智慧汇集于理事会；通过吸纳各界精英代表进入主席团，进一步提升深圳市残联主席团的广泛性、代表性，推动建立社会共办残疾人事业“大残联”运作机制。透过吸引更多的社会各界贤达人才进入残联工作体系，一方面调动社会各种力量，全面提升关心残疾人的热情和服务水平，另一方面不断提高残联服务和管理的能力及效率。（残联描述）

CDO 记录：中国残联第六届主席团的统计分析，在 133 名委员中，残障者及残障者亲友占 90 名，比例高达 2/3 之多。各地、各级主席团残障者及其亲友占比之高，也已经成为事实和普遍情况，所处行业分布广泛。但理事会中极其鲜见民间及社会人士。而深圳市残联的本届理事会构成，实现历史性突破，理事名单包括如下但不仅限于此。

→ 以廖艳晖（家长）——深圳市自闭症研究会理事长、深圳市守望心智障碍者家庭关爱协会理事长为代表的自闭症人士家长、老一辈、全国民间家长领袖；

→ 以郑卫宁（肢残）——残友集团创始人等为代表的企业家、老一辈、民间残障领袖；

→ 以曹军——深圳市智家喜憨儿成长关爱中心创办人为代表的中年家长领袖；

→ 以辛均辉（肢残）——维德法律服务中心律师为代表的法律界残障青年领袖；

→ 以陈维伟——草根天使会创会会长为代表的投资界；

→ 以黄建行——元平特殊教育学校校长为代表的特教界；

→ 以王玉龙——深圳市第二人民医院康复医学科主任、教授为代表的康复界；

→ 以周林刚——深圳大学管理学院公共管理系副主任、教授为代表的学术界，已被聘为深圳市残联兼职副理事长。

变化三：治理体系建立议事规则

CDO 观察：健全残疾人工作治理体系，出台《深圳市残疾人联合会主席团议事规则》《深圳市残疾人联合会理事会工作规则》《深圳市残联理事长办公会议议事规则》等议事决策机制，进而适应新形势下市残联主席团和理事会的制度化、规范化和程序化建设需要，使残联“工作重点强基层、工作成果全覆盖”，更接地气，充分和及时地把市委和市政府的关怀普遍送达残疾人心里。（残联描述）

CDO 记录：议事规则作为一项规则和规定，在中国常见于上市公司、大型企业的董事会及党委会、公益基金会的理事会、业主委员会等。在公益领域知晓度最高的是“罗伯特议事规则”。当下，政府部门开会肯定也有规则，但冠以“议事规则”四个字的规定，的确不多见。

CDO 观察和记录完毕，以下为思考！

CDO 思考：我们的确没有预料到“幸福”来得那么快！当 2016 年的趋势猜想刚刚完成，深圳市残联就在 2017 年初，在没有任何征兆之下，带给中国残障领域如此之大的改革和惊喜。相信，其他各省份残联也一定会被如此有魄力的改革“电”到。同时，被“击”到的还有中国民间残障领域蠢蠢欲动的各路豪杰。

这一事件对 2017 年、2018 年各地各级残联的换届选举，以及中国残联第七届主席团的改革具有怎样的影响，不得而知，更无法妄加评断，唯有持续观察和记录。如果有思考结果，且期待和查看《中国残障观察报告》。

最后补充一点观察和记录，以平衡一下上述多来自深圳市残联的信息。自 1 月之后，“深圳市残联理事”这样一个鲜有人拥有的社会职务，在公开场合已被较少使用，特别是那些民间残障领袖和家长领袖。也许面对突然的“幸福”，大家还没准备好，还在观望，或许有什么顾虑或者限制。不再推测原因，只是一个现象，但毕竟相比五年一届的理事会，一切都刚刚开始。CDO 继续观察和记录！

残废——从一首歌名引发的无名与正名的思考

文 / 解岩

你听过吴克群的专辑《将军令》里面的一首歌——《残废》吗？面对这个名字，我一直很好奇，中国残障权利的倡导者为什么会漏掉这首歌，难道是因为发行于 2006 年，时间太久，歌曲太老了？还是因为那时候中国还没批准加入联合国《残疾人权利公约》，叫也就叫啦？也许还有其他原因。其实很早听完，除了名字以外，仅就歌曲的内容，我也说不出什么。

歌者吴克群是为了帮朋友忘记他的前女友而写的这首歌，只是想表达出在爱情里最痛苦的就是对方明明在你面前，你们的想法却是两条并行线，你无法了解对方在想什么，他走得太快，而你就像变成残废，再怎么追也追不上对方的脚步，永远不会有交集的感觉，那是一种失去希望的深层无力感，分手时想要挽回却什么都不能做，比愤怒、悲伤还要令人绝望。歌曲和歌词想表达的，仅此而已。再看歌曲 MV 表现残废痛苦的那个桥段，也仅是歌者在梦境里被绳子绑住，在车子后面被高速拖着走，在雨中大声呐喊。

反复听过多次，从最开始的诧异，怎么会有这样的歌名，居然还发行出来，到慢慢地进入这首歌的情境，我从不理解，但谈不上愤怒的心情，转变为平静和对爱情的憧憬与回忆，之后也就逐渐淡忘了。为什么我同大多数残障权利运动的倡导者一样，此时面对“残废”一词，就是气愤不起来呢？

“残废”一词，虽然在当下中国社会还是会有人直接引用，但的确在逐渐减少，学术界和残障权利运动的倡导者更是将其彻底否定，被定义为直接歧视，这点已经成为共识。然而倒退回 1981 年，中国邮政发行的题为《国际残废人年》的 J72 纪念邮票一枚，“残废”一词被正确使用并印刷。但是很快，1984 年中国残疾人福利基金会成立，“残废”一词不见了，改为了沿用至今的“残疾”，但最初 3 年间筹备的时候，也出过印有“残废”字样的信封。我曾经亲眼见过，可惜那时没有智能手机，无法及时拍照记录，深感遗憾。

直到最近一次，在一个聚集了中国残障领域研究者的微信群里，引发的关于“残疾人”“健全人”“正常人”“非残疾人”等名字以及与之延伸出来的问题大讨论。本来以我这样争强好弱的性格加入论辩在所难免，但我出奇地安静，第一时间想到了《残废》这首歌，依然是愤怒不起来！我究竟是怎么了？

你姓什么？叫什么名字？每个人都有自己的名字，名字只是单一个人的代表符号，代表某一个人存在的事实。所谓无名的恐惧，是各种恐惧之最，如同《爱丽丝梦游仙境》里的树林，之所以是个恐怖国度，是因为在那里每个人都没有名字。这种无名的恐惧，于我而言最初出现在我生病时，在医院里除了抽血、输液，护士反复叫我的名字以便确认以外，其他大部分时间里，床号代替了我的名字。以至于 2006 年前，我在北京一家做视障服务的组织当志愿者的时候，总是被指名为“骨癌患者”，那时候再次经历无名的恐惧，唯有逃离和反抗！

名字的确是最简单、最实在、最明显也是最有魔力的。但所有简单的事物，它也是最复杂的。追究名字的意义，可以追溯到思想最初的形成、语言的肇端、知识最初的拥有，以及再往前，推到所有至今仍然未解的谜题。名字，既是基于个人的、基于族群或者社群的，也是基于国家的。个人和国家都很好理解，个人不能无名，国家领土的纷争大多以命名为焦点。唯有族群或者社群的名字，以及与之相关的无名和正名，却是一部漫长的、无休止的纪实片。此刻，我也终于觉悟到本文要谈的，不是“残废”“残疾”“非残疾人”等之类的具体名称所指，而是关于无名与正名，难怪自己怎么会对《残废》一歌有了“免疫”。

回看历史，在我有限的认知里，对族群或者社群名字的意义给出这样的总结：我们不是在无名的路，就是在正名的路上。

所谓无名不是绝对没有名字，哪怕一个字母或代号都可以作为名字，而是名字是谁来定义的，其目的是什么。

美国黑人运动的历史，当黑人被贩卖到美洲沦为奴隶之后，白人意识到要使黑人接受被奴役的地位，必须让他们重新认识自己的身份，而给奴隶重新命名是体现主人的权威和令奴隶认清现实的一个重要手段。那时的黑人不是无名，只是被白人用另一个名字隔断了其历史和传统，迫使他们忘记自己的家族和文化，失去做人的尊严。命名成为奴役的手段！

而在印度，当甘地成立国大党的时候，把贱民吸收进来，重新给他们取了一个名字“哈利珍”，意为“神的孩子”。据说，取这个名字，甘地别具苦心，目的是让贱民获得新的尊严，告诉印度教种姓教徒，应该接纳这些人成为信徒，至少同意让他们进入寺庙。命名又成为解放的手段！

不再列举更多的例子，举例仅是说明，在社群认同中，名字虽然不是核心部分，但可以引导我们找到核心，引导我们深入核心内部的历史、渊源与感情。而这又走上了正名之路。

无论是谁作为主体赋予族群或者社群一个名字，赋予的目的和诉求为何，正名的过程，是对事实的探寻、思辨、抗争和解放的过程。还是以美国黑人运动为例。

在美国，“黑人”被称作 Negro，colored，black，这三个词的产生和使用，也是美国黑人族群从自我否定到自我接纳，最终走向解放的一个过程。总结起来就是，回避 black，抗争 Negro，迂回 colored，接受 black。

在那个年代，black 这个词所代表的颜色黑，寓意否定、耻辱、愤恨、暴力等，是一个具有侮辱性与攻击性的词，是白人统治的世界加诸黑人身上的最大的压力。黑人社群为了摆脱身体颜色的“黑”及其牵涉其中的更为复杂的感情，首先回避了 black，主动和被动地选择了 Negro 这一与“奴隶”同义的词。黑人族群毫无希望地背负着奴隶的宿命，在这个观念的基础上，再加上 Negro 这个词进一步演变成 nigger（黑鬼）这一白人对黑人污蔑、蔑视与否定集大成的名词，更使 Negro 这个词不受欢迎。抗争 Negro 成为美国黑人民权运动的重要内容。

我是谁？我是做什么的？我在社会中处于什么位置？在白人的世界里抗争 Negro 的过程中，黑人族群开始选择逃避和迂回，colored 一词出现了。这一委婉的说法，其实反映了当时黑人族群对自己身体的一种深刻的矛盾。自我究竟是什么？族群内部也从一致对外开始了自我反思和自我讨论。1966 年左右，美国各大城市的黑人聚居区掀起了一波动乱的高潮，当时对社会造成最大震撼的口号当推“黑人权力”（black power），其意义是在强调“黑即是美”（black is beautiful），其字面与象征的意义，使它成为美国黑人自我接纳的口令，而这正是早期黑人领袖追求了数十年却无法达到的成果。black 又回来了。

经过简单梳理脉络，呈现了正名的过程，其中又充满了无名的困惑与逃避和有名的抗争。这不正是国人所说的名副其实、名实相符吗？回到文章开头的那首歌名和微信群的名称讨论，原来对于歌曲命名“残废”的麻木是对实的找寻和探究，由名称讨论引发的思考，是对实的深入和思辨，这是一次无名和正名的过程。那么，我追求无名和正名的过程，意义就在于以名字的名义解惑，不是为了回答哪个好或坏、对或错，只是为了提出困惑，贡献我对困惑的思辨。

至此，我似乎对荀子所说名家之学有三惑，“以名乱名之惑，以实乱名之惑，以名乱实之惑”，有了更深刻的理解。名字，激发或扰乱残障社群的自我觉醒和身份认同，澄清或混淆残障社群的文化属性和社群归属，促进或阻碍残障社群的行动和改变；或超前于或落后于现实的发展；理念、模式、制度或政策等已然改变，而名字依然经久不变，迷惑和搅乱现实正在发生的转变……

好在中国的残障研究者、残障权利的倡导者已经意识到这些。之前有关于“残疾人”“残障者”“身心障碍者”这三个称谓的讨论，如今又开启了“残疾人”“非残疾人”的讨论。结合荀子的三乱三惑，关于无名和正名的讨论释放出一种积极的信号，是中国残障权利运动开启的信号，是社会文明进步的信号，更是残障社群走向解放的信号！

在本文收笔之前，我还是禁不住要对上一段的两个讨论做一点回应。第一个讨论，论述已经收录在《中国残障观察报告 2015》中，结论是当下适宜修改为“残障者”。第二个讨论，身份政治是讨论的切入点。用残障的医疗和社会模式，更适合解读“残废”“残疾”“残障”。

综合而言，关于无名和正名的思辨和论证，美国的黑人运动从 black 到 black 的过程，我们得到的启示和借鉴最为重要的一点就是残障社群持续的自我推动，这是本文的主旨，也是我作为残障自助组织 DPO 的领导者所需要做出的贡献！我们再一次在无名和正名的过程中听到了黑人的声音，无数次听到了黑人的声音，那么在残障领域里，再一次无名和正名发起和讨论的过程中，我们的残障社群，他们的身影在哪里，他们的身影是不是越来越清晰、越来越重要，尚留待观察和思考。

停住思考的脚步，我不再延展对具体问题的思考，以后再议。这些仅仅是我当下思想的进程和记录。欢迎诸位批驳，促进我进一步歌唱！

一残穷三代——从《成都小区里的阶级斗争》一文谈起

文 / 解岩

CDO 观察

当底层互掐的讨论意犹未尽的时候，一篇题为《成都小区里的阶级斗争》的文章又引发了中产阶级内部的踩踏事件。

2012 年的广州杨箕村改造拆迁，原本最大的受益者村民，却因部分“钉子户”拒拆，导致新村无法开建，无法搬进容积率高达 6.18 的高楼里，已同意拆迁的大多数人不忍回迁的煎熬，数度联名抗议仅存的 8 家“钉子户”，标语、横幅齐上。有媒体称之为“逼迁”。这种新出现的现象，被人称为底层互掐或底层互斗。大致的意思为，同样处于弱势群体地位的人，为了某种利益而大打出手，互相攻讦。该现象的极致就是 2013 年“6・7”厦门公交纵火案，厦门一辆公交车在行驶中突然起火，导致 47 人死亡，34 人受伤，8 名学生失踪，犯罪嫌疑人陈水总被当场烧死。2013 年“6・22”持枪杀人案，上海宝山区一化工厂员工因经济纠纷先后杀害同事、社会运营车辆司机、哨兵等 6 人，4 人受伤，并抢劫枪支。

成都小区里的“阶级斗争”，源起于一封在微博上传开的公开信。这是一封写给望江锦园、望江水岸、金润华府业主的公开信，号召这三个小区的业主团结友爱，把锦东庭园、致瑞雅苑两个低收入业主小区踢出对成都师范大学附属小学望江校区的争夺。信中涉及的两个关键词——“中产阶级”和“教育资源”，这两个词任何一个都能让成千上万的人感到焦虑，触动每个人的神经。

紧接着，香港的一部电视纪录片《没有起跑线》火上浇油，记录的是一对中产父母为了让孩子入读“只收 10 名 1 月出生的学童”的好学校，夫妻二人精准计算受孕时间，信誓旦旦地表示要让孩子“赢在射精前”“赢在子宫里”。

CDO 记录

社会上，底层互掐的战火已烧，中产阶级内部踩踏事件又起，再加上一些地区所呈现的“塌方式腐败”，媒体为公众形象地、精准地描绘出一幅现实的、热火朝天的图景。于是，中国残障观察 CDO 赶紧拿出放大镜，仔细找寻其中是否会浮现残障者形象。

首先，我们把残障放在垂直的维度里去观察；然后，我们暂时忽略外部影响因素的干扰；最后，我们提炼出残障者与残障者、残障者家长与残障者家长、残障者与残障者家长，这三对人与人之间的关系作为记录对象。当我们这样去繁从简之后，这幅互掐踩踏图中，残障者及其家长一个都不少，并且愈加争先恐后。

本以为，各地各级残联里的残障从业者会彼此关怀和支持，但实际上彼此少有交集！

本以为，民间活跃的残障领袖们会抱团取暖，但是，文人相轻，武人相斗！

本以为，家长们都是为了孩子，但相互之间一言不合就永不相见！

本以为，老中青不同年龄段的残障者们会长江后浪推前浪，但是，一夫当关，万夫莫开！

本以为，各行各业中涌现的优秀残障者会为社群利益奔走，但是，功成名就后变得熟视无睹！

在这些“本以为”的背后是一连串的提问，在这三对人与人之间的关系中，互掐和踩踏是公认的现象，还是微妙的发展？是相互踩踏，还是其中强势的踩弱势的？踩踏是刻意的，还是无意识的？是主体造成的，还是环境影响的？残障人及其家长都是受害者，还是一方是受害者？……

问题接踵而至，“本以为”的不是现实，现实的不是以为就可以一笔带过的，还有一些“本以为”正在酝酿和萌发，这次就先记录于此。

CDO 思考

我们知道，在残障社群里谈“阶级”是一件很冒险的事情，更是一件费力不讨好的事情。我们试图回避，但回避只是一厢情愿，甚至是逃避。在残障社群里谈互掐、互斗和踩踏，更是一件极其凶险的事情。残障者的光辉励志形象，从神坛上走下来，回归社会现实。即使不是现在，迟早会回复正常。如今，借成都小区里的“阶级斗争”，我们也自我斗争和反省。每一名努力的残障者都试图通过自身的努力去改变现状、突破现状。同大多数人一样，努力地在跑步机上奔跑但始终原地不动。

那么，既然我们选择开启这个充满冒险和凶险的话题，我们就更应该找到一个语不惊人死不休的口号。“残障是人性的尺度”，那是中国残障观察 CDO 的口号。此刻，突然就有了题目中的“一残穷三代”之说，并以此文记录下来，唯恐日后错过和遗忘。

“一残穷三代”，何出此言？当下，不做进一步的论证，暂且停留于此，或者让“一残穷三代”飞一会儿。未来，定会在《中国残障观察报告》中与诸位详细解读。更期待诸位与本文相遇后，书写下你的理解，和大家分享！

古有，“富过三代”；今有，“一残穷三代”！好记，有趣！

延庆二中事件给融合教育开了一个“过粪”的玩笑

文 / 蔡聪

2017 年 6 月 24 日 23 点左右，网上传出一段残障学生受辱视频，一名学生在厕所被人逼着捡、食粪便。事发后，该校对 7 名涉事学生中的 2 人给予留校察看处分、4 人给予记过处分、1 人给予严重警告处分，对实施欺凌行为的学生的家长进行警示谈话，要求他们切实履行对孩子的监护和管理责任。警方在官方通报中称：涉案 7 名学生中，5 人被给予行政拘留并罚款处罚，因属于已满 14 周岁不满 16 周岁，依法不执行行政拘留处罚；2 人因不满 14 周岁依法不予处罚，责令其监护人严加管教。

处理结果公布后，引起了社会公众的强烈反响。许多人认为法律应当严惩几名实施欺凌行为的学生，认为目前的法律规定和执法实践不够分量，并不利于打击校园欺凌现象。

对生命的打击，对人生的伤害

我在初中时也有过类似的经历。因为我基本上看不见，所以常有同学从后面上来打我一下，然后几步跳开，我却不知道打我的是谁。当我回过头去，马上又会挨一下，并且他们总是打我的头。如此反复，我只能愤恨自己的无用，拼命地砸墙。

有人会拿走我的作业本，当着我的面往教室里随便一扔，幸灾乐祸地看着愤怒的我花很长的时间把它们摸回来。我追不上他们，只能失控地疯狂挥舞自己的书包。

遭遇到那些事情的我，曾经特别恨自己，恨自己为什么看不见。但我受到的教育是要坚强，要勇敢，而且绝不能当一个告密者。所以，学习成绩特别好的我，先是学会了面对这种欺负，用没有反应来应对，然后再利用学习成绩好、受老师喜欢的优势，为他们谋取好处，跟他们打成一片，甚至加入了欺凌者的行列。

我不知道如果我不是个视障孩子，会不会因为个子矮或者其他原因被欺凌。我深深地记得我在被欺凌时那种心中的痛恨，如果能看见，我可能会当场做出更过激的行为。但能够鼓起勇气的毕竟是少数，大多时候，被欺负的我们会将欺凌转化成对自己无能的痛恨，可能会出现更严重的心理障碍。

不论是哪种，都因为无助，有可能让我们对这个世界不再怀有善良和爱。

我在某次培训中结识了一位被培训者，他在上高中的时候被周围的人取了一个绰号，嘲笑他的声音和长相都像恐龙一样。他多方求助无果，还被认为是心理很脆弱，最终精神分裂，被迫休学接受治疗。尽管他后来得到康复，但留下了一个症状，喜欢用积极的方式来拆解见到的每个人的名字。比如你叫雷龙，是因为你有龙马精神从而获得雷鸣般的掌声，我叫蔡聪是因为我要像蔡元培一样聪明能干。其他参与者觉得他很烦，甚至在培训中发生了排挤他的行为。这让我觉得我所谓的平等意识的培训非常失败，回想起自己当年的遭遇和所作所为，内心很悲哀。

这两年，因为极端事件频频被报道出来，公众逐渐认识到校园欺凌的严重性，但可能仍然停留在孩子的健康成长上，却没有上升到侵犯儿童的人格尊严的层面，它是一种生命层面的打击与伤害。这些打击与伤害，不只来源于欺凌者，还来自这个世界对被欺凌者的漠视，甚至责怪。

不管欺凌是否造成了严重的伤害与影响，首先有这一基本认识，是我们尝试解决这一问题的基础，也是我国签署并批准的《儿童权利公约》的要求。

处置校园欺凌问题亟待落实法律责任

针对校园欺凌事件，从民事责任角度来看，各方都有可能承担相应的法律责任。

从监护人的角度来看，实施校园欺凌行为的行为人是未成年人，其责任人是无民事行为能力人或者限制民事行为能力人的监护人。《侵权责任法》第三十二条规定："无民事行为能力人、限制民事行为能力人造成他人损害的，由监护人承担侵权责任。监护人尽到监护责任的，可以减轻其侵权责任。"依据本条，不论监护人是否尽到了监护责任，都不能免除监护人的责任。所以我们看到这次事件目前的处理方式，尚在法律要求的范围内进行。

从学校的角度来看，如果学校没有尽到管理职责，存在管理过错，导致发生了校园欺凌事件，那么学校应当承担相应的补充责任。《侵权责任法》第四十条第二款规定："幼儿园、学校或者其他教育机构未尽到管理职责的，承担相应的补充责任。"当然，学校承担责任的前提是未尽管理职责，考察其是否尽到管理职责应当具体分析。例如，学校是否有有效的报告机制，是否在发现问题的第一时间采取措施进行处理等。如果学校在这些方面存在漏洞，则应当承担相应的补充责任。后续发展如何，我们必须要关注。

被欺凌者现在和未来的状况，我们还无从得知。

这些处理也只是针对已经发生的事情。从社会工作的角度来看，欺凌事件的发生，其原因都不能简单归咎于欺凌孩童或被欺凌孩童，还要看到这里面的家庭环境、学校教育和社会文化的问题。比如，我觉得在奉行弱肉强食的社会中，拥有各类社会资本者理所当然地对他人的欺凌与压迫给孩童带来了巨大影响，根本无法用一句“不可以欺负别人”消弭，它让欺凌者与被欺凌者只会“恨爹不成刚”“恨妈太穷酸”……

综合起来，就是我们生命教育的缺失。

刑罚并非解决校园欺凌问题的根本大法

在一系列校园欺凌问题被曝光后，公众普遍认为应当降低刑事责任年龄，将校园欺凌行为纳入刑事处罚的范围内。的确，这样做能够最直接地让欺凌行为的实施者承担责任，也能够最迅速地满足公众对“正义感”的需求。然而，我觉得持这般主张的人，应当先回答以下几个问题。

第一，降低刑事责任年龄，认定校园欺凌行为为犯罪，是否能够真正解决校园欺凌问题？或者说，是否能够促进校园欺凌问题的减少？还是说只是为了满足公众表面上的满足感，而非从根本上反思并解决问题？

第二，校园欺凌的实施者也是未成年人，使之锒铛入狱，从此被贴上标签，是否能够真正帮助其健康成长？

第三，将刑事手段提升到如此优先的位置上，是否能够真正实现刑法在社会中所追求的价值？还是说，在以暴制暴的循环中我们已经投降，注定只能走向严刑峻法的社会?

在我看来，提出降低刑事责任年龄的建议容易，但回答上述三个问题很难。

法律应当给人们温暖的机会，而不是漫长的伤痛。法律在维护我们这个社会的底线，但我们更需要教育来不断提升我们这个社会的上线。

校园里最缺失的是生命教育

在我的学生生涯里，因为视力障碍，身体上处于弱势，我曾被欺凌。但因为我学习成绩好，拥有社会资本和智力资本，我也曾扮演过欺凌者的角色。我参与嘲笑家里贫困的同学，围观对有过偷东西行为的同学的习惯性殴打，给打扮时髦的女同学编排不堪入耳的流言。

曾经，我以为这些事情不管是欺凌还是被欺凌，都是理所当然。尽管老师会给我们一些不许欺凌的批评，但我们只是表面慑服于老师手中的权柄。我们在从小生活的环境中获得的教育是：好好读书才能扬眉吐气，只有那样，我们才不会被人欺负。最可怕的是，我们的环境，尤其是教育，对这种欺负与压迫的默许，甚至是崇拜。

我们唯分数论，分数代表你这个人的全部。譬如上学时，我成绩好，德智体美劳全面发展，但事实上我这样的视力是不用上体育课、做劳动的。认真衡量，我的品德还有不少问题，不然我也不会去欺凌同学。

我们唯分数论，学生的分数代表老师的水平，所以能教出高分学生的老师就是好老师。有些老师思考的问题是如何提高学生的分数，如何提高班级的整体成绩，为此可以不顾班上的欺凌，有的甚至会主动发动学生孤立成绩不好的学生，逼退心智障碍的学生。这样的事情发生后，大部分人的理解也只是老师是为了学生好。

我们唯分数论，分数是家长的一切。如果我成绩好，家长就有面子，充满希望，期末考试考第一，我们就去迪士尼。如果成绩不好，我的人生就在家长的暴怒与哀叹中，被贴上失败的标签，被人欺负也是活该的吧。

在我们的教育里面，应该告诉孩子人人生而平等，我们不想被别人嘲笑、欺凌，我们也不可以嘲笑和欺凌他人。在我们的教育里面，应该鼓励孩子人人生而不凡，我就是最好的。我们那么努力，只是为了成就最好的自己。

在我们的教育里面，应该引导孩子去理解生命的价值，不断体验生命的美好，尊重自我、尊重他人。在我们的教育里面，应该给孩子机会感受生命的独特、多样与不同。

我们的社会把教育寄托于校园。那么：

这里是校园，校园里有的，应该是一个个鲜活的生命！

这里是校园，校园里有的，不该是拿着剪刀挑挑拣拣的控制者，应该是用生命影响生命的园丁！

这里是校园，校园里需要的是生命的教育！

进与退，就在一念之间

事情经过网络闹得沸沸扬扬，如何保护受到伤害的残障孩子，及时跟进并给予更多的支持十分重要。同时，如何谨慎处理实施欺凌的孩子，考虑到他们成长的连续性，及时跟进支持，而不是简单化、粗暴化处理，同样重要。

我一直认为，从未成年迈向成年的过程，就是学习并练习理性地选择，为自己的选择负责的过程，而不是简单地觉得自己终于可以决定自己的事了。

对他人实施欺凌的孩子，必然要受到惩罚。如同负责是为了让我们总结经验，更好地做出选择，惩罚不是目的。长久来看，在更为严重的后果发生前，让孩子学会尊重生命、热爱生命，才是我们的目标。

我们认为教育做得非常好的德国，对校园里出现的欺凌态度鲜明，其重视程度远远超过包括美国在内的不少西方国家。在对两次记过后仍不思悔改的欺凌者，校方有权把他送到“不良少年管教部门”进行强制管教。但德国特别重视从根源上寻找解决之道，幼儿园和小学一开始就对孩子进行“善良教育”。“善良教育”是德国儿童接受人生启蒙的第一课，爱护小动物是其中很重要的一环。这种以亲自动手喂养小动物为载体的“善良教育”，已经成为德国教育体系的有机组成部分。对孩子进行“善良教育”的另一项活动，就是遇到身边需要帮助的人，要尽力相帮，培养他们做人的基本公德。

我国目前以残障为切入点，开始大力推行的融合教育，正是长远地实现这一目标的必由之路。

在我们的主流教育中，因为残障孩子的加入，每个孩子有机会看到生命的多样，逐渐学会尊重他人，有机会练习帮助支持他人收获一个更好的自我。因为残障孩子的加入，我们的教育评价体系，有机会从唯分数论到不再把孩子按某种标准区分出三六九等，不再让所有的孩子去适合一个标准，而是让我们的课程更加多样，去适应每个孩子的潜能。因为残障孩子的加入，我们的老师有可能不再是生产线上的训练者，而是真正实践人类灵魂的工程师。

但前提是，我们从中意识到了我们的教育观念存在问题。

这次事件中被欺凌的学生是一个残障者，为此，中国肢残人协会还专门发声明，表示震惊与痛心。当我提出这样的观点时，可能会有人质疑，我所说的那些好处没有看到，残障的孩子却在被欺负。

这样的事情不是头一次发生，2015 年广州的一名智障男孩在普通学校被同学棒打、用烟头插鼻孔的事件也引起过社会广泛关注，而所谓的心理专家给出的意见是，这样的孩子应该去特殊学校。我在撰写的《从智障学生被欺凌的媒体报道中看大众对残障的弥思》一文中谈过这个问题。我们只是简单地将残障孩子放到这个仍旧刻板而僵硬的体制之中，并没有意识到我们应该扭转自身的观念，因此在出现问题的时候，将问题简单地归咎于个体的残障。这跟我们简单化地处理校园欺凌事件，将之只聚焦于孩子是同样的问题。

所以，我在写这篇文章的时候，不想谈残障，因为这不是残障引发的问题，它只是社会问题在残障身上的放大。但我不得不又谈起残障，因为如果不指出来，可能以保护之名行隔离之实的声音会再度冒出，让我们的教育面临倒退。

一次超出人性承受范围的欺凌，结果是将孩子们隔离开来，失去成长的空间，还是一段时间之后，不了了之？或者，因此产生了教育的反思，完善了相应机制？我们还无从得知。

我们这些成年人，我们这些决定者，进与退，就在一念之间。

延庆二中事件对中国融合教育发展的三大影响

文 / 解岩

CDO 观察

2017 年 6 月 24 日晚，在网友曝光的一个 1 分 30 余秒的视频中，北京市延庆二中一名身穿校服的学生被逼站在厕所的蹲坑旁，用手抓起了坑内的粪便，尽管他对镜头外的人说“饶了我吧”，但对方还是要求他舔手指。受尽侮辱，细节让人作呕。同时，拍摄者不时飙出脏话，并手持棍棒敲打受害者。即使受害学生带着哭腔求饶，仍继续辱骂脏话并敲打。

后经延庆警方调查证实，该学生受辱视频内容属实，发生于 22 日上午课间，此前被害人还曾遭到钱财损失累计 100 余元和伤害身体等欺凌。警方通报：7 名涉案学生构成寻衅滋事违法行为，其中 5 人被行政拘留并处罚款处罚，但因属已满 14 周岁不满 16 周岁，依法不执行行政拘留处罚，2 人因不满 14 周岁不予处罚。此后，延庆区教委通过官方微信也发布了关于延庆二中校园欺凌事件的处理通报。延庆二中对 7 名涉事学生中的 2 人给予留校察看处分、4 人给予记过处分、1 人给予严重警告处分。

CDO 记录

又是一起校园欺凌事件，在公众普遍表示强烈愤慨的同时，事件中蕴藏的一个事实被有意或无意地掩盖和忽视，即这名受辱少年，是一名残障学生。就这一事实，当媒体问及教委、校方、警方时，都没有给予正面答复，网络上的相关文章也无法查看。

CDO 发现 6 月 26 日下午中国肢残人协会发布的一则声明，明确几点：第一，这名学生为残障学生；第二，对此事件表示震惊和痛心；第三，期望能够查明事实真相，妥善处理好此次事件，切实维护残障学生的合法权益。

手法和情节如此恶劣且针对残障学生的厕所受辱事件，CDO 不愿意去联想奴隶制五刑中的墨刑（在罪人面上或额头上刺字，再染上墨，作为受刑人的标志，是刻人肌肤的身体刑，也是使人蒙受耻辱的耻辱刑）。只是当吃屎、棍棒、辱骂、残疾、少年这几个关键词组成的事件发生在当下，我们一时无语，不知道该怎样形容和解读。于是，CDO 以相当愤怒的心情做此记录。

CDO 思考

校园欺凌对受欺凌者和欺凌者未来的影响，国内和国外的大量研究证明是极其严重和深远的。国内的校园欺凌情况已经严重到一定程度。2016 年 11 月，教育部、最高法、最高检等九部门下发《防治中小学生欺凌和暴力的指导意见》，随后国务院亦展开了校园欺凌专项治理，反校园欺凌暴力事件已经上升为国家议程。

当本次校园欺凌事件发生在残障学生身上，其对于中国残障社群和中国残障领域的发展，甚至是改变中国残障事业的进程都起到了深远和深刻的影响。就本次基于残障的校园欺凌事件，或者说基于少数族群的校园欺凌，CDO 进一步预测未来的三大影响！

影响一：本次事件将使中国融合教育的发展发生倒退

把孩子放在融合教育的环境下，会不会受到歧视，会不会受到欺负？如果受到欺负该怎么办？向谁投诉或请求支援？残障学生在学校和班级里的学业情况，是否会影响其他学生，是否能得到其他学生家长的理解？残障儿童家长能不能承受来自其他学生家长的压力甚至指责？能不能获得校方的支持？以上一系列疑惑和困惑，最终归结为一个抉择，即是把孩子放在融合教育的环境，还是回归到特殊教育学校？

这个事件给主张特殊教育的家长、学校、政策决策者一个证据和理由。看！现实就是现实，一名肢体障碍的学生都会受到这样的欺凌和侮辱，我们智障的、自闭症的孩子再去融合，这不就等着被欺负吗？反之，主张融合教育的家长同样会因为这个事件而担忧，毕竟这个事件是被曝光的，未被曝光的基于残障的校园欺凌，有的被调解解决，这一点诸位都不会否认！另外，本次事件中教委、校方对于该名学生是否为残障不予正面回应，这本身就给正在和准备进入融合教育的家长泼了一大盆冷水。

影响二：本次事件将倒逼中国教育体制改革

中国融合教育专家许家成教授为融合教育四处奔走呐喊的时候，曾经提出一个非常震撼和大胆的预测：中国融合教育将倒逼中国教育体制改革。他的理由是，在党和国家、政府以及国际社会推进融合教育进程的时候，传统教育体制遇到我们这么多各种残障类别的孩子进入普通学校，必然对其教育理念、课程设置、教学方式等多方面的教育系统进行应对和变革！

本次事件，我们不相信教委就该名残障学生事前没有备案，我们不相信校方不清楚这名残障学生的存在，我们不相信残障学生所在班级的班主任、学生和家长不知道发生在残障学生身上的一些事前的种种迹象。我们无意于谴责哪一方不作声，我们也深知融合教育的学校、老师及学生所做的努力。我们提出这个系统性失语现状，目的就是把扔给一名普通教师、一个普通班级学生及家长的重担，改为教委、校方共同承担职责。上压下，一级压一级，责任最终落在班级教师、学生和家长身上，这样的融合教育怎么能做好！不仅做不好，更加坑人！

基于残障的校园欺凌，基于少数族群的校园欺凌（白人欺负黑人、富裕人家欺负穷人等），以国外的经验看，是反校园欺凌的重中之重。校园欺凌 + 残障学生 + 融合教育，三者合一，既是国家议程、国家战略，甚至是国家形象，必将在相互的促进中改变当今的教育理念和体系，逐步实现许教授的预测。

影响三：本次事件将迫使国家层面重新定义校园欺凌

何为校园欺凌？如何定义欺凌？欺凌行为与违法的界限和处罚如何？基于残障的视角，又如何解读欺凌？请问过往发生的自闭症学生被全班的学生家长联名劝退，算不算欺凌？学校不接受残障儿童上学，算不算欺凌？是不是对残障儿童只有打、语言暴力、冷暴力等才算欺凌？

在法律层面没有清晰的定义和罚则，校园欺凌，基于残障社群，融合的越多，发生的欺凌也会越多。一旦那些灾难发生，使本来已经受到残障影响的家庭，再增加更多无奈和无助，灾难会演变为更大的愤怒！依法治国，在没有反歧视立法之前，请在我们祖国未来的花朵所在的校园，无论融合与特殊，明确定义校园欺凌！

以上三个预测，不是 CDO 的危言耸听，是 CDO 所期待的改变。这些变化不仅是对残障社群，更是对全社会和国家最珍贵、最现实的贡献！借此机会，CDO 感谢那位“吃屎”少年，谢谢你让我们每个人都吃了一次“屎”；CDO 感谢那位视频录制者，无论录制时是出于何种心态，你都真实记录了全过程；CDO 感谢那位曝光的网友，没有你的发布，我们还以为自己躺在幸福的蜜罐里吃蜜！

“残障是人性的尺度”，CDO 每一次观察、记录和思考的时候，都对这句话反复地体味着。这一残障学生厕所受辱事件，于每一位读者，即便不谈同理心，我们坚信一定会深深地印刻在您的心里。那么好，我们随时提取这个事件，以提示和激励我们每个人敬畏人性！

道出人生实苦的华，你还欠我们一个相信

文 / 蔡聪

甘肃残障考生魏祥与清华大学招生办公室之间的互动迅速刷屏，一句“人生实苦，请你足够相信”引得众人纷纷垂泪，回想各自的人生，哪有不苦。可能普通人一句请你足够相信，无足轻重，但从国之重器的清华传来的鼓舞，莫名地就让我们感受到温暖和力量，仰脖干下这碗鸡汤。但是喝完咂咂嘴，这碗鸡汤却没有什么后劲。因为从中我没太明白，清华到底想让魏祥足够相信什么？

相信天无绝人之路，相信天道酬勤，相信人性的温暖与光辉，相信一个大学的情怀……

这些，确实应该相信。

其实也不必清华来说，因为魏祥与母亲在风雨中携手同行，走到现在，正是因为他们心存相信。

一如当年的我。因为离家太远，早自习太早，晚自习太晚，所以父母在学校旁边租了一间房，陪视力障碍的我，度过了高中三年。因为视力再一次下降，没法看清课本和试卷，老师和同学帮我读课本，读作业，读课外书，读试卷，一读也是高中三年。

越过千山万水，我一直心存相信。当老师告诉我，申请人工读题参加高考的请求被拒时，我不知道应该再相信什么，因为我一瞬间不再相信

自己。

因此当我看到魏祥的这封请求信时，我从字里行间再次读到了我当年的那种卑微与迟疑。我知道，在写出这封信之前的人生，肯定有许多人帮助过魏祥，他也必定遭遇过不少拒绝，坐着轮椅对太多事情望洋兴叹。所以，他会担心自己已经二十分努力，但仍有可能没办法和其他同学一起走进心仪的大学校园。

但我知道，魏祥对这个世界是充满相信的，所以他才鼓起勇气写出了这封信。因为那些不肯相信的，如我，便早早地选择了放弃。

好在清华大学保护了一位残障学生对这个世界温暖的相信，而不是如同头些年，残障学生收到学校拒绝，或者入校后强行退学。不仅如此，清华还迅速发起了众筹，要将清华人的这种相信，薪火相传。

如果这是一所普通的大学，而不是清华，我会非常感动。但因为是清华，是我国的顶级学府，是大家口中的国之重器，那我觉得，清华还欠我们一个相信，那就是相信在情怀之上，这个世界是有制度的，有规矩的。

清华在回信中提到，清华大学多有与魏祥同样经历的学子。在网络上我们也看到，已经在清华攻读研究生的矣晓沅，自幼患上类风湿性关节炎致残，也是在母亲的陪伴下完成了清华的四年本科学习，而且还拿到了清华学霸才能拿到的特等奖学金！

显然，清华在平等招录残障学生方面确实做出了表率。可为什么魏祥还要用这样一种请求的方式来捍卫他本应该拥有的人生呢？

因为魏祥虽然心存相信，却仍然不放心。因为人性与情怀之上，魏祥并没有看到这个世界的规矩与制度、尊重与保障。

2013 年我有幸采访了哈佛大学法学院的视力与听力双重障碍的学生 Harben，也在 2015 年前往波士顿访问哈佛大学。所以，我有幸或者认识，或者知道了，在哈佛有坐轮椅的教授，有靠学校配备的耳语翻译和蓝牙点显器学习并独立生活的聋盲女孩，拄着盲杖课间溜溜达达去买咖啡的伊朗盲人留学生，还有来自中国、坐着电动轮椅的重度脑性麻痹学子。他们都在那里自由地学习和生活，轻松而惬意。

Harben 告诉我，在哈佛，学校有一个残障学生办公室，不管是谁，不管你是什么残障，也不管你来自哪里，只要你想读哈佛，条件也符合，填写了相关申请，就可以获得学校对你的各种支持。她上课时用的耳语翻译和蓝牙点显器，都是学校配备的。但这并非只是哈佛的专利，而是每所大学都会做到的事情。哈佛不会以残障为理由拒绝录取一个学生，同样也不会因为同情就随便录取一个残障学生。如果你能够在入学申请里论证你的独特能够为哈佛做出文化多元的贡献，那么它有可能成为你的一种优势。所以，当她跟哈佛说，你们会不会觉得哈佛培养出历史上第一个聋盲律师是一件很酷的事情时，哈佛向她伸出了橄榄枝。

就像我当初问她，为什么她的父母没把她丢掉一样，我又问出了一个让她觉得莫名其妙的问题：如果学校以残障为由，觉得你很不方便，拒绝你怎么办？她再次被我问懵了。“怎么可能，这是我们的法律要求的。何况，就算没有法律要求，他们也不会，因为他们不想被其他学校耻笑。”

在访问哈佛期间，对我来说亦师亦友的崔凤鸣博士也是一位肢体障碍者。她告诉我，作为常青藤，哈佛这样的老校校舍最初无障碍特别不好，也不太容易改造。但是在 20 世纪 80 年代招录了轮椅学生之后，哈佛意识到这个问题，并决心让校园的环境彻底无障碍。最终，整个哈佛的地下被打通，轮椅学生可以自由地从一栋楼去往另一栋楼，然后从地下直接坐电梯，去往任何一个想去的地方。不会被老楼前面的台阶所困扰，只能在一楼的陋室居住和学习；也不会因为无障碍改造，而将这些老楼的历史意义破坏掉。

恰巧我访问波士顿时碰上了暴风雪，我们还借助通畅的地下通道，从法学院的办公楼到了食堂，体验了一下，人人都需要无障碍。

回头再看魏祥写的这封请求信，以及并非首次招录残障学生的清华，我们感动之余，是否能让这个世界的相信，再多上一分呢？

如果清华也能有残障学生办公室，会不会魏祥就不必写这样一封请求信。因为他知道，学校会为他配备支持他完成学业的所需。譬如无障碍的环境，譬如个人生活助理。纵然贫困，我相信以他的努力，拿到奖学金、助学金是分分钟的事，而不是付出尊严。

如果清华在招录残障学生之后，不是仅发动捐助，展现情怀，而是发布计划，改造学校的无障碍环境，完善招生制度，告诉那些足够优秀的残障学生，你们请放心，因为这里是清华。那么，魏祥也不必写这样的请求信，而他也会看到，妈妈能够有自己的生活。

而下一个足够优秀或者不那么优秀的轮椅学生，下一个想上清华或者想上二本大学的盲人学生，他们也不必发出这样的请求，将本应该有的人生寄希望于学校的“情怀”了吧。

武汉大学法律援助中心项焱主任在访问哈佛，见到哈佛对残障学生的制度化支持后，回想自己曾参与的招生工作和学校的校园建设，写了一篇文章——《我在哈佛见到的残障人，为什么我们没有一流大学》，可能是清华和我们的其他大学，欠魏祥，欠残障学生，乃至欠我们这些对他们寄予厚望的人一个相信的最好诠释了吧。

但，我们对清华，对中国的大学，仍然会充满足够的相信！

跪着求人和站着讲理的两种选择

文 / 解岩

每年的开学季，注定是不寻常的日子。媒体大多聚焦于类似家长送孩子上大学住体育馆的新闻。但是在 2017 年的开学季，不小心被残障代替，并且比以前来得更早。从录取阶段甘肃残障考生魏祥（肢残）与清华大学招生办公室之间的互动迅速刷屏，一句“人生实苦，请你足够相信”引得众人纷纷垂泪，到入学阶段视障新生王宠遇住宿难题及后续所引发的道德与权利争议。这一季的开学，“残障”毫无准备地窜入社会公众的视野，肆无忌惮地挑拨着公众的心弦。

回想这两个事件，每一件都是中国残障领域在教育方面的重大突破和成绩的写实。但是把这两件事放在一起观察和分析，一种五味杂陈的情绪瞬间涌上心头，久久不能平复。我承认，两个事件所揭示的现实深深地刺痛了我，刺痛的也是多年以来堆积在内心深处假装视而不见的“惑”！

一边的魏祥，主动写信给清华大学，信和回信，字里行间充满了温情和感动，不出意外地被录取，不出意外地在入学报到时被媒体跟踪，更不出意外地被清华大学校长接见。一边的王宠，同样的高分，同样的入学报到，媒体的报道却从曝光东北师大提供校外宿舍开始。

一边的魏祥母亲，当经过媒体报道后，上了央视，感恩和感谢帮助过她们母子二人的人，表达出母子二人的自强不息，只是恳请媒体还给她们平常的生活，一位平凡而伟大的母亲形象，跃然纸上。一边的王宠父亲，要助视器、盲杖，还要导盲犬，对学校提出给予各种支持的要求，一位“贪得无厌”的父亲形象，同样跃然纸上。

一边的魏祥，肢残的小伙子，喜欢数学，胖嘟嘟戴着眼镜，坐在轮椅上，考上了世界一流的清华大学。一边的王宠，视障的小伙子，也喜欢数学，不戴盲人通用装备黑墨镜，鲜明的视障特征一览无余，考上了一所教育部直属的综合性师范大学。

一边的魏祥，所在的清华大学，一句不那么工整的鸡汤式营销，引无数网友点赞。在入学报道时媒体刊登的照片中，更是看到学校足够的重视和隆重。一时间，清华大学似乎成了中国高等融合教育的典范。一边的王宠，所在的东北师范大学，名气远不及清华，通过媒体的曝光，承认了自己在无障碍方面的不足，给出了逐步和逐项改进意见，更是紧张而警惕地面对媒体和公众。

一边的魏祥事件，公众一边倒地力挺魏祥，点赞清华，偶尔发出的一些关于魏祥成绩的质疑，也在清华大学的回应和网友的一片指责中消失了，仅有的不和谐声音，是残障及公益领域的少数派追打清华大学的无障碍问题。余下的除了感动，还是感动！一边的王宠事件，公众在最初的时候，一样一边倒地力挺王宠，大骂东北师大的行径，然而随着事态的进一步发展，尤其是媒体曝光王宠父亲要求导盲犬之后，公众的感动突然变成“你弱你有理”的声讨，即使大众理解的“盲是残中之残”也不能给视障者以保护，讨论愈演愈烈，各方都始料未及，狼狈不堪，疲于应对。

一边的魏祥事件，残障社群的小伙伴似乎并不买账，无论是校园无障碍，还是高等融合教育，各种吐槽接踵而来，或许连魏祥和清华大学都没搞明白为什么残障社群的态度与公众截然相反。一边的王宠事件，残障社群，尤其是视障小伙伴，在最近两年里参加普通高考进入普通大学上学的小伙伴，在理性和感性中游走，既为王宠的优秀和执着争取叫好和鼓励，又为王宠接下来的校园生活担心，并以各种方式与公众进行论战！

一边的魏祥事件，当事者在本已身残志坚、自强不息的基础上，又习惯性地以求、写信的方式，换来了后续的既得利益。这在过去大多数残障者入学的经历里，已经多次上演，只是少有公众知晓，在残障社群中更是见怪不怪。是呀，不去求，不多次求，不上门求，不用各自方式求，怎么能有获得机会的可能？入学和教育如此，哪个领域又不是如此呢？你弱你该求！魏祥母子习惯性地写信求，是主动，是无奈，也是无信心的表现。这样的无信心、无希望是如何造成的呢？

一边的王宠事件，当事者对比魏祥，没那么优秀，考分没那么高，但相比其他长期接受中国特殊教育的视障者而言，已然足够优秀。但是，在这份优秀的基础上，王宠父子并没有选择求，打破常规选择了要求，选择了不按特事特办的方式，选择了争取和维护自己权利的做法，选择了一种站在讲理的姿态，面对之后可能给王宠的学业和发展带来无数不确定和不安定因素的可能，依然坚守做一个听话的规矩人和不通人情的实在人。

两个事件，从当事者本人到录取学校，从当事者父母到公众和残障社群，对极度欠缺残障公众意识启蒙教育的中国社会和民众而言，在如此短的时间里经历了前所未有的冲击。我们应该全体起立，感谢和致敬魏祥和王宠！

如今，把两个事件对比分析，我们更加清晰看到了两种不同的选择——“求”和“要求”！这就是国际残障人运动的发展，从医疗模式演变到社会模式，终于在当下的中国无法阻挡地上演。求的背后是没有实质性的制度保障，残障者的权利只是纸面权利、口头权利、宣誓性权利！要求的背后是遵守规则的制度保障，残障者的权利是国家和政府对弱势群体、少数群体的权利承诺和义务履行！

在这里，我无意批评魏祥母子。求，并不是贬低魏祥妈妈的努力和付出，医疗模式下的行为选择，再没有比求更合理的。即便有制度和规则，民众也习惯了求，不求心里不踏实，不相信呀，又怎能不求呢？既得利益通过求的方式得以实现，我们反而要替魏祥母子感到欣慰。因为还有那些为了个人的既得利益去求，反而一无所获的人。

在这里，我也无意赞扬王宠父子。要求，同样有个人的既得利益的诉求，之后借助媒体曝光和公众讨论，使个人的私益期望成为不特定人的公益，期望未来成为一种程序、规则和制度。但同时，也请王宠父子做好各种准备，在权利争取的道路上，将会遇到各种委屈、无辜、无奈、愤怒、无助。但是人生没有如果，站着讲理，你们既然已经选择了这条道路，相信一定有人在不远的地方或等着你们，或和你们一起向前，向前！

跪着求人或站着讲理，两种做法，没有绝对的好坏对错，也没有非他即他的那么鲜明，怎么审时度势，如何见招拆招，以后再议，不再展开。

今天，终于借魏祥事件和王宠事件，把我心里的“惑”做了一点点抒发和解惑。此刻，我突然想起很多年前做关节置换后，膝盖再也无法弯曲，那时的一句笑谈：“从此要做一个不会跪的人啦！”呸呸呸，真是不能乱说话！那么，你呢？

开学了，那位延庆二中的残障少年，你还好吗？

文 / 解岩

距离 2017 年 6 月 24 日网友曝光北京延庆二中一名残障少年被同学逼吃屎的事件，已经过去近 70 天（截至 2017 年 8 月笔者结稿时）。再过几天，就是 9 月 1 日，又是全国千千万万学生的开学日，我不由自主地又想起了那位“吃屎”少年和他的父母（请原谅，我刻意用“吃屎”二字，提示并表达愤怒），你们还好吗？

我知道，你们不一定好，不是现在不一定好，从过去意识到残障开始，就不一定好，或者已经都不知道好不好！我还是想知道你们的情况，在做些什么，在怎么准备新学期的开始，等等。于是我就擅自决定，用自己有限的经历，试图猜想你们自 6 月 24 日之后的生活片段。我不敢有任何放肆和造次，也不是故意谦虚，的确，这样的主观猜想是没有证据和说服力的。但我还是想这样做，因为我实在找不到其他方式去唤醒周围那些想怎么睡就怎么睡的人！不当的地方，请原谅！

“我不想上学啦！”“吃屎”少年这样说。“不上学，咱们去哪儿呢？学校已经解决了，你别担心再有人欺负你。”爸爸这样回应。“可我还是不想上学”，那个孩子说完，家里沉默啦……

“妈，我想上学！”“吃屎”少年靠在屋门口说。“上学，上学，早给你送启喑（北京的一所聋校）就不会有这事儿……”妈妈一边叠衣服一边说。

又一天，“吃屎”少年还是站在屋门口说：“妈，我想上学。”“上学，上学，就知道上学，上学有什么用，早就跟你说过躲那帮坏蛋远点，你就是不听。”妈妈一边做饭一边说。再一天，饭桌上，“吃屎”少年嘴里模糊地吐出几个字：“妈，我想上学。”饭桌上沉默啦……

“妈，咱们下楼走走吧！”“吃屎”少年央求道。“下什么楼，天黑了再说。”妈妈不假思索地回答，随后自己低头，嘴里轻声嘟囔着“你不嫌丢人，我还嫌呢”。“吃屎”少年沉默啦……

仅仅写到这里，我突然无法继续下去这样的猜想。我的超我告诉我，“不要，不要，不要这么阴暗和隐晦”，道德感促使我的内心在犹豫。而此刻我湿润的眼睛也告诉我，“不要，不要，不要继续了，我已经充满泪水”。我想，此时的你们肯定也会觉得我很狭隘、很戾气、很不阳光，一点正能量都没有。所以，我放弃继续猜想，我承认在这个事件上，我的确有不知道，当然还有我知道。

我不知道那几个因欺负人得到惩罚的孩子的父母是否去过“吃屎”少年的家里，向“吃屎”少年及其父母道歉。我知道，公安和教育部门很快就对事件当事人进行了处罚。速度之快，超出一般的政务流程时间。

我不知道事情发生之后，有没有心理、社工等相关专业人员介入“吃屎”少年和他的父母，有没有同样相关的人员介入那几个施暴的少年。我知道，只有中国肢残人协会发了谴责声明，表示震惊和痛心，期望查明事实真相。

我不知道“吃屎”少年的父母是否考虑过法律援助；同时，那几个施暴少年的父母也有权利，是否考虑过法律援助。我知道，的确有相关的律师团队积极介入过，而且的确有残联维权部门在背后做推手，然而之后的很长时间里就没了音信。

我不知道除了教育和残联部门以外，其他政府部门是否就此事件进行反思，是否有专家、学者和学术机构针对此事件进行调研。

……

我还有什么不知道和知道呢？太多太多，但我会恨自己，怎么会有这么多不知道和知道，譬如“吃屎”事件。当然，我也不敢期待“吃屎”事件在未来的某个时间成为一部电影的原型，类似韩国电影《熔炉》，以聋校学生性暴力事件为蓝本。

此刻，我承认我的无力感又上瘾了，一旦发作，就如此清醒！

每个人都围着某个原点转圈，然后沿着抛物线优雅地离开。但我做不到，我只能围着这个原点转一圈，再转一圈，继续地转着，唯一的变化就是圈的半径越来越大，即便逐渐看不见那个原点，我依然会转！

那么，开学啦，那位延庆二中的“吃屎”少年，你还好吗？与其说是对你的问候，不如说是问候我自己和我们这些残障从业者。这样的问候并不是显得我有多高尚，只是记得，没有遗忘。剩下的，我还能做什么呢？

一元画作——我在等什么?

文 / 解岩

2017 年 8 月 29 日的“一元画作”事件，从朋友圈被刷爆的各种画作展示，到随后各种蹭热点的声音出炉，一时间喧嚣尘上。如此一场穿插着公益、自闭症、募款、使用效果、信息公开等内容，蕴藏着悬疑、质疑、感动、推崇、羡慕、嫉妒、愤怒等各种情绪在内的公众事件，就这样落幕了吗？似乎精彩的戏份才刚刚开始！剧情该向何方推演呢？充满好奇并搬来板凳，做好充分准备“吃瓜”的我，一直在等待事件的进一步发展。然而，可恶的朋友圈让我无处躲藏，数条私信涌来亮起红色数字，“你怎么看”，“你怎么不发言”，“你还知道什么”，“你在等什么”……

是呀，我在等什么？事件发生后的数小时内，残障、公益圈里的各种机构、自媒体，在我的认知范围内，该发声的都发声了，呈现的观点及表达与论述足够多元和丰富。那么，我究竟在等什么？为什么迟迟不发表自己的观点？以至于我开始怀疑自己的思考能力。

的确，我承认我是在等，而且等的内容很多，多到我无法驾驭并一次性呈现，致使五味杂陈久久地堵在我的心里。但我决定还是先记录下来，一方面缓解自己的心塞，另一方面回报朋友圈中的那些“坏人”，与诸位分享思考的过程。

我在等自闭症人士的家长。在事件发生之后，除了看到一些自闭症圈子里的知名家长发声以外，就是在一些文章的评论部分偶见家长的留言，其余的，或许我的浏览量不够，很抱歉没有看到。作为自闭症人士的亲人、家长、监护人，大众想知道也更期待，你们告诉我们，一名普通家长的感受和态度如何？因为这涉及本事件的立意、紧迫度、规模等最基础的核心问题。

我在等参与过艺术疗愈的自闭症家长。除了事件中的 25 幅画作中的少部分家长表达了绘画带给自己孩子的改变以外，那些同样接受过相同或类似经历的家长们，你们在哪里？尤其是现在已经不继续参与类似活动的家长们，你们的感受和态度如何？因为这涉及本事件的规模设计、实施效果等一些更为具体的可行性指标。

我在等 WABC 无障碍艺途所属的艺途公益基金会理事会中的家长理事。从本次事件筹资主体之一的上海艺途公益基金会及其他公开信息，我们惊喜地发现有家长身份的理事成员。而在整个事件过程中，并没有听到相关人员的声音。这一发现为今后类似的以艺术、体育等为载体的残障类基金会、社会团体、社会服务机构中的残障权利的主体实现多少留下了实践课题。简单说，即以残障为服务对象的机构治理中，残障者及家长人数比例、话语权及其相关治理！更直白一点就是，残障者和家长在为自己和自己的孩子服务与支持的法律实体中，能不能说了算，还是钱说了算。

我在等众多的康复机构。一方面，对各地康复机构以及后起之秀的众多社会工作机构来说，艺术治疗 / 调理的相关课程是他们的主业或者副业中的重中之重。既然如此重要，那么面对本次事件中的主角，在过往和平时的合作或者不合作的过程中，如何处理康复培训与艺术手法的配置和配合？如何与艺术擅长的人士或者机构相处？更简单的表述，WABC 无障碍艺途从寻求与各地康复机构的合作，到自己建立的办公室的过程中都经历了什么？另一方面，我更加深深地为政府 / 残联的采购项目担心，翻看过去各地政府的采购项目，采购自闭症儿童的艺术课程的项目最为频繁。那么，本次事件所引发的对这个方式的质疑声，以及如此之高的公众认知度，将来还有哪个康复机构敢申报，又有哪个地方政府 / 残联敢采购类似项目呢？于是，我在等我们的政府采购内容与社会资源配置关系的反思和行动。

我在等康复专家和教师。知乎中陈老西的明确反对，扛起了康复专家和教师发声的大旗，后续虽然也有其他自闭症行业的专家撰文发声，但相对自闭症行业蕴藏的大量资本、利益及技术储备而言，这些声音微乎其微。平时那么多出现在各自培训班上的专家和教师，你们不出来发声，不给公众一个专业维度方面的解读，未来再遇到类似项目，该如何激发我们的爱心和善心呢？当然，也许你们在不同场合都发声了，只是我没听见或者没听懂！

我在等残障权利倡导人士和 DPO（残障自助组织）。本次事件从残障权利倡导人士和 DPO 所发的文字内容观察，空前的温和和“ABC”。“ABC”在这里的意思是指外交手腕，即 A 回应，B 桥梁，C 结论。回应本次事件，转移到自己所倡导或者想论述的结论。甚至行业自媒体《有人杂志》刊登了一篇关于国外残障艺术家如何用艺术反转积极发声这样不疼不痒的文字。但根据平时的观察，与类似事件为伍是残障权利倡导人士和 DPO 万万不能够的事情，这一现象在家长领域同样如此。出现一反常态，很自然就会想到生存和钱，事实上也的确如此。当管理国际机构的法律、政策出台之后，这类机构的生存的确面临前所未有的挑战，开启国内筹款是必然的道路。而现阶段公众对残障领域的认知和专业理解，对于权利框架下的项目可理解，但我不要阶段。因此，想获得公众募款的支持，必然要进行妥协甚至是改变。于是，要钱还是坚持使命成了残障权利倡导人士和DPO两难的抉择。再加上如此庞大的金钱数字效应，试问又有几人能那么决绝地固守自己的主义？更何况这个现象早已在公益的其他领域绽放，于是乎，怎么批评、怎么评价呢？批评和评价，也许未来自己也会如此。所以，我在等诸位的抉择！

我在等各类家长组织联盟。以残障者家长机构为会员的行业协会，经过几年的创立和打磨，已经初步形成半官方、纯民间并存的格局。作为家长社群的利益代表机构，本次事件是近年来非常罕见和难得的一次面对公众表达利益主张的机会。事实上，也的确有少数家长的联盟机构表达了他们所持有的态度，当然，更多的是表示沉默。这就给行业协会，或者说一方利益代表机构的“代表”职责这一立命之本如何实践和实现提出了要求。等，只是期盼不要失去一次锻炼机会，只是期待下一次到来的时候做好准备。

我在等残联和民政部门。等残联和民政部门，不是等残联和民政部门对本次事件的发声和表态，习惯了残联和民政部门一直保持克制、观望的态度，我等的不是这点。我等的是，从公开信息显示，本次事件所帮助的自闭症人士的画作收入已经被当事机构曝光，那么会不会影响到自闭症人士及其家庭现在持有的最低生活保障以及各项重残补助。况且，谁也不敢保证这样的画作收入是持续并增长的，增长幅度和绝对数字是可以使其下决心放弃低保等政策帮扶。如此的话，公开岂不是自投罗网，再被残联和民政部门抓个现行！可不公布，最被公众质疑的利用慈善、儿童、残障敛财，岂不坐实！这的确是一个两难的境地。所以，我在等残联和民政部门对现有残障社会保障政策的反思和调整！

我在等律师和法律人士。梳理主流媒体的报道和评论，终于发现有多篇文章就精神障碍人士的著作权问题提出质疑。涉及此类残障人士的监护权、著作权等相关权益保障的研究与实践，本身就是法律界长期忽视的问题，更不足以支持本次事件的法律介入及其深度。同时，家长的权利和法律意识的淡薄，或者是无奈，也阻止了法律在本次事件中实现应该有的公平和正义的角色。好在《民法总则》施行，2020 年《民法典》就要编纂完成，本次事件发生，必定促使等待的时间缩短。

我在等公益同行。本次事件发生之后，面对主流媒体或质疑或评论或赞美，公益界的同行表面上缄口不提，但私下无比议论。这是行业保护，还是嗤之以鼻？是羡慕不已，还是难言之隐？的确，该怎么说呢？说什么？是事件，还是人呢？基于何种视角说呢？ 最爱思辨，大谈多元的公益界面对一场突如其来的公众与公益直接的交火，集体出现哑火。用一句话形容：每个人心中都有一个苗世明，也都有一幅“一元画作”。亲爱的同行们，我们自己的内心究竟在担心什么？又在惧怕什么？我们又该以什么方式站出来维护行业形象，实现行业自律？我是其中一员，我同时也在问自己。等待着，当公益与商业、政府进一步交融，当不久之后的下一个“一元画作”到来前，我们同行可以无所顾忌、有理有节、理性发声。

我在等公众。从最初的刷屏和赞美，到后来的疑惑和反思，我们感谢的不仅是公众的善款，我们还感谢和感恩本次事件带给全民一次思考能力的锻炼。无论是基于什么原因捐款“一元画作”，至少经历了本次事件之后，公众将开启究竟什么项目是我们应该支持，究竟什么项目是我们不懂但也不会被道德绑架而捐款，究竟什么项目是经过我们筛选并慎重做出的捐款行为等一系列的思考。那么，本次事件与其说是实现一次捐赠人的教育，不如说期待当下和未来由捐款引发的这场公民教育。

我在等 WABC 无障碍艺途的基金会和民非、10 家各地办公室以及广州原生人文化传播有限公司。当下的中国公益界，民非注册 + 公司注册，

基金会 + 民非，基金会 + 民非 + 公司，这三组法人组合基本成为或民非或基金会的标配。在本次事件中，这些标配也成为媒体追踪的重点。民非、公司、基金会三位一体的组织结构，法人或股东的重合以及各地迅速扩展的据点，尤其是在核心业务极其同质化的前提下，资本如水般流淌其中。过去选择类似组合，我们有基于中国公益领域的法律和政策环境的无奈之说，那么如今又该怎么解读？为何成为趋势？类似情况在商业环境下又是如何演绎？本次事件再一次为我们贡献了一个值得长期观察、等待进一步发展的经典案例，不值得等待吗？

我在等爱佑慈善基金会（北京 + 深圳）。将这一等待放在这里陈述，是情有所难，也是有意为之，上述的各种等待，都会或直接或间接地指向于此。究其原因，首先一个不能忽略的背景是，在国内公益资源多年来始终无法慷慨地涌出之际，爱佑慈善基金会作为中国公益领域不多见的资助型基金会，无论是资助的领域还是资助金额，几乎覆盖整个公益行业。其行业地位之高及其对行业和社会的影响之大毋庸置疑，更为举足轻重！诸多公益机构需要资金，但找不到资金，在有限的资源里，如获至宝般蜂拥而至，是再合理不过的。于是乎，本次事件的发生就给爱佑慈善基金会提出了更高的要求。这种要求不仅仅是对公益机构本身的评估和支持，无法避免地要对公益行业的每个领域再进行更深入的探究和理解，更何况公益行业直接或间接做的都是人的工作，从政府部门和服务业的履历里不难看出，但凡涉及人的工作，其复杂程度可想而知。其次，如此庞大的基金会，又与诸多草根机构的关系那么紧密，在公益领域的行业链条里，基于基金会层面的上下游的链条配置，在本次事件中也出现了，即爱佑慈善基金会的姊妹机构——深圳爱佑未来慈善基金会。同名或发起人近似的机构分布在不同地域，未来是不是专注于不同领域，答案也只有爱佑慈善基金会这样的行业领头羊才能给出！最后，本次事件中不能不说的一点是，当爱佑慈善基金会遇到行业内曾经资助过或与资助机构为同行机构，以及未发生连接的机构或人，发出理性批评、意见及建议，或者不同理念的观点呈现，是否能够虚心倾听、共同探讨、不断修正？这本身就在反映和折射中国公益行业的众生相。所以，事件发生后行业集体无视的态度，上述的各种担心归为简单的一句话：说不好，怕得罪人，不给钱，抓小辫，扣帽子。事实上，没有绝对的对错、好坏，大家也都知道，只是等待批判性思维、理性分析、诚恳面对、敬畏钱财等一系列的心态和行为的确需要一个过程。这次，我就不等了，先抛出来而已。

我在等“99”公益日。本次事件发生后的数天，行业里发出的评论文字不多，也许是因为 9 月 7 日、8 日、9 日三天的“99”公益日的筹款策划和动员。毕竟自扫门前雪的利益最大，也最安全，但这不是我在等的理由。我在等“99”公益日之后。一是每每焦点事件都是迅速曝光，剧情翻转，几次跌宕起伏后，就迅速消失在公众视野里，已经成为套路，更何况“99”很忙，大家无暇顾及。二是经历了本次事件之后，马上又一次迎来全民慈善销售，会不会有比本次事件更为出色的情绪营销呢？带来现象级 IP 呢？三是全民慈善、各种配捐、集体套现、商业改变公益的精彩大戏，怎能错过！所以，我的等，仅仅是个时间吗？以后再说！

最后，我在等，当然是等着挨骂！善意的被认为是恶意，建议的被认为是嫉妒，思考的被认为是逞能，原生的被认为是无知，专业的被认为是多余，社群的被认为是业余，草根的被认为是寒酸，公共的被认为是个人的，个人的被认为是私益的……你谈使命，他接道德；你谈金钱，他接感情；你谈专业，他接感动；你谈职业，他接多元；你谈公德，他接私德；你谈营销，他接理念；你谈正事，他接八卦；你谈道，他接术；你谈人，他接事；你谈心，他接果……呜呼，我怎能不被挨骂？当我起笔的时候就已经准备好挨骂，倒不是因为我有多么大义凛然，只是好不容易遇到与残障相关的现象级事件，而且一出现其中就有如此之多的纠缠，不娓娓道来，自己实在是过不去！于是，也就不在乎挨骂以及后续的影响。如果未来果真出现了文中或明或暗的情景，恭喜我当下的思考记录没有荒废，骂人者和我的自画像就会进一步呈现于世。

准备收笔的时候，回看前面的文字发现，似乎我并没有对“一元画作”事件进行明确的表态，是反对还是支持？站在不同的角度，解读和答案是不同的，这个道理诸位都懂。但作为 DPO 的领导者，相比传统康复机构，甚至是家长机构，不做出一个正面的回应，显然是不合情理的。为此，在本次事件的众多线索里挑选了其中两点，我最想表达，分析如下。

第一，本次事件中，有的人反对“小朋友”画廊这个项目名称。从公开的接受采访的片段中发现，WABC 无障碍艺途的创始人苗世明和腾讯公益，以及行业内的相关专家在用词中都以自闭症儿童、儿童画作等用语在陈述。事实上，本次事件中的 36 幅作品出自 25 位残障人士，最小的作者 11 岁，最大的 37 岁。大部分人的年龄在 20 岁左右或 30 岁左右，显然不是小朋友。“小”+“残”+“儿童”的应用模式，可谓无坚不摧，彻底点燃公众的感动。

那么，反对这一点的人，通过观察发现，基本是具有权利意识的残障者和非残障的专业人士。他们敏锐地捕捉到这一点，从称谓和情感意义的“小”，到法律意义的“小”进行反对，暴露和揭示本次事件的当事人和评论者及公众对于年龄“视而不见”背后所持有的不平等印记。一句话，他们反对用“小”去矮化弱势群体，制造刻板印象和负面标签！

想想看，这种反对不仅仅发生在本次事件里，或许正在发生于每个家庭中，父母与孩子的关系之中。儿女的“无知”和父母的“有知”，借以爱的名义，父母口头上说的与孩子做朋友，变成面对面（Face to Face）的训斥、指责甚至打骂，而不是肩并肩（Shoulder by Shoulder）的陪伴、鼓励和彼此成长。于是，当有一天儿女的行为惊呆父母的时候，原来父母眼中的儿女并不“小”!

“小朋友”画廊，我不是在反对项目名称，我反对的是人与人之间在彼此共处中，强势者肆意逞强，弱势者兜售可怜，在强与弱的转换中不断上演！

第二，有的人提出这是一场消费公众善意的商业营销；有的人质疑画作由他人代笔；有的人猜测是不是有投资商与公益机构分成，善款流向不明；有的人议论自闭症人士在画作销售中是否获得收益，收益多少；有的人反对所有将自闭症儿童的一切浪漫化理解的行为；有的人反对涉事机构的口号“发现中国的凡·高”；甚至有的人议论苗世明的公德与私德。总之，各种阴谋论喧嚣尘上。

是不是消费善意？我的思考是这的确是一次非常成功的现象级的传播事件，尤其在中国公益领域里更为凸显。公益捐赠 +H5 的结合，36 幅画作的作者为自己的画附上一段语音，从 1 个人、1 个故事、1 幅画、1 个声音到 36 个人、36 个故事、36 幅画、36 个声音，为公众展现了 36 个精彩的灵魂、声音和视觉，营造了真实感人的氛围，每个捐赠者都仿佛在面对面接触这些画作的作者，看到了这些活生生的灵魂，打开了捐赠者新的认知。同时，捐与不捐的个人行为，又像一面镜子照见每个人。翻看朋友圈，你会发现：有的人出于同情或信仰，心里过不去，不管真假先捐再说，事后也不留名；有的人捐完之后，对自己的善行很满意，转发朋友圈传递一下，这是无可厚非有点儿小私心的正常的态度；有的人纯粹是觉得有趣、好玩、花钱不多，更不费劲；有的人持怀疑态度，自己去调查，眼见为实；有的人充满怀疑，希望它反转，阴阳怪气地嘲讽。这些众生相不一一列举。想捐钱的人不需要理由，不想捐的人给再多理由也没用。公众以不同的样态做出了自己的选择。谈完了事件本身，再去追踪和反思事件为受益者、残障领域和公益行业以及社会带来何种改变？放在一起讨论，无法辨识，更加无法讨论。那么，你的思考和判断呢？

是否有人代笔？我的思考是会有的，但不是常态。多见于临摹画作的初期，由老师先行打底以及收尾期的细致处理。此事件中挑选的画作，也是经过图片处理，同时因为是油画，拍摄时候的用光也很讲究，才会出现现在的效果。那么，你的思考和判断呢？

是否有分成，善款流向哪儿？我的思考是自会有人承担监督和管理，自会有更为具体和详细的执行方案出台。因为腾讯公益不是第一年做，WABC 无障碍艺途也不是刚进入公益领域，身经百战总会是有的。更何况单单从数字上看，在相对简单的公益领域的财务管理，不是行业人士，通常看不出来什么。外人嘛，看受益者的需求和资金供给关系，或许能看出个门道来。那么，你的思考和判断呢？

是否获得收益？我的思考是一定会有的，就是多少的问题。事实上，随后的信息披露也澄清了此点。但多还是少，无从考证。除非明星作者，或者长期提供作品的，如果再少，就很说明问题。但从经验上判断，应该比在残联下属的阳光家园、温馨家园、工疗站等社区里串珠子、贴纪念章、套筷子等从事这些工作的心智障碍者获得的收入要多。话题还涉及是残障消费，还是消费残障？关于此已在《中国残障观察报告 2016》的年度造词“残费”中进行过预测和论述，请参考。那么，你的思考和判断呢？

自闭症人士是否都有艺术天赋以及如何解读？我的思考是一定是极其少数的自闭症人士具有，也多见于一些影视作品中，如《雨人》，但对于大多数自闭症人士而言，是没有的。或者当面对普通成年人失去想象能力之后的简单画作，我们感动了自己，进而主观觉得他们有艺术天赋，这或许也是我们的可悲和可怜之处。另外，时刻警惕专业人士的门槛论、唯专业论，把专业描绘得越玄乎、越听不懂，才显得专业重要，夺取话语权，进而通过培训、学习、考级等一系列的行为变现！从家长支付的自闭症康复费用越来越高，也能佐证这点。那么，你的思考和判断呢？

关于 WABC 无障碍艺途的口号。我的思考是从市场营销的角度看很棒，但是一个典型的医疗模式。从机构多年来的宣传观察，在没有国外的公民意识的成熟度、残障康复技术和社会福利制度的保障，仅凭艺术疗愈、原生文化的工作手法，要实现其项目宣传的目标“逐步缓和社会对这个群体的误解与偏见”，在中国残障领域当下的发展阶段，不是最合理的选择，但是最容易被利用和应用的。即使在国外也不是残障领域的主流。只是因为 WABC 无障碍艺途有丰富的艺术行业资源，把很多康复机构想做而没做成的爆红了一下。我的判断也是基于我最先在中国实践联合国《残疾人权利公约》的一些经验。至于公德与私德的讨论，如果不是因为 2017 年 9 月 12 日播出 19 年的《锵锵三人行》公告关闭，也就不进行思考和判断，建议大家听听其中的一集《马丁·路德·金虽嫖娼其公德令人尊敬》（不涉及任何暗指，仅就公德与私德的讨论提出一个思考路径）。那么，你的思考和判断呢？

面对如此各般的质疑，我只能提出我的思考和判断，相信诸位能看出我的理性。那么，我反对的只是在道德重建的当下，社会中的每个个体没有自我，失去自我意识，放弃思考，逃避判断，不承担应有的道德责任，

陷入平庸之恶。现实中，每每热点事件到来先是围观，迅速一边倒式口诛笔伐，然后等待事情反转，最后留下一句："我早就知道会是如此！"一走了之！

本次事件的话题和可讨论的地方还有很多，但事件还在继续，观察和记录也会继续。就此停笔。

聪明的读者此刻一定猜到，我只是借我对"一元画作"事件中涉及的各个利益方进行了"我在等"的反思，借此把缠绕在事件中的众生相尽量呈现，一定会有漏网之鱼，一一拆解并记录下思考，真真是一件极费脑筋的事情。能力所限，篇幅所限，每一个"我在等"都可以单独成文论述，但一旦展开又是极其有挑战和风险的，不如暂时搁置，静等未来。

智慧的读者也一定看得出，我选择的两点结论也都不是指向事件本身，借事说事，借残障展现人性的尺度。我并没有那么高的水平和能力去评论什么，只是胆子大一点，更真诚一些罢了。很多内容在行家看来，几句话、一个词就能一语概括，但我还是记录下来，给自己的观察和思考留下痕迹。各位见谅！

更加细心的读者还会发现，"一元画作"事件中的当事人苗世明，在本文中一直没有正面出现。的确，我是故意回避和远离。从2009年认识苗世明的那天开始，冥冥中我似乎就知道，迟早会有这么一天出现，他会像烟花般腾空，绽放耀眼光芒！

残障者在一起的机构到底闹哪样
——残障机构发展的三种形态

文 / 解岩

前段时间，某机构邀请我去给讲讲什么是“DPO”，被我婉言谢绝，一方面时间上的确不巧，另一方面我也非常犹豫要不要给他们讲这个议题。产生这样的担心和顾虑，我也觉得很好笑，即使我知道这是自己内心在作祟。关于 DPO 的概念定义和特征，在《中国残障观察报告 2016》已经做了详细论述，或者诸位去一加一网站了解。

“DPO”一词过去我们一直在用，与国际接轨，以至于行业同人也在用，但当行业同人言必称自己是 DPO 的时候，我反而更加谨慎和冷静。那么，这个 DPO 到底是什么样的组织形态？在中国的社会环境下是什么？“Disabled People’s Organizations”这几个英文单词首字母组成的“DPO”翻译成中文又是什么？与现在经常听到的“残障自我倡导者”有何不同？发展又如何？残障者在一起的机构到底闹哪样，借拒绝这次培训，再一次引发了我的思考，并做如下记录，以备未来检视和审视。

当三两残障者时常在一起，彼此有一个共同的兴趣和爱好，比如，养花、养鸟、棋牌、京剧、唱歌、摄影等，进而大家为了这一个或者几个兴趣和爱好，与其他相似的组织进行交流、学习、探讨和比赛的时候，兴趣小组就有模有样地出现了。没有刻意区分残障与非残障的兴趣小组，因为无论残障与否，追求兴趣和爱好的出发点还是个人的、利己的。同时，残障者的兴趣和爱好，大多能在现有的各类兴趣小组中得到满足。刻意为之的残障人兴趣小组，一方面的确是基于残障的需要，比如辅具发明小组，该建！另一方面，是社会观念带来的善意隔离、政绩思维以及利益圈地，把可以融合的一定要分割出去，不承认社会的歧视，还美其名曰残障者自己愿意！这一点与老年人的兴趣小组，按照年龄划分是完全不同的。兴趣小组，从目前的社会管理创新实践中观察，沉淀在社群里的社会组织或者社会服务大多数是这个样态，不仅仅是残障社群。

当越来越多的残障者聚集在一起，彼此间除了兴趣和爱好的探讨之外，有了更多的帮助和扶持，小到一起聊聊天，大到残疾人摩托车坏半路的自救，再到更大的残障者生活经验的分享和学习。比如，脊髓损伤者、视障者等独立生活能力的学习和培养。从个人的、利己的需要和诉求，发展到共同、利他、互益的共享和扶持，部分兴趣小组可以慢慢发展成为残障者互助机构，部分残障者的聚合可以直接成为残障者互助机构，大家彼此陪伴、相互鼓励、共同成长。1981 年成立的北京病残青年俱乐部就是如此。残障者大多会有很强的归属感，在这个氛围内愿意敞开心扉、释放压力、放松心灵。这类型机构包括兴趣小组，是社会管理创新实践中基于社区自治、居民自治的熟人社会，政府及相关部门最愿意、最希望、最需要看到和发展的；从残障社群的视角，同样如此，并且更急需、更迫切、更有效！

但生活不是只有柴米油盐，还有诗和远方。残障者互助机构中的残障者，尤其是残障领袖，有了基本的生活保障和能力后，自然而然地就会对基于残障的社会政策、态度以及社会环境中的各种不合理现象、设施和制度等进行讨论、建言、促进和监督。如果这些内容只是残障者互助机构中的一小部分，在需要的时候站出来表态表态、愤怒愤怒、代表代表，哪怕是一下下，都是要保持的一种姿势和姿态。那么这样的残障者互助机构，核心属性依然是互助和互益。

以上的兴趣小组和残障者互助机构，我没有提及组织治理中的残障者主体性问题。这里提及的主体，不是“假装”的主席、理事和主任，是管钱、管人、管方向的实权主体。除了在残障者互助机构的核心业务中一定需要残障主体性，其他方面是不是一定，当下我的思考结论是不一定。即便是非残障主体决策、管理、运营，只要符合残障社群的互助需要、质量和品质，就无所谓主体与否，不一定需要残障主体的代表性，或许更加需要残障者有商业倾向的代言性。当然，如果机构中是残障主体实现决策、运营和管理更好，挑战自然也就更大。此外，这两类组织形态的运作经费，大多来自政府采购以及民众的捐款。那么，为了得到更多善款，基于民众对残障的认知，越惨越无助、越穷越眼泪的卖点自然会得到越多支持。为了获得政府支持，与政府及相关部门不和谐的声音，自然就会受到限制，这是机构性质决定的必然结果。

兴趣小组和残障者互助机构的出现和发展，是未来各地各级残联及民政部门的发展重点，适合当下中国社会环境的现实需要，也符合目前残障社群的利益需要。未来会如雨后春笋般出现，数量和人数以及资金需求都将达到一定规模，这样的结果指日可待！

残障者互助机构之后，就是文章最初提到的 DPO。从互助机构到 DPO，是不是必然的发展路径和结果呢？答案是不一定。既然是政府及有关部门大力发展和支持的，在资金和社会地位上必然也会得到满足和肯定，互助和互益的机构性质以及战略定位，把互助、服务做好很大程度上是对机构发展的挑战。DPO 的出现，只能是极少数的残障者互助机构演变而来，甚至更加坚定地说不会产生于此。

行文到这里，还是要搬出来《中国残障观察报告 2016》中关于 DPO 三大特征的论述，如下。

一　残障主体

DPO 由残障者发起、管理及决策，理事会中残障者占过半比例，组织的工作人员中残障人比例占多数，财务、人力资源等关键岗位必须由残障人担当。在上述前提下，可以是单一一类残障类别的残障者组成，也可以是多残障类别组成，项目、传播、筹款等职业素养要求很强的岗位，可以由非残障人担任。

二　组织建制

DPO 有完整的治理结构，有明确的组织使命、愿景及章程，有法律定义的注册成立并以组织化形式运营，个人或未注册团体都属于个体行为。组织内部有清晰的业务流程、部门设置及职能规划等，以保证组织有效率、有战略、有活力地开展工作并达成目标。

三　倡导为本

DPO 无论关注哪个领域，在何地采取何种形式、手法开展工作，最终的目标定位都集中在政策倡导，即便是做具体服务和社会企业，目标依然不变，这是区别于残障领域其他机构最为重要的特征之一。

残障主体，回答了 DPO 是以残障者为主体的决策、运营和管理的组织形态。组织建制，回答了 DPO 与行业内流行的“残障自我倡导者”一词的区别，只有“个人”或者“个体”，不是“组织”或者“机构”，就不是 DPO，这一点对应了宪法赋予公民的结社自由的权利。倡导为本，回答了 DPO 要做什么以及未来发展。用“倡导”一词较为温和地表达了 DPO 的功能，即代表、监督、倡导。代表残障社群和受残障影响人群的利益，监督基于残障的法律和社会政策的实施及效果评估，倡导公众对残障者的态度改变和促进社会进步。为实现这些功能，DPO 的目的自然就是公益的、非私益的。这点是与兴趣小组、残障者互助机构最为不同的。更为形象的比喻是，DPO 是背靠社群，与社群肩并肩，指向社会。而后两者是与社群面对面，实现自助。

有了这样的站队姿势，或许就会理解为什么残障者互助机构很少会转变为 DPO，除了有名利的现实欲望以外，DPO 在政府、残联及有关部门的印象是“挑毛病”“说怪话”“不务实”，行业同人的印象是“出风头”“坏脾气”。试问，又有谁愿意戴这些个大帽子，个个扣死人的！然而，现实中无论是政府、残联及有关部门，还是行业同人，又都暗暗地、偷偷地、默默地看着 DPO 的一举一动。一方面，习近平新时代中国特色社会主义思想下的新时代中国特色残疾人事业，一切以残障者为本，这是所有国家的 DPO 的根本。另一方面，DPO 作为一种机构形态，其不能照搬其他国家和地区的模式，基于中国的社会环境和土壤，要有中国的实践、论述和定义。为此，那些扣在 DPO 上的帽子，是政府、残联和有关部门在新时代下自我暴露和自我改变的一种防御与抵抗，是对其观念和行为拒绝变化和不服从的一种阻抗，是行业同人的惯性思维和心理上的依赖和顺从。这些帽子，只会吓走冒牌的 DPO，吓走“假面”的残障自我倡导者，但不会喝退执着而努力寻找和实践中国模式、中国残障解决方案的 DPO！

至此，文章的提问只剩下“Disabled People’s Organizations”这几个英文单词首字母组成的“DPO”的中文翻译是什么？此前，我一直使用“残障自助组织”，没有直译为“残疾人组织”（联合国《残疾人权利公约》这样使用）。通过上述的思考，DPO 更合适翻译为“残障权益保护组织”或“残障权益倡导组织”或“残障倡导组织”等，以此区别兴趣小组和残障者互助机构。

从兴趣小组，到残障者互助机构，再到 DPO，没有孰高孰低，谁好谁坏，都是残障领域发展的必需品。选择任一组织形态，都不会降低或贬低人们对残障社群生活状况改变的贡献。选择方向，做好定位，切记不要干兴趣小组的活，缺残障者互助机构的事，说 DPO 的话。

就此收笔之际，回想拒绝那次培训和我内心的纠结，前文的论述已经暴露我自身的不自信和不确定，从而引发的反思和结论。同时，也提醒残障领域的同行们，慎重和郑重地选择并使用 DPO，因为这不仅仅是一个概念和名称，更是新时代中国特色残疾人事业的一种理念和信心。一旦确认，注定路途遥远，道路坎坷，同行甚少，借用最新出品的音频节目《残了么》的英文翻译“Are you OK”，你行不行？

2017 年 11 月 24 日，完成残障机构发展的三种形态的思考记录，在此过程中又引发至少两个提问，先留下悬念，给出答案，日后论述。

一加一是不是 DPO？答案：是也不是！

家长组织是不是 DPO？答案：不是！

残联是不是 DPO？答案：是！

第五部分

2017 中国残障年度趋势猜想

图式与理性：2014~2015 年度趋势猜想的反思

文 / 解岩

自有年度《中国残障观察报告》（以下简称《报告》）以来，对下一年度乃至之后的对中国残障领域的发展所进行的趋势猜想，一直都是每年《报告》的最后一部分。而这部分是否保留，从 2014 年最初的《报告》结构设计，就存在犹豫和困惑，甚至是恐惧和躲避。就是在这样的情绪和心态下，每每写到这部分，总是停住脚步，抬头看看周遭又发生了什么，内心寄希望于每年我们已经确定的趋势猜想真能马上发生，以此证明预测的准确性。我们知道这是很功利的欲望在作祟，但我们一直找不到阻止这种欲望发生的方法。

一方面，每年写到“趋势猜想”的时候，都是《报告》撰写到最辛苦、精神和身体都被掏空的时候。前面篇章的发力后，累积下来的乏力、无助、忧郁甚至是痛苦，在此刻全部爆发。的确是累了，身体的疲惫，影响和导致思考的停滞、判断的迷茫以及选择的错觉。

另一方面，“趋势猜想”如果作为在大众媒介上，每逢年尾年初，一些意见领袖或行业权威媒体所发布的趋势猜想的盛宴，这反而不会给我们造成很大的困扰。正因为我们一直坚信《报告》是观察、记录中国残障领域发展的一份重要的、有深远影响的行动研究性质的报告，其在学术上的价值是我们期待未来能够得到肯定的，也因此背上了沉重的包袱。究其原因，是我们一直找不到一种方法论，借此提炼和记录我们的预测分析。唯恐“趋势猜想”在读者面前呈现行业八卦或者个人偏好。一旦如此，就失去我们对“趋势猜想”这一部分的定位：引导和倡导。

尽管如此，“趋势猜想”还是在每一年的风雨摇曳中出炉。这究竟是为什么呢？一时间我们也百思不得其解。每年的《报告》中，无论是监测分析、权利事件，还是观察述评等都是以当年发生的事实为基准，唯有“趋势猜测”是感性的、对未发生事件的虚构和描述，其结果也是我们最为期待和期盼的，最自由、最天马行空的，但同时也是对我们最为严苛和受限的。脱离现实的趋势猜想，即便是我们盼望的、所有人都知道的、很遥远的理想社会，也是空想、妄想和遐想。紧贴现实的趋势猜想，即便是第二年就能实现的、所有人都知道的、很实际的现实社会，或也是假装、假想、假象。假作真时真亦假，真作假时假亦真，我们该怎么描述和展望我们所处的世界呢？

英国艺术史学家贡布里希在他的著作《艺术与错觉》中讲道：画家通过创造作品来让观者产生预期的心理反应。画家想让观者发现和感受到作品中隐藏的精神信息，是需要借助一定的画面形态（具象或者抽象）或者语言手法或者营造氛围来让观者捕捉到他的独具匠心，以达到精神世界的共鸣。

我们理解这个世界，通过进行一个投射—检验—再投射的心理过程，这就如同艺术家创作艺术品，也就是进行制作—匹配—再制作的过程一样。而投射或者制作都依赖于我们自身的传统和知识，而随后，我们也都会进行检验，看看我们所制造的是不是符合我们所知道的世界，或者我们所理解的是不是能够自圆其说。

此时，我们不自觉地想起了“图式”（Schema），这是社会心理学关于认知的理论。此概念是德国哲学家康德提出的，后由心理学家皮亚杰延伸。所谓图式，是人脑中已有的知识经验的网络，表示一种认知结构，好比是人脑这部“计算机”中的程序，个体经由图式对外界信息进行加工，从而决定认知过程。他用图式、同化、顺应、平衡四个基本概念阐述个体认知结构的活动过程。

绘画作为一种活动，艺术家的倾向是看到他要画的东西，而不是画他所看到的东西。画家所画，很可能只是画家自身的视觉经验的再现。具象的绘画作品通过明确的物体形态去诱发或者引导观者去看懂作品中的信息，非具象的绘画作品就比较难让观者明白画中之意。这就需要处理好画面的关系，也可以说是种秩序感，处理好这种“秩序感”对画家是种很重要的能力！就像将军不仅仅要会冲锋陷阵与敌人浴血奋战，还要会排兵布阵施以计谋才可能有大的胜算。这种“排兵布阵”的能力就是画家处理“秩序感”的能力，有形上的秩序感，也有内容上的秩序感，还有绘画语言上的秩序感等。“秩序感”如果用数学的方式来看，就是某种比例关系的恰当配比，多一分则嫌多，少一分则残缺……

接下来再举“图式”应用的例子，假如有位朋友对我说了一句很普通的话:“明天我们去烧烤吧!”这句话其实说了两件事情：第一，明天我们去干什么；第二，我们去烧烤。从“明天我们去干什么”的角度来看，“明天”这个词很有意义，假如明天没什么安排，我会答应朋友的邀请。从“我们去烧烤”的角度来看，“烧烤”这个词显然更有意义，如果我对烧烤也有兴趣，我会很乐意去的。所以，从不同的角度看问题，各不相同。这是“图式”对社会认知的影响，包括注意、编码、提取和推理、评估过程等的影响。

回到《报告》，我们对于已发生的、每一年度的中国残障领域所经历的事件，的确是在用我们的“图式”去理解、分析和解读。在这个过程中，“图式”的应用是在事实基础上的展示，我们只是画出我们所看到的东西，我们要画的东西无法展开，被限定在一个个具体的框架中。当然，在这之中，我们依然有空间去展开我们的画布去挥毫泼墨，如同中国画的留白的艺术，只是这样的留白不是意境，是无奈。

终于，当《报告》行文至“趋势猜想”这一部分，我们总算可以赤裸裸地用我们的“图式”去画我们要画的东西。我们遵循《公约》的精神和原则，气势如虹般对当下存活在中国社会环境中的残障领域进行排兵布阵般的勾勒和构图。其结果，无论是我们乐见的，还是我们不忍直视的，所展现出来的图景都在忠实于我们自己的“图式”下产生。于是，我们决定选取 2014 年至 2015 年这两年的“趋势猜想”共计 33 个预测，从宏观到微观，从官方到民间，林林总总，覆盖中国残障领域发展的方方面面。

忠实于我们的“图式”，我们找到了坚持将“趋势猜想”做下去的答案，但还是没有回答为什么我们在做“趋势猜想”的时候，总有恐惧和躲避的心态。

33 个预测，仅是我们最终呈现的一部分，是我们挑选的结果，还有很大一部分我们没有讲出来、写进去，而且呈现的也是反复加工后的结果，并不是原汁原味的。即便如此，我们听到的、观察到的读者和社群的反馈，也如我们所料，大家表面上点赞，无关痛痒地说一些适用于各种场合的溢美之词，私下里议论你们太自大、太傲慢，竟敢指手画脚，并且敬而远之，唯恐躲闪不及。如此反反复复，终究导致我们不断加深对自己的怀疑，对自己的“图式”产生犹豫和质疑。突然觉得，我们这样的艰苦思考为残障人生的人，是怪异之人。面对那些冗长严肃的思考让人的脑袋生疼，不由得精神旁逸，不知去向何方。我们无论如何不能做到将自己的大脑变成机器一样的存在，可以面对这样实在、直接、艰难的思想和现实。是的，我们实在愚蠢到家。

愚蠢，其实还算好听，我们实在傲慢到家。凭借“残障”这一政治身份、权利主体，我们以为自己有资本将社群的经验和意愿分享给大家，但这是不是太过感性而不理性，太唯经验论而非唯理论。更傲慢的是，我们一直觉得自己扛着一面大旗“去改变世界”，我们想通过“趋势猜想”去告诉大家，你们那样做，就会得到这样的结果。我们用评论和批判警告世人，我们这儿是对的，你们那儿是错的。瞧瞧我们的野心和欲望，我们又迷茫在真和假之间无法自拔，这不仅是傲慢，实在是物欲到家。

然而，这样管用吗?

康德在《纯粹理性批判》一书的导言里说，“我们要悬置知识以便给信仰留下位置”。所谓的“悬置”并非强行让理性对信仰的领域视而不见，“批判”也并非攻击“纯粹理性”，而是要确立和划分其范围，要分析它的可能性和局限性。康德还就几个重要概念进行区分：理性是具有客观普遍性的，感性是具有个体性且易变的；知性是理性在感性基础上造出的知识。纯粹理性是和感性无关的理性；纯粹理性批判是对一般理性能力的批判，是就这批判可以独立于任何经验中而追求的一切知识来说的。

我们承认，《纯粹理性批判》一书仅仅读了开始便一头雾水，没有继续读下去的勇气。即使如此，我们仍更清楚地看清了许多原本迷雾缭绕的一些事情。康德虽然提出了一些根本性和方向性的问题，但其中似乎存在很多矛盾，留下很多没有解决的问题。康德始终在问：知性和理性脱离一切经验能够认识什么、认识多少？ 在哲学里，提出问题的重要性绝不亚于解决问题，况且很多哲学问题是没有最终的答案的。而这又岂止在哲学范畴，逻辑学家告诉我们，“真”（True）是用于陈述（Statement），而“假”（False）是用于命题（Proposition）。

接下来，我们不敢再引用康德的著作。一来，片段性的阅读不足以支撑系统性的理解，况且如此对历史有影响力的学术著作，即便读一次两次，读不同的译本，对于自我成长又是不同的。二来，我们在为自己的图式和社群的经验寻找方法论，解惑我们进行“趋势猜想”的恐惧和躲避心态时，在 2017 年这一时间节点上，当下纪实的思考和收获，已经收获一定启迪。所以，掩卷唏嘘，不知所以时，我们愈发清晰地认识到“趋势猜想”的启示。

首先，“趋势猜想”没有给出解决问题的答案，只是提出问题。貌似是我们基于现实状况的结论，实质上是对现实发展之后的提问。即一旦发生，我们该怎么办？而问题提出的指向，是以残障社群为核心的中国残障领域的从业者及利益相关者。

其次，“趋势猜想”是磨炼我们的图式，甚至是信仰的试金石，以此检验我们不同时段对于残障议题理解的深度和广度，厘清自身认识能力的限制，进而找寻弥补的路径。

最后，“趋势猜想”是我们行动研究的工具和手段。我们实施行动，发现问题，自设命题，参与调研，撬动研究，在行动中调查、判断、反馈、修正、印证，从实践中来到实践中去。

至此，对于“趋势猜想”的反思，当下，我们正视所持有的犹豫不决的心态，呈现我们追索的过程和思考，记录我们的启示和结论。并且我们更加明确，“趋势猜想”给予来自社群的行动研究者的是终生面临的命题、考验和求索，不同时期，会给出或相同或异同的答案。

徘徊着的　在路上的

你要走吗　Via Via

……

沸腾着的　不安着的

你要去哪　Via Via

……

我曾经失落失望失掉所有方向

直到看见平凡才是唯一的答案

……

向前走　就这么走

就算你被给过什么

向前走　就这么走

就算你被夺走什么

向前走　就这么走

就算你会错过什么

2017 年，就先到这里！

照片与当下：2014~2015 年度趋势猜想的回顾

文 / 解岩

苹果手机的制造者在手机相机中增加了一项功能，当你长按屏幕中的图像，会有很短的一段视频记录图片里的人或物成像前后的样子。我们不知道在苹果公司的商业哲学里这一功能除了增加娱乐性之外，是否有反映与行动的觉察力量在其中，但给予我们的启发着实不浅。

摄影在胶片时代，底片昂贵，影印技术略显复杂；进入数字时代后，人们开始更多地讨论设备、技术及其应用，当然，拍摄的主题与内容、画面与构图还是永恒的话题。就在人们一次次不计后果地按下数字快门，然后从中选取图片的时候，已经没有了过去在暗房里突然发现一张满意的照片时那种如获至宝、踏破铁鞋的感受。虽然情绪、心态发生了变化，但对于图片而言，无论是胶片还是数字，所记录的内容都是那一刻的动作，而后就成为静止，被烙下了印记。你拍摄花园里的花，照片中的花不变，而明天、后天乃至以后，花园里的花便不一样了。人们爱看老照片，照片中那位年轻、有朝气的男子与你现在看到的老态龙钟的老人明明是一个人，但样貌已经发生了很大的变化。照片只是维持了原来的样子，永远不会改变。

我们的生活和生命并不是静止的，它在不断变化。我们的头脑如同一台照相机或者摄影机，时刻在搜集和收集影像，并从中挑选出图片进行保存。但是，图片对生命而言从来就不是真实的，即使是你即刻照的，不过一分钟的光景，你又不一样了！更何况，留存在你的记忆里、相册里、电脑里的图片还经过你的筛选；更何况，我们还会经常遇到摆拍的情形去记录那一刻。如此这般，再看苹果公司增加的这一功能，难不成只是为了多留住一些连续的静态，多制造一些不真实吗?

然而，图片对生命里的某一瞬间、某一片刻又是真实的，无论图片里的人或物如何摆拍。人们一直在做两件人类以前不可能做的事，一件是重构甚至改造过去。过去的已经发生，你不可能真正回到从前，最多也就是进入过去的记忆里，但那只是记忆，不是真的过去。过去是已经笃定的事，一切的可能性都已经结束，是既成的事实，现在已经没有任何余地让你重新改造它。所以我们总爱说“历史不断重演”，这也是我们的一厢情愿，历史与现实即便相似度很高，但你还是什么事也不能做。另一件是建构未来。这也是不可能的事情，未来还没发生，有着无限的可能性，除非它发生了，不然你什么也无法确定，无法去建构它。但是，人们就是爱预测未来，更贪婪地说，人们总爱掌控未来，总想让一切都很确定。这也就有了很多预测、预言飘散在人间。那图片是不是就是介于过去和未来之间，人们站在现在位置的“当下”呢?

那“当下”是什么呢? 当下就是那张你看到的照片呀。此时，你或许以为我胡言乱语，那我再举个例子。你看到一朵花，于是你说：“这朵花很好看。”这在你的眼里，这朵花等于是“花”加上你的“觉得很好看”。你已经把自己过去对花的理解和认知带来了评判和评价，是发生思考之后的结果。

行文到这里，如果再继续下去，一方面写起来我会越来越吃力，当然篇幅也会越来越长；另一方面，读者会觉得跑题加玄幻。但我相信眼尖的读者知道我在记录自己的“觉察”，或者叫“悟道”。也是观世音讲的静观，释迦牟尼讲的观照，老子讲的内观，共同点是一个“观”字——观察，也就是非参与性观察。入静或入定，观察念头（也就是无数记忆的出现），不做判断，来者不拒，去者不留。它们会消失，心智系统会逐渐停止，神性或空性会呈现。

这一过程仿佛也是在照镜子。镜子不会背叛我。当我站在镜子前面，它会呈现我的模样，一旦我走开，镜子中就不会出现我。镜子就是镜子，没有人在那里时，它就没有任何反映，所以才有哈哈镜，利用各种反射原理带给人们短暂的新奇和乐趣。它对生命永远是真实的，我活在一个片刻接着一个片刻，一幅图片接着一幅图片里，我要经常保持分身觉察我和镜子里的我，才能从不知不觉（不知道也不觉得有问题）到后知后觉（事情结束后才发现问题），再到当知当觉（事情发生时发现问题却控制不了），最后才是先知先觉（事情发生前，发现问题的苗头并提前制止）。

这是在找“我是谁”的过程，让我想起《超越死亡：恩宠与勇气》一书的作者肯·威尔伯（翻译胡因梦）的这段文字：

> 我有一副身体，但我并非自己的身体。我可以看见并感觉到我的身体，然而凡是可以被看见以及被感觉到的，并不是真正的观者。我的身体也许疲惫或兴奋，生病或健康、沉重或轻松，也可能焦虑或平静，但这与内在的真我全然无关。我有一副身体，但我并非自己的身体。
>
> 我有欲望，但我并非自己的欲望。我能知晓我的欲望，然而那可以被知晓的，并不是真正的知者。欲望来来去去，却影响不到内在的我。我有欲望，但我并非自己的欲望。
>
> 我有情绪，但我并非自己的情绪。我能觉察出我的情绪，然而凡是可以被觉察的，并不是真正的觉者。情绪反反复复，却影响不到内在的我。我有情绪，但我并非自己的情绪。

我有思想，但我并非自己的思想。我可以看见与知晓自己的思想，然而那可以被知晓的并不是真正的知者。思想来来去去，却影响不了内在的我。我有思想，但我并非自己的思想。

我就是那仅存的纯粹的觉知，是所有思想、情绪、感觉与知觉的见证。

在本年度“趋势猜想”部分的第一篇文章中，我们回答了为什么要持续做“趋势猜想”以及“趋势猜想”对我们意味着什么，所以命名为“反思”。这篇我们以“觉察”记录，引出下面的“回顾”。在修行的人看来，我们这样草船借箭，或许简直有点“玷污”修行，但请原谅我们的无知和大胆，因为我们想借此表达。

第一，每年度“趋势猜想”的结果，也就是那些标题，都如同一幅幅图片，被我们瞬间捕获并成像记录，还将“预测未来”偷换了概念，诡辩为“当下”。这些结论无论是我们所期待的，还是我们很无奈的，我们都希望如图片般被记录和留存下来。无论对错，也不管对错，这些都是我们当下的觉察。

第二，“趋势猜想”部分在三年之后回顾，是漫长的历史长河中的三年，相对而言，是更宏大的当下，对永恒而言，存在的只有当下。此刻，我们在第四个年头的时候，再进行一次“觉察”和回顾，依然是无所谓对错，我们只是看到。

第三，正是因为我们暂时整理不出“趋势猜想”的方法论，才真实而不再那么现实，诚实而不再那么务实地去面对自己。即便漏洞百出，也要忠于自己去记录“觉察”的历程。这是修行，也是未来找到方法论的路径，更是我们一次次起心动念后的惊心动魄。

一位学生问禅师:“什么是绝对真理?”禅师只回答了两个字:“行动!”那么好，接下来我们正式开启 2014~2015 年度趋势猜想的回顾。

本次回顾我们将逐条进行，遇到相同或相似领域的趋势猜想进行合并解读。解读的方式分为三栏：第一栏“实现指数”，定为五级，以“★ / ☆”为代表，即完全实现★★★★★、部分实现★★★★☆、一般★★★☆☆、有待观察★★☆☆☆、错觉★☆☆☆☆。第二栏“指数分析”，进行情况发展的陈述。第三栏“后续追踪”明确后续行动及理由分析。具体如下。

2014 年度

1. 趋势猜想一：中国残联在国际社会发声的频率增加

实现指数：★★★★★

指数分析：完全实现。中国残障领域与国际社会的交流与合作，是我们观察的重点，每年都有针对国际合作方面的预测。我们在 2014 年的时候发现此趋势，不仅仅是因为中国政府从 1981 年开始就与包括联合国在内的国际社会广泛接触，更是基于最近几年来，在中国走向世界的背景下，中国残联代表中国残障事业在国际社会的发声需要。

后续追踪：持续观察发声的内容、形式和场合，以及政府层面对发声的满意度等。

2. 趋势猜想二：各地残联深化内部结构性调整

实现指数：★★☆☆☆

指数分析：有待观察。原因在于当初预测该走向时，未有之后 2015 年下半年开始的群团改革的政策和行动，仅仅从北京、广州等地出现的残联事业单位发生的一些创新和变化去推测，观察的角度和路径受外部影响产生偏差。此外，截至2017年底，除某些地区进行民政部门与残联合并的试点外，各地残联的内部结构未发生更新的调整。

后续追踪：持续观察民政部门与残联的分工与协作，以及基层残联改革的试点情况。

3. 趋势猜想三：申请残疾人就业保障金信息公开成为各地普遍诉求

实现指数：★☆☆☆☆

指数分析：错觉，推测失误。一方面，2014年《人民日报》等媒体对残疾人保障金事件的持续报道；另一方面，当年在民间活跃的残障者申请信息公开的行动频发，都给予推测很大的提示。我们只能反思，是什么原因使行动者丧失行动意愿和能力？是什么使主流媒体的问责失语？同时，这几年残疾人就业保障金的征收也发生变化，产生新的情况。

后续追踪：调整观察角度，残疾人就业保障金新政下的残障就业真实情况。

4. 趋势猜想四：政府定向招录残障人的城市增加

实现指数：★★★★★

指数分析：完全实现。这是继中共中央组织部等七部门《关于促进残疾人按比例就业的意见》文件发布之后，各地对该项政策纷纷发表具体的落实政策的结果。但也正如我们推测，政府机关定向招录残障人的城市的确是在增加，但残障类别及等级多以肢体、听力四级人士为主，政府机关多以各地残联为主。

后续追踪：持续观察残障者在各级政府机关的发展状况。

5. 趋势猜想五：社区残疾人专职委员出现离职潮

实现指数：★★★☆☆

指数分析：一般。虽然我们分析出与基层残障者最为密切联系的社区残疾人专职委员，工作强度和压力会导致职业倦怠，收入和上升空间受限而出现离职潮，但是我们忽略了一点，现阶段的社区残疾人专职委员的年龄普遍偏大，受教育程度偏低，在劳动力市场的竞争力逐年下降，与其加入人才竞争，不如值守社区，其间只有少部分年龄偏低的残障者进入企业或进一步深造学习。

后续追踪：持续观察社区残疾人专职委员高强度、低收入的工作状况。

6. 趋势猜想六：各地残联加大反腐

实现指数：★★☆☆☆

指数分析：有待观察。基于 2014 年反腐败的全国行动进行推断。之后残联系统虽有案件发生，但鲜有公开报道，公众也很难进一步了解。同时，随着中国共产党反腐败工作力度的进一步加大，中国残联及各地残联的自查、自检和自律成为工作常态。

后续追踪：停止追踪。

7. 趋势猜想七：民间性、区域性的残障康复服务网络或联盟具备一定规模

实现指数：★★★★☆

指数分析：部分实现。之所以评价为部分实现，一是 2014 年之后形成的民间残障康复服务的行业协会 / 联盟的确成型，但也很快消亡；二是以心智障碍者家长为主的机构及全国联盟呈现并蓬勃发展；三是区域性的联盟未出现实质性的运作。

后续追踪：持续观察民间行业协会 / 联盟的合法性的演变，以及与商业的关系。

8. 趋势猜想八："残障"一词的使用频率增加

实现指数：★★★☆☆

指数分析：一般。仅就这一命题评判，的确是使用频率增加，曝光率越来越高，但仍仅限于民间范围，官方的使用多见于在国际社会发声，并没有有效达到频率增加所带来的效果变化。此外，2015 年的报告就“残障”一词未来的变化有更为详尽的阐述，并推测全面取代“残疾”。

后续追踪：停止追踪。

9. 趋势猜想九：助残社会组织的生存方式呈现单一化

实现指数：★★★★☆

指数分析：部分实现。各地政府购买服务全面展开，在采购金额、范围和内容等方面力度空前，由此激发很多新生代的残障类社会服务机构出现。但出现的原因并不一定是基于需求的增长，只是资金推动型的繁荣。此外，在此期间的国内公益环境出现两个大事件，即以“99”公益日为代表的公众募款和社会企业的再次热议，降低了我们预测趋势的有效性。再加上“助残”模式在现阶段的中国社会环境对公众和商人的杀伤力，使资金渠道得到拓展。

后续追踪：持续观察助残社会组织的使命践行，以及与商业的关系。

10. 趋势猜想十：各地的残障者家长互助组织爆发式增长

实现指数：★★★★★

指数分析：完全实现。每年的报告，该部分都是重中之重，预测的出发点在于，继康复服务机构、残障 DPO 之后，残障领域的另一大社群力量——家长及其组织的出现只是早晚的问题，这里不再赘述。

后续追踪：持续观察中国特色家长组织的实质性发展，以及家长领袖对行业的影响。

2015 年度

11. 三大变化："残障"全面取代"残疾"

实现指数：★☆☆☆☆

指数分析：错觉，推测失误。2014~2017 年，除中国残联官方微信公众号做过一次关于称谓的调查之外，国内官方层面在"残障"一词的使用讨论上处于无声状态。回顾我们推测的出发点，看似是称谓的变化，实则是残障工作模式之争。一方面，2006 年进入《公约》时代，国内残障领域的工作理念不发生变化无法回应国际社会的呼声，由此才有国内官方的讨论；另一方面，在中国特色社会主义发展全面走向世界的背景下，保持中国特色也是残障领域的官方义务和责任，短暂讨论后的失语，也佐证在残障工作模式上的选择之惑和进一步确定。还有一种可能性，就是政治因素带来的困扰，没有找到更合适的称谓。台湾地区很早从"残疾"改为"残障"，再到现在的"身心障碍"，即便现在所使用的"身心障碍"也受到残障社群的诟病而产生动摇。

后续追踪：停止追踪。回归残障工作模式的观察。

12. 三大变化：提出"人人享有发展"的口号

实现指数：★★☆☆☆

指数分析：有待观察。与"人人享有发展"类似的口号和目标，是最近几年中国领导人对全世界的呼吁和承诺，残障领域也不例外。但残障人的生活状况多年落后于社会平均水平，累积的结果造成短期内落实"发展"的目标很难达成，还处于解决脱贫和扶贫阶段。更重要的是，残障相关的政策及从业者也要具备发展的理念和逻辑框架。另外，此口号的行文，也是对应之前中国残联提出的"人人享有康复"的格式和修辞才得以出炉。

后续追踪：持续观察出台的残障相关法律、政策的理念框架。

13. 三大变化：各级政府初步建立残障视角

实现指数：★☆☆☆☆

指数分析：错觉，推测失误。我们相信这个目标在未来的某个时间会成为现实，但抛出这一趋势猜想过早，只能发挥宣告性或者倡导性的作用，更需要民间各方的引领和推动。同时，各级政府在残障方面的关爱转化为类似环保、妇女、儿童等方面的义务和问责，除了需要落实制度性保障之外，还依赖于全社会对残障意识层面的转变，而这的确是一个漫长的过程，并且需要有契机产生加速的动力。比如，政府高层中的关键人物、残障重大群体性事件等。

后续追踪：停止追踪。转向以政府部门为单位的具体议题的观察。

14. 猜想一：辅助器具精细化且价格大幅提升

实现指数：★★☆☆☆

指数分析：有待观察。即便在这几年的观察周期里没有实现，我们并不计划修正此判断，坚信不久的未来定会逐渐显现。面对辅具产业的巨大的利益诱惑和驱动，粗犷型的辅具供给暂时满足现阶段跑马圈地的厂商，但没有引发新加入者的兴趣，各方等待的是政策上的资金补贴，而其核心是残障者对辅具的需求被激发。怎么激发？唯有残障者的社会融入程度和社会地位提升。

后续追踪：持续观察辅具产业的相关政策。

15. 猜想二：特殊教育学校职能转型　各地普遍建立融合教育资源中心

实现指数：★★★☆☆

指数分析：一般。此项推测是在 2013 年《残疾人教育条例》公开征求各界意见的基础上产生，未曾预料到 4 年后才得以将 1994 年版的《残疾人教育条例》修订颁布实施。从 1994 年到 2013 年近 20 年的时间，从动议修订到出台，历经时间之长可见在残障受教育权的实现上实施难度和理念争议之大。所以，对此项预测的评价定为一般，但从内容上看，这将是现在和未来各地不争的事实。

后续追踪：持续观察各地对资源中心的实践模式。

16. 猜想三：政府购买服务成为民办残障服务机构的重要经济支持

实现指数：★★★★★

指数分析：完全实现。此项预测与 2014 年趋势猜想九的角度一致，措辞上更为明确和精准。即便在“99”公益日背景下的公众募款，即便是民办残障康复机构将原本的社会化服务的义务剥离出来，以顺应社会工作的发展火热，纷纷成立社工机构，依然没有改变政府购买服务成为他们的重要经济支持。

后续追踪：持续观察政府购买服务对残障服务机构的业务引导和影响。

17. 猜想四：残障社工的专业地位得到确认

实现指数：★☆☆☆☆

指数分析：错觉，推测失误。在 2015 年的报告中就用“豪赌”这一措辞形容此项推测，现在回顾，我们虽然有“豪赌”的资本，也就是整个公益领域对社会工作的重视和建设，以及政府在这方面的改革与投入力度，但我们押错了方向，如果将推测的范围确定在残障社工从业者的增长上，就不会出现“专业地位”得到确认的判断。我们忽视了重要的基于残障的社会支持网络和体系的空白，使残障社工成为无水之鱼，无法施展他们的专业技能。当然，残障社工的专业建设也在 2015 年的预测中着重进行分析。

后续追踪：停止追踪。转向基于残障的社会支持网络建设的观察。

18. 猜想五：残联系统工作人员中残障人出现断层

实现指数：★★★★☆

指数分析：部分实现。此项预测在 2017 年的报告中有详细阐述，这里不赘述。没有得到五星，是因为在 2015 年的预测分析中，我们只考虑到残障者的年龄结构，遗漏了残联系统中残障者的人数增长落后于残联的绝对人数 / 岗位的增加，所表现出来的残障者占比的下降，表象即是残联系统中缺残障者。

后续追踪：持续观察这一状况的深层次因素。

19. 猜想六：残障人生活节日化

实现指数：★★★★★

指数分析：完全实现。该项预测是近年来我们首次尝试创造残障领域的新词语。节日化所展现的不仅如 2015 年报告中所分析的那般热闹，还反映出残障专业服务的定义、缺失和缺少；同时，这期间与某类残障相关的新节日还在不断涌现。由此，一方面我们承认这样的节日化会给残障者的生活带来乐趣和生机，以及社会融入和关注度提升，但持续的效果如何有待进一步衡量。另一方面，我们也想用一位拒绝将残障者的生活节日化的家长的话提醒从业者及各位家长：当“残障”成为一种政治正确的时候，它的精神就已经死了。这种藏在骨子里的歧视，比起表面上的歧视有过之而无不及，就算要改变也很难找到着力点。

后续追踪：持续观察残障者及家长对此类现象的态度和行为。

20. 猜想七：残障人口比例大幅增长　残障人口特征发生结构性变化

实现指数：★★☆☆☆

指数分析：有待观察。该项预测在没有设定参照系的基础上得出，显示出我们的稚嫩和鲁莽，好在预测的角度合理，没有得到最差评。中国残障人口的数量，目前只有 2006 年第二次全国残疾人抽样调查的数据可以引用，即便是每年度的《中国残疾人事业发展统计公报》也只有持证残疾人的数字，而这一数据远远小于第二次抽样调查的数据。预测命题里，我们没有界定相对比哪种统计方式得出残障人口比例大幅增长，只是凭借世界卫生组织（WHO）和世界银行的报告进行推断，忽略了中国的残疾类别和分级与国外的相比更为严格受这些因素的影响。好在我们使用“比例”一词，而非绝对值“数量”。同时，残障人口特征发生结构性变化，无论从特教学校招生、合并改制，还是社群周围主观上的感受，都得出此判断，除此之外，无其他证据。作为政府制定政策的依据，残障人口数量及结构，在观察周期内启动《全国残疾人基本服务状况和需求信息数据动态更新》的工作，但行业里呼声和讨论很多的第三次全国残疾人抽样 / 普遍调查，一直未有实质性的进展。

后续追踪：持续观察残障人口数据的统计工作进展。

21. 猜想八：第三代残疾人证的出现带来革命性的颠覆

实现指数：★★☆☆☆

指数分析：有待观察。捕捉到这条预测，是基于 2015 年十八届五中全会公报明确提出“实施国家大数据战略”，持证残障者的数量是再典型不过的大数据。而残障人所持的纸质版的第二代残疾人证，民间造假成本极低，仿冒者严重损害了持证残障者的利益。那么，第三代残疾人证的试点，也是在那时候展开，芯片技术也比较成熟。于是，我们在第三代残疾人证的功能上预测出现“革命性”的颠覆。颠覆的是从以往证明我是残障者，到未来以此为入口的残障者各项福利补贴及享受公共服务等在内的功能实现。只是在观察周期内，未见我们期望的情况。相关分析参见 2017 年报告部分。

后续追踪：持续观察民政部门和残联的分工或改革。

22. 猜想九：中国残联代表中国政府在国际社会建立新的残障联盟

实现指数：★☆☆☆☆

指数分析：错觉，推测失误。我们对中国残联代表中国政府在国际社会的发声时刻保持观察，这也是基于 2012 年递交民间报告之后的工作习惯。为此，回顾这条预测，我们的标准很严格。从 2014 年联合国《残疾人权利公约》第七次缔约国大会选举产生新一届残疾人权利委员会委员，中国残联的尤亮（肢残）代替之前的中国籍委员杨佳（女，视障）入选该委员会，任期 4 年，到张海迪当选并就职康复国际主席；从国内在观察周期内每年举办的各类国际论坛，到中国残联围绕张海迪建立起一套运作系统，我们没有理由不得出这样的判断。但是，的确在观察周期内我们没有看到在国际社会建立起新的残障联盟，只是在张海迪的一些发言采访中获悉“世界残疾人组织”这一名词，相关分析收录于 2016 年报告中。

后续追踪：持续观察 2018~2020 年中国政府履约过程中的动向。

23. 猜想十：2020 年残障者人均收入最后一刻与全国同步

实现指数：★★☆☆☆

指数分析：有待观察。按照党的十八大报告提出全面建成小康社会的要求，残障者作为社会中的一员，又是最弱势的群体，必然在实现道路上的压力和挑战最大。我们期望更加有针对性地实现这一目标。为此，在表述中用“最后一刻”体现这一残障社群实现起来的难度。同时，我们并没有定义为与全国同步实现小康，而是以“人均收入”为标准，并且是残障者的人均，正如 2015 年报告所分析的，残障者不是被平均，或者被计算方式平均，是我们自己实实在在的可支配的收入与残障者人数的平均。否则，残障者的实际收入状况很容易就被淹没在茫茫人海中，无法感知到真实的残障人的生活水平。

后续追踪：持续观察各地残联的扶贫政策和行动。

24. 趋势一：基于残障的社会福利政策逐渐与收入脱钩

实现指数：★★☆☆☆

指数分析：有待观察。这是一条与残障者息息相关的政策趋势预测。更朴素地说就是评判残障者的生活状况，是以残障者个人为单位，还是以家庭为单位。实际上，这背后是残障政策的制定理念，从发展的视角制定政策，养勤不养懒，政府担当不让单个家庭承担。具体说是残障者的福利保障是政府的义务和责任，还要归结于家庭的不幸和命运的不公；促进残障者采取各种形式的就业的同时，打消因失业或短期失业造成福利保障的减损；等等。现实中，我们看到太多残障家庭，因为家中有一名残障者，其父母中的一名全职在家担当照料者，致使家庭因残致贫、因残返贫。同样有就业能力的残障者也面临选择，要福利保障，还是要就业。这些政府在制定残障政策的时候需要正视。由此，这项预测更是一种倡导，以期未来实现。

后续追踪：持续观察政策制定者在福利保障政策方面的梳理和调整。

25. 趋势二：制定更为灵活的残障学生人均教育公用经费的使用办法

实现指数：★★☆☆☆

指数分析：有待观察。2017 年颁布实施的《残疾人教育条例》，遵循联合国《残疾人权利公约》的精神，将推进融合教育作为重要的立法原则，进一步明确残障人教育应以融合教育为主。在普通教育方式和特殊教育方式之间，优先采取普通教育方式，这为本项预测可实现的必要条件。只有融合教育实现，才有可能产生“更为灵活”的残障学生人均教育共用经费的使用办法。在此前没有选择，只能去特教学校的时候，没有灵活的土壤和可能。融合教育的门被彻底踢开，接下来的落实和完善，需要各方共同努力。而

“钱”是关键，我们对这条预测的后期实现充满期待。

后续追踪：持续观察中央和地方在残障人教育经费上的预算保障。

26. 趋势三：就业政策从培训残障人为主渐变为以支持雇主为主

实现指数：★★★★☆

指数分析：部分实现。自有残疾人就业保障金政策以来，对残障人的职业技能培训就从来没有停顿过。2015 年酝酿多年的《残疾人就业保障金征收使用管理办法》出台，这一下残疾人就业保障金相比过去在征收方式、征缴金额等方面实实在在、结结实实地与企业、雇主息息相关。当他们发现每月的财报上这一栏的数字突然猛增，关注残障者就业无论是出于主动还是被动的心态，雇主们开始行动啦。同时，按照中国的特色，当每一项政策出台的时候，总有智慧人士先知先觉地利用政策获取利益，于是针对雇主的培训，从征收方式到普及残障知识，再到残障平等意识培训等，从低端到高端，从入门到意识，从民间到残联，培训雇主成为时下顺理成章的事情。但是在预测的命题中，我们使用了“支持”二字，导致对该项预测评级降为四颗星。在热火朝天的雇主培训中，我们没有找到专业的支持雇主，在职场里关于职岗评鉴方面的内容，由此所反映的结果是，培训雇主意识的多了，各种手法卖残疾人证的更多了，而残障者的就业状况，虽然没有定量的证据，但从我们在社群里的主观感受和定性观察来看，以前存在的诸多问题没有得到有效改善。

后续追踪：持续观察卖残疾人证的手法和路径。

27. 趋势四：残障者励志演讲风靡全国

实现指数：★★★☆☆

指数分析：一般。原本我们预测在正能量之风愈演愈烈的时下，身残志坚、自强不息的残障者是再好不过且顺理成章的励志榜样。如同 2015

年报告分析中很形象的一句话："他们都这样悲剧了，还生活得如此坚强乐观，我呢？岂能不好好珍惜！"回想这句话，是每个普通人自然而然的人性感叹。只是作为残障社群的我们，实在听到太多才随口道来，但我们不能淹没人性的自发和善意，我们警惕的是人性的不确定性。所以，每每有残障者励志演讲的时候，我们都会好奇地等待这种不确定性的出现。可是，2017 年一名残障者出现在公众面前所发表的言论，抵消了我们这个预测的实现指数。蔡聪，《奇葩说》第四季辩手，视障者，一句"这个世界不该有残疾人"震撼到我们大家。这是励志吗？是！故事似乎都一样，但又似乎同以往"张海迪们"的叙事结构不同。蔡聪迅速走红，像一股清流，又像一把利剑，洗刷、刺激并颠覆着公众视野中的残障人形象。我们当然希望和期待这股清流、这把利剑可以持续更久，但是回到理性分析，随着成功学、身心成长、潜能激励等方面的盛行，残障者励志演讲风靡全国，或许会在下一个观察周期里降临风口。

后续追踪：持续观察残障者励志演讲后的发展。

28. 趋势五：各级政府对残障人竞技体育投入进入新一轮高潮

实现指数：★★★★★

指数分析：完全实现。这是一条不用预测的预测。当北京时间 2015 年 7 月 31 日得知北京成为 2022 年冬奥会、冬残奥会的举办城市那一刻，全国上下都知道，未来直到 2022 年，如同 2008 年北京奥运会、残奥会召开前一样，这对于我们而言是一个举国事件。折射到残障领域，残障人竞技体育又会再次挤占残障人群众性体育的空间，毕竟我们在冰雪项目上与世界的差距很大。那么，各级政府对此的投入也会更大，进入新一轮的高潮。但是，我们依然坚持把这条不是预测的预测列入 2015 年报告。一方面，我们无法回避举国事件对于残障领域的影响；另一方面，我们不断地寻找机会，反复呈现邓朴方在 2008 年《求是》杂志里撰文开悟道：“开展残障人体育运动，一是康复治疗、强身健体，二是突破局限和障碍，三是融入社会，四是影响和改变社会。”是的，后两项是前辈对我们的提醒，谨记！

后续追踪：持续观察国际残障赛事对城市发展的影响。

29. 趋势六：政府投资及民间参与携权利之名多点开花

实现指数：★★☆☆☆

指数分析：有待观察。该项预测的评级我们最为犹豫，究其原因，首先，这是一个病句，缺少宾语，政府投资什么？民间参与什么？我们 2015 年的报告中也没就此具体明确地分析。其次，“携权利之名”的说法，我们现在认为有过度解读的嫌疑，或者干脆说我们不用以“权利”的名义投资和参与，以“中国特色”的表达即可以解释。最后，“多点开花”过于隐晦地表达残障领域的发展空白太多、空间太大这层意思，造成一定的误解。回想当初我们列出这条预测的时候，没有进一步深入体悟，又急于表达，并且所表达的信息和目标过多，使预测出现病句，过度解读和造成误解。进行深刻反省后，我们不认为这个方向是一个错觉，评级也就不再犹豫定为有待观察。

后续追踪：持续观察各级政府和残联在残障投入上的使用和效果。

30. 趋势七：残障人的法律服务需求进入爆发期

实现指数：★★★☆☆

指数分析：一般。该项预测如果不是因为观察周期内发生的几起法律案件和《慈善法》后与“信托”相关的法律需求在心智障碍者家庭中的热议，我们的评级会再降一级到“有待观察”。做出这条预测的一个重要背景是，我们预测残障者参与社会生活的机会越多，所遇到的障碍和挑战越大，而法律是残障者手中不多的武器之一。或许是我们对法律过于相信，或许是我们对残障者的社会融入更为乐观，在观察周期里，除了依然是残障者走出家门后，所遇到的第一类公共服务场域，诸如机场、航空公司、地铁等之外，屈指可数的残障者打官司的事情，不足以激发残障者的法律服务需求进入爆发期，最多也就是个尝试期。好在观察周期内，家长组织发展，激发一批批逐渐进入老年的心智障碍者家长的追问："我走了以后，孩子怎么办?"这不仅是一项社会服务的议题，还是实实在在的法律需求。因此，我们最终将评级调整为三颗星，以此表达我们对家长们的期待，期待借助你们的力量推动中国残障领域的法律改变。当然，我们残障社群也将继续为此做出努力。

后续追踪：持续观察残障法律案件出现的场域和内容。

31. 趋势八：残障人受歧视现象呈城市下降、农村上升的走势

实现指数：★★★☆☆

指数分析：一般。独立于社会之外看待残障，一直是我们所警惕的行为，这本身就是对残障的隔离和歧视。残障与社会是何种关系？或者更势利地讲，残障能带给社会什么？在百思不得其解时，我们暂时通过将残障硬生生地置于社会进程中去观察，得出了这条预测，评级定为三颗星。我们的确捕捉到城市化进程中基于残障的歧视现象，但可惜的是，我们并没有明晰直接歧视和间接歧视之分，笼统地描述为受歧视现象，进而还得出城市下降、农村上升的趋势预测。从 2009 年南昌百盛集团的大门上贴着"残疾人与狗不得入内"这种直接歧视的标志以后，如此旗帜鲜明的基于残障的歧视，即便还有，但没有这么恶劣，间接歧视占据主流，也就更加难以取证。在中国没有反歧视立法的现状下，联合国《残疾人权利公约》里所定义的"基于残障的歧视"只能变成纸面上的文字和条文。因此，没有细分歧视的种类，贸然得出下降或上升的结论，显然不正当。此外，在批评城乡二元论的同时，我们自身也在刻意制造城市和农村的二元结构论。如果不是在趋势猜想中第一次明确提出残障歧视这一现象，不藏着，挑明说，恐怕连三颗星都不能给。

后续追踪：持续观察和收集基于残障的歧视现象并加以提炼。

32. 趋势九：残障类别的发展不平衡格局被固化

实现指数：★★★☆☆

指数分析：一般。如果时光可以倒流，我们会将这条预测中的“被固化”改为“进一步分化”，这样我们的评级就会得到更多颗星。残障类别发展不平衡受多方面的影响，粗略地分析，至少包括数量多少、特征、社会态度、关键人物的影响、对残联政绩的贡献等，现阶段归结为一点就是“能花多少钱”。人数少、单价高、改变慢、地位低等特征的残障类别自然得不到更多的资金照顾，如视障。能折腾、科技含量高、花哨、医学进驻久、社会资源广等特征的残障类别相比其他类别具备明显的优势，如肢残、听障、自闭症等。所以，不平衡的格局已经形成，无须考证。如果再拿出残联在各障别里的预算数字，强弱分明。通过以上简单粗暴又生动形象的表述分析，我们旨在说明面对明显处于不同发展阶段和条件的不同残障类别时，我们该如何平衡社群之间的不平衡，而不是制造和加剧社群内部的不平衡，进而团结社群力量对外共同争取权益保障。2015 年的报告中的确进行了部分分析，结论是“被固化”，有点耸人听闻。进一步分化，更贴近现实情况，但如此标题党，也是在提醒业内防贼防盗防固化。

后续追踪：持续观察不同残障类别的权益主张实现的差异化。

33. 趋势十：民间社会组织发展呈现 DPO 冷、家长互助组织热

实现指数：★★★★★

指数分析：完全实现。我们没有预料到该项预测实现得如此迅猛。站在 DPO 的角度，它在中国的发展已经遇到瓶颈。从 DPO 的界定、使命愿景、工作手法到生存困境等全方面萎缩，大量残障人自组织还没走入 DPO 层面，就主动或被动地停滞在残障互助组织和自娱自乐的兴趣小组层面，DPO 的冷是现实的。此时再看家长互助组织，其出现就更为顺理成章。中国民间残障领域的觉醒和发展，是一步步走入社群发展。而家长是既非残障者又与残障直接相关的跨界人士，他们早于残障社群觉醒，但晚于残障社群的聚合行动，他们自身的社会资源和动员能力远远大于残障社群，再加上科技和社会文明的进步孕育了生发社群力量的条件，此刻的互助正当时，热是自然的。那么，DPO 遇冷后必然靠近热度高的领域，接下来的发展正式进入冰火交融的盛况。

后续追踪：持续观察 DPO 与家长组织的关系与协作。

2017 年，我们翻开 2014~2015 年度“趋势猜想”所展现的照片和图景，逐一进行图像还原。自设命题，展开行动，实时监测，随时校正，及时反思，深刻检视。之后，我们神清气爽，信心百倍，气定神闲，再次走上自我行动、自我解放、自我救赎之路。我们欢迎、期待和拥抱你的加入，来吧！等你！

2017 年度趋势猜想

文 / 解岩

水无形而有万形，水无物而能容万物。形为何物？物又为何形？混沌与明朗，犹豫与坚定，我们探索、试验、类比、归纳、联想以及建构起它们之间的组合，以既有的客观事实为根据，又凭客观事实做推理。然后，低下头，谨慎猜想；抬起头，放言趋势。

壹

残障者赴海外求学的人数与日俱增

当我们经过梳理，得出这条趋势猜想的时候，略显苦涩和不堪。现阶段的中国社会，当国人谈及接受海外教育的时候，当都在议论小龄化趋势、文化差异和海归后的就业发展等议题的时候，中国的残障领域，居然得出这样一条趋势猜想，还不一定是事实，可想而知，我们内心的疑惑和苦闷。但冷静下来，我们不得不承认，真希望这一个趋势猜想成真。

曾几何时，“知识改变命运”这一口号风靡全中国。只要父母对孩子还抱有希望的残障家庭，都会竭尽全力去为孩子争取上学的机会，以至于在媒体上我们时常可以看到残障者上学的励志故事。每一个故事虽各有不同，但其中的逻辑大体上是家长为孩子上学四处奔波，各种努力，各种省吃俭用的不易，孩子克服各种困难，得到各方面的帮助，然后命运之神再次眷顾了他，获得意想不到的结果，当然接下来的对各方的感谢自然也是少不了的。上学，受教育，学历越高等于改变命运，撇开权利层面不讲，这一逻辑根深蒂固地扎根于中国的广大家庭，残障家庭也不例外。

于是，接下来的各种基于教育的突围中，赴海外求学成为有经济条件的中国家庭的首选和必选，但对于残障家庭而言，可望而不可即。而此时，残障家庭的听障和视障孩子，被安排进聋校、盲校等特殊教育学校，少数肢残孩子正如前面提到的，努力进入普通学校上学。在这种场域里，我们发现一个很有意思的现象，进入普通学校的肢残人英语水平普遍很高，即使不在 985/211 这样的高校读书，其英语能力也超出同龄人。在特殊教育学校里，英语好的视障者能得到更多的接触社会的机会。也许我们周围社群中人多是如此，给了我们一个虚像，确实我们没有做过定量的调查研究。可是，当我们回顾 20 世纪 90 年代的道德楷模——中国残联主席张海迪在病床上用镜子反射来看书，学会 4 国语言，并成功地翻译 16 本海外著作的光辉事迹时，发现语言是她的优势。当大家普遍没有意识到英语的重要性时，相比较健全人，残障者反而靠这样的一技之长脱颖而出。在社会里，残障者不仅要学习好，还要学历高，学习不好但英语必须好，这样才有可能“知识改变命运”。

以上是我们很主观的观察与判断，其背后还是无以言表的残障者在社会中上升空间的限制和堵塞，没有超人的努力和独特的技艺，很难突出重围。当来到时下的中国社会，残障者受教育机会增加，虽然没有改变学习好、学历高、英语棒的现实，但社会的文明和进步使残障者的社会空间更加宽容和包容。可一旦进入就业阶段，如此残酷的就业和社会生存环境，把原本残障者在教育阶段的优势化为平凡，学习好不等于能力强，学历高不等于关系硬。就业环境的不乐观，在一定程度上打击了残障者对受教育的渴望。渐渐地，大家发现知识没有改变命运，只是改变了尊严，也就是有一份工作，虽然我们的能力可以获得更好的工作机会，但有一份体面的工作总比待在家里或者去那些只招收残障者的工作岗位要强很多。

而此时，身边学习好、学历高、英语好的残障小伙伴，悄悄地一个个考托福、雅思，进而拿到国外大学的奖学金，尤其是社会人文类的学科，同普通中国学子一样，残障者也开始迈向海外求学之路。

随着科技和通信的发展，越来越多的残障者通过各种渠道了解到残障者在海外学习的经历和生活状态，从心里到行动都蠢蠢欲动。是的，从他们开始在国内考英语水平考试的时候，就开始接触到考试的无障碍和合理便利，再到海外大学入学之前的残障办公室对其所做的评估与支持，接下来是他亲身感受到的海外社会对于残障者的接纳和协作。虽然有远离家庭的诸多不便，但不便变成了自己身心的自由，虽然有学业和经济上的压力，但压力变成了为自己学习，而不是为改变命运学习，似乎一切都发生了变化。

与此同时，“残障”这一身份，无论在国内是遮掩，是借此换来学业上的便利，还是我行我素式的假装无视，从来没有公开讨论自己“残障”身份的众多海外求学的残障者，或许是第一次大大方方将“残障”作为一个谈资、话题，甚至是他们的学业。这是残障者的自我觉醒，这是在时下国内的励志、励志再励志的舆论和社会环境里，残障者无法感受的自由和尊重。

分析至此，我们对这一趋势猜想更加自信。未来，残障者赴海外留学的人数定会与日俱增。但是，我们似乎觉得这一预测并没有结束，因为即便人数越来越多，但学业终有结束，然后呢，他们还会不会回来呢？这个疑问，即使在健全人的世界里，同样也是一个选择。

目前，我们无法给出明确的趋势猜想。一方面，海外求学的趋势已经明朗，但还没有成为潮流和气候，义务教育、高等教育阶段的残障者还在不断努力突破现有的局限，幻想就业阶段的命运改变。另一方面，参照普通人赴海外留学的发展轨迹，从留在海外发展到纷纷回来报效祖国，受利益驱动、生活压力、文化差异多方面的影响，健全人的选择更为多元，而残障者，海外给予其的发展空间远大于国内，还没有出现更多需要选择的时机，存在诸多的不确定，因人而异。

但这些赴海外求学、工作的残障者，无论未来他们是否选择回到国内发展，我们都非常珍惜和渴望他们基于残障的发声，带给国内在残障观念和意识层面的冲击和颠覆，启蒙国内的残障社群，用自身的实证唤醒国内的残障社群和残障行业的从业者。而这正是我们本条趋势猜想的期待和目的。

贰

民间心智障碍者家长组织的发展放缓或处于停滞

自年度《中国残障观察报告》发布以来，家长组织发展的观察和分析从来没有在报告中缺席，这是一股积蓄已久、酝酿多时的，在 2014 年之后爆发的民间力量，不能忽视，更不容小视。残障孩子的家长，在没有孩子在场的时候，是残障领域中与社会大众最相似的社群，这点与残障社群的“残”外表不可隐藏有天壤之别；而有孩子在场的时候，“父母”这一社会身份，又与社会大众中大多数人的属性相同，是最容易被公众理解和感动的社群。然而，也正是因此，以中国社会和残障领域的发展进程为背景，观察家长组织发展轨迹所折射的现象，相比残障社群，更为鲜明、透彻地揭示残障与社会的关系。

纵观中国民间残障领域的发展脉络，1981 年出现北京病残青年俱乐部的残障互助组织，1988 年成立中国残联，1993 年出现残障康复服务机构，2006 年出现残障 DPO，2014 年出现家长组织联盟，看似时间跨度长、发展慢，但仔细回想，这些年份出现的每一个变化，都具有一些共同的特征，即以需求为基础、以社群为根本、以关键人物为舵手、以顺应时代发展为风向标，家长组织也不例外。

2017 年故去的全国家长联盟的创始人王晓更老师是联合国《残疾人权利公约》的忠实追随者，也是早期接受残障权利意识启蒙的家长之一。在她的带领和感召下，从最初的 17 家会员，短短几年时间里，2017 年全国心智障碍者家长组织联盟的年报数据显示，截至 2017 年底共有 87 家会员，组织覆盖国内大部分省份，家长领域的发展发生翻天覆地的变化。追溯她的职业经历，非政府组织 NGO 的从业者，有过国内和国际 NGO 的不同工作履历，是其除了作为心智障碍者家长身份之外的又一个重要特质，也才有她在各地去发展家长们成立机构的组织化建设。同时期，一批“80 后”家长没有大龄家长那么多的顾虑，在他们的推动下，中生代家长和老家长，有的主动或被动地冲出家门，已经冲出家门的家长更加昂首挺胸，鲜活地发现彼此，呈现给社会，社群的形象就此树立。这一可喜的发展状况在过往的报告中被我们提前捕捉到，并做出“家长组织热”的趋势分析。当时光拂过 2017 年，我们再去观察这一热度的持续状况时，居然得出了让我们也很惊讶的结论，其发展放缓或处于停滞。

第一，赋能停滞。《公约》是残障社群的理念根基，这是赋能的基础和前提，是漫长的、反复的解构和重建的过程。现阶段，当家长们接触到《公约》培训，而这些培训又是由非残障者开展，本来就“高大上”的《公约》理念和条款，变得更加费解和虚无，对于家长们的影响变得越来越小。在他们的眼里《公约》不实用，拿来说事行，用起来就行不通，不如《如何写项目书》等之类的 NGO 技能更为实用。没了以《公约》为基础的赋能，家长组织以生存为借口，开始了对项目、资金的追求。渐渐地，家长组织这一社群机构的“魂”没了。

第二，业务停滞。中国本土家长组织的核心业务是什么？与残障康复机构的区别在哪里？家长、孩子、家庭，服务谁？教育、监督、倡导，改变谁？教育、就业、养老，推动谁？一系列问题摆在家长组织面前。当这些还处于混沌状态的时候，家长们已经完成机构化的注册，必然要面临生存现状，这些更显得乏力，一句话：“哪个能筹钱就做哪个，先活下来再说。”这的确是一个很现实的问题。但这又回到了 NGO 的立命之本使命愿景，这点确实没有筹款来得快，看似理想化，实则决定了家长们在一起做些什么，能走多远和多久。失去方向的业务，摇摆在生存与发展间，摇摇欲坠的同时拖垮了家长们的战斗意志。家长组织这一社群机构的“体”没了。

第三，数量停滞。或许短时间内家长组织绝对数量还会持续增加，毕竟在有些城市或地区还是空白。数量增加的另一个原因是分裂，同一城市或地区的家长组织，从一个裂变为几个，表面上是价值观不同，或者业务的兴趣点不同，但实质上不能不承认多多少少与利益相关。在绝对数量增长的同时，已有的家长组织在丢了“魂”找不到“体”的基础上随波逐流，他们在本地所连接的家长网络只剩下冷冰冰的数字。一旦这样的情形出现，原来各地红火的家长组织只剩下少数一些网红家长领导者的舞台。绝对数量的增加反映的是行业红火的假象，变成名利场的角逐，揭开的是以家长的名义获取利益的潘多拉的盒子，撕扯的是家长们那颗失望的心。

第四，领导者停滞。最后一点，是最难以论述的。2014 年之前的心智障碍者家长领袖，为使孩子康复走出家门成立残障康复机构，之后成为康复机构的老板或者行业的培训师。2014 年之后的家长领袖，为维护心智障碍者的权益走出家门成立独立于残障康复机构之外的家长组织。那么之后呢？2017 年，我们发现这样一个动向，原本活跃民间的家长组织领导者纷纷走进残联，成为兼职理事或者专门协会的主席。这一动向引起我们高度的重视。

在我们报告中曾多次提及残联系统的残障者及其家长的人才断档问题。一方面，在群体改革的背景下，中国残联及各级残联的主席团、理事会、专门协会所做的具体变化；另一方面，民间的家长组织还处于弱不禁风的阶段，一旦领导者身兼多职，在处理残联半官方和民间家长组织法人或领导者的身份冲突，基于机构的政府购买服务方面的关联交易，以及作为社群代表在争取权益时带来的身份混淆等。

我们承认这很具中国特色，对于民间家长组织而言不一定是坏事，可以更换法人、理事等方式解决社会服务机构或社会团体的治理问题。现阶段家长们进入残联、专门协会时，在体制内会获得更多的政策倡导机会和条件。但随着政策倡导的深入，必将遇到一些核心议题，必然遵守体制内规则。一边是遵守纪律、服从大局，一边是家长们呼声日益高涨，利益和倡导会发生根本冲突，以至于这些进入体制内的家长领导者在利益面前抵抗不住诱惑，在核心问题的解决上抵抗不住体制。

而与此同时，大多数靠领导者的魅力维持发展的家长组织，当领导者分身无术，后继无人，顾不上机构的生存与发展，或者由家长治理无形中变成专业社工代替，彻底变成社会服务机构，而非家长社群组织的时候，家长领导者的变相停滞，带给个人和机构的是冰火两重天的不同境遇。

对于民间心智障碍者家长组织发展从“热”变“冷”的趋势猜想，同商业社会里大多数新生行业的发展路径是一致的。从一个新概念、一群人、一堆钱潮水般涌入，到热度过后如潮水般退去，大跨度发展，不断拨动、诱惑着每一颗不安分的心。而这使原本集结起来充满挑战的中国民间社群更加脆弱不堪，带来无以言表的伤害。2017 年，我们做此趋势猜想，以此警示和提醒我们自己。

叁

资本围剿残障领域的步伐逐渐逼近

当中国残联系统 2013 年前后放开政府购买民间服务的时候，还在为登记注册的非营利组织太少，无法满足残障人的需求犯难，进而为商业注册的服务提供者敞开大门之际，他们或许已经想到来自商业的资本虎视眈眈盯着这个行业已很久很久。

当中国公益行业 2009 年开始引入“社会企业”这一概念的时候，还在为社会企业的定义、标准等争论不休之际，或许是因为中国残障领域的康复服务机构一直以公益机构的形象示人，真不知道或者假装不知道，他们那时候的服务收入已经达到几百万元。

当中国社会在儿童保护、老年人权益、妇女保障等弱势者保护领域开始改革创新的时候，资本已潜伏多年，静等政策开放后的规划化爆发。他们或许真不知道或者假装不知道，同为弱势群体保障的残障领域，也在悄无声息地为变化积蓄力量。

当你听说一名自闭症儿童家长为了去一家知名民办康复机构做康复，

要筹集几十万元，并且排队等待几十个月；当你发现国外辅具厂商服务中国多年，常年处于亏损的状况，但坚决不撤出中国，只为等待辅具行业爆发的到来；当你浏览互联网企业开始用技术解决残障者的障碍；当你知道律师、保险公司、信托公司、房地产公司开始研究残障家庭的资产、遗产；当你懵懂文化创意公司开始挖掘自闭症人士的画作，鼓吹寻找中国的特殊儿童艺术天才；当你看到特教行业的教具厂商开始更多投入行业广告、举办行业会议；当你坐上各种交通工具开启无障碍旅游；当你吃到心智障碍者为你用爱心制作的咖啡甜点……此刻，我们的全部感官被调动起来，最后的嗅觉也产生共鸣，闻到来自资本的躁动之气。

是的，行业开了，沉寂多年的中国残障领域正在脱去羞涩的外衣，等待接受拥抱。然而，我们不禁要问，为什么人数如此之多的中国残障者直到现在才开始接受资本的拥抱？

1988 年成立的中国残联及各地残联系统，与其他领域一样，面对资本的无孔不入也曾经或依然抵抗不住诱惑。过去的经历给我们的提示在于，当全社会把残疾人事业经过几十年的塑造，树立起爱心奉献、道德至上、奋斗终生、无比励志的事业形象，一旦与充满铜臭味的资本结合时，各利益方似乎都不大好意思揭开这层事业面纱，披着爱心的名义、权利的名义、残障者的名义、国际人权形象的名义等各种名义的面纱，面纱上绽放着光辉的形象，而面纱下做着见光死的交易。渐渐地，残障者、家长、专业人士、商人等各路人马看到示范效应，纷纷杀入面纱，我们更加难以分辨其中的人鬼魔佛仙。

中国的残障领域真的就长期缺少资本的关注吗？我们需要重新正视。在政府、民间之外的商业，是展现社会活力和推动社会进步的重要力量之一，现实的存在，我们无法回避和排斥资本，反而需要去限制、约束资本的用武之地。一方面，中国的残障领域不是没有资本关注和注入，但多年对外畸形的事业形象，造成真的假说、假的不说的行业乱象。这是我们在残障领域的改革停滞甚至没有开启的结果，这一点也证明中国残障领域的发展长期落后于儿童、妇女、老年人等少数社群，更别说其他领域。另一方面，爱心和道德作为事业形象所忽略的残障专业，在资本上的表现，要不迟迟观望，要不野蛮闯入不管是否专业，要不就是过度强调专业的医疗模式大行其道。

是的，在中国的残障领域，不是资本怎么了，而是要问中国的残障领域怎么了。

近些年，随着资本的力量不断冲击、改变着不同行业的规则和秩序，改变着人们的观念、习惯和生活方式，中国残障领域，无论究竟怎么了，都无法避免资本的冲击。谈钱，不伤感情的专业操守和契约精神，开始慢慢捅破这层面纱带给各方人士的困惑。

正如前面我们列举的各种感受，资本已经全面窥探到中国残障社群在日常生活里方方面面的需要，也发现了改革长期停滞下的残障行业的秩序重组和商业空间，资本的智慧和动力没有理由再忽视“残障”这样一块中国仅存的为数不多的商业荒漠。

资本，来了！这是我们看到的未来。资本围剿残障领域的步伐正在逼近，这是我们 2017 年报告的趋势猜想。我们拥抱资本，是期待它打破残障行业的陈腐；我们警惕资本，是担心它会吸血般抽干本就干涸的残障者；我们限制资本，是促使它推动行业的改革。而这些，也正是其他行业已经或正在做的。

未来有一天，当我们再次面对资本的时候，说出“厉害了，我的残”，还是“利，害了我的残”，哪个是你的答案？

肆

特殊教育行业在四面楚歌中孕育发展

2017 年，如果不是因为《残疾人教育条例》的修订实施，以及《第二期特殊教育提升计划（2017~2020 年）》的出台，在最近几年的观察报告中，特殊教育行业几乎被我们遗忘。静下心去回想造成这一疏漏的原因，我们得出特殊教育行业四面楚歌这样一个行业发现。

师资阶段。在常年大力发展特殊教育的政策背景下，坐落在综合大学或师范院校的特殊教育学院或者单独设立的特殊教育学院，从学生人数和硬件条件，都发生了很大的变化，条件越来越好，数量越来越多。但师资配备的不充裕又限制了学生的发展，一句话：有学生没老师。而教师队伍缺人，是中国特殊教育落后在专业队伍建设上的反映。另外，特教学院的生源相对其他专业差，各特教学院的学生整体水平一直不高。某些特殊学院重视实训方面的实用型人才培育，但缺少特教专业研究层面的后备力量补充，又会造成专业理论研究上的欠缺。接下来，毕业之后的就业，面临的各种选择和挑战就会更多。如北京师范大学、华东师范大学等，这些特教专业里的名校，其毕业的学生很抢手，但大家都想奔类似京广深、苏浙沪等特教发达的地区，可这些地区学校的编制又受限，差一点的特校又不愿去。还有一点更为纠结，多年来特教教师的教师从业资格证，都是考普通教育学科，国家一直没有专属的特殊教育教师资格证。各种限制成了特教院校毕业的学生就业选择上的障碍。

特教学校。随着各地纷纷新建、改建、扩建特教中心，或者合并盲校、聋校，各特教学校校长的社会活动越来越多，成为左右学校发展的关键人物。迫于教育行业“校内不许出事”的现状，对于普通特教教师来说，追求教学质量变成追求程序文件齐全，老师们的精力没有放在学生上，去做IEP，而是濒于满足各方面的检查。没有做过定量调查，但个人感受是，能在特教学校用心干5年以上的老师越来越少。环境，已经使人无法用心。同时非专业的领导专业的现象，在特教学校更是比比皆是。特教专业还有一个特点，就是不同残障类别的教育也是不同的，专业会更进一步细分。这一误区和情况，使老师们或是基于学校的合并，并入其他障别后，要不断学自己专业之外的内容，或是根据领导的要求做不专业的“专业”，或是无所适从。

民办康复机构雨后春笋般出现之后，需要大量实操性的特教学生，不够的就从幼教、心理学专业找。同时，康复机构还要防挖人。自己培训出来的特教人才，一方面担心被挖走，另一方面不断提高薪金，进而挤占年轻人的空间，提升残障儿童家长的收费。此外，压力大、不稳定、专业发展不明朗等因素也会造成人员的流失。

家长。随着家长年龄层的降低、知识水平的提高，家长对于特教专业的知识越来越懂，对老师也就越来越挑剔。与普通学校里家长与教师的关系不同，在民办康复机构，家长越来越敢于直言教学质量。在前面的人才现状下，家长们当然对特教行业的教师、从业者产生失望和不信任。而在公立特殊学校，又回到了和普校一样的家长配合学校的情况，家长们没那么问责。同时，融合教育发展趋势下，家长们又急需专业的特教老师给予融合支持。

政策。按道理，《残疾人教育条例》修订之后，行业本应该发生变化。但从1994年版条例出台后的执行情况看，首先，教育部就会长出一口气，终于完成政策出台，接下来的落实，那就走走看吧，这种思维方式已经成为习惯。其次，推动落实的人没有推动政策出台那么努力。教育部、残联促成政策出台，落实的话，仅靠残联显然会削弱很多。而民间的家长们，又会回到老路，手里拿着政策，脸上挂着笑脸，点头哈腰地四处求人。

歧视。这也是老生常谈的问题，社会对于残障的歧视折射到特教行业，一来，从事特教行业的教师待遇差，发展空间小。二来，教育行业尤其是普校对特教的远离与歧视，从事教育的官员、专家都觉得残障者的教育就是吃好、睡好、管好，别出来捣乱。精英式的教育理念，必然产生这样的特教思维。三来，家人、朋友的不理解，好端端地做什么特教老师，将来找得到对象吗？特教行业连家人都给标签化了。四来，社会对待特教人员的态度是对残障歧视的特教反映，特教都是有爱心的。但我们特教老师的专业呢？就都不认了，甚至不需要专业。

似乎还有，我们不再一一分析。除了家庭以外，与残障者最早接触、最接近的特殊教育行业，怎么变得这样破烂不堪？希望我们的观察和描述是一个错觉，甚至是错误。所以，我们谨慎地形容为“四面楚歌”。

江湖告急，那是不是特教行业就没有希望了。答案是否定的，有希望，正在孕育发展。

理由一，有人学。从引入行业专家回国建设中国的特教专业，到中国本土特教专业的人才培养紧锣密鼓地进行，中国的特教人越来越清楚国外特教行业发展的现状，这是为了懂得我们像先进的学什么，因为回到国内，还是要实践适合中国本土的特教模式。同时，在我们的认知里最合适移植到大陆的台湾地区的特教模式，也与大陆各地的学术交流与日俱增，可以极大地减少我们实践的弯路。有人学了，必然就会有人用。

理由二，有人回。一批批赴海外留学的人才，学成之后纷纷回国，从事专业研究、教学和实践。他们知道，所学的专业在国内最大、最有可能实现专业理想。此时，特教专业的学科建设就会带来革命性的改变，而这一情况正在发生。

理由三，有人干。置身于特教行业的从业者，我们欣喜地发现，有一批与我们同样的人，开始反思中国特教行业，并用行动影响同行。虽然相比行业的从业者，他们的人数和力量极其单薄，但这些特教骨干和人员具有共同的特征：既实践，又保持理论的提升，遵循《公约》理念，更明确残障者是权利的主体；既理性批判行业现状，又积极行动促成改变，既有薪酬水平的生活需要和保障，又有专业发展的实践和理想；既专业，又不以爱心代替专业；既务实，又不以崇洋媚外代替本土智慧。总结起来，他们更理性和坚韧。

以上理由，我们暂且梳理至此，是不是这些就足以使特殊教育行业发展变化？我们不能马上回答这个问题，即使还有一些状况进入我们的视野里。四面楚歌中孕育发展，风险中蕴藏机会，特教行业同样也是中国残障领域乃至中国社会发展的一个缩影。

后 记

相比往年，今年的撰写最有压力。这种压力，既不是第一年意气风发时的懵懂和无畏，也不是之后的探索和奋进，还不是去年确定“残障观察丛书”后的欣喜和亢奋。进入第四个年头，压力来自三个方面。

其一，没有了项目展开，我们的脚步放慢，在行动中的观察停滞。2017 年 1 月 1 日起施行的《中华人民共和国境外非政府组织境内活动管理法》，国际 NGO 在中国的发展进入新时代。那些注册、未注册或者还在考虑中的国际 NGO，观望的、埋头办手续的、寄希望打擦边球的等各种样态，对我们的直接影响是项目暂停，发展节奏失调，方向产生迷茫，导致报告在行动中获得的滋养中断。

其二，这一年残障领域的发展能被记录的太少，或者说不仅我们被动停摆，整个行业似乎都处于静止状态。当然也确实有一些很值得记录的事情，但并不是现在就形成文字，或者说我们用其他方式先留下，没有遗漏，也没有因为客观因素被删除。

其三，也是最重要的原因，我们又开始怀疑自己。这次的“又”与上一次对自身的怀疑不同，这一次的怀疑是由内及外和由外促内的互动，是双向的，有点无路可逃的感觉，至今没有走出来。我想这段经历和折磨，会在未来某一年的报告中的某一个部分出现。多长时间揭晓，我不知道，先留下悬念。

我相信，细心的读者看完今年的报告会证实这三点。不过，好在是暂告一段落，我会给自己一个爱的鼓励和拥抱，然后转身离去，不忍看这满是狼藉的一片。但我没有走远，拄着拐杖，快不了，也走不远，压根也不会走开。所以，只要你想，定会遇见我，在一地狼藉的旋涡中。

过去未去，未来已来！未来已来……

解 岩

附录一

残障相关事务报道媒体监测
不完全报告 · 2011 年度

【阅读提示】

自有一加一以来，作为中国本土残障人自助组织，我们报道过北京残奥会，制作《中国残障人观察》节目，举办“中国残障青年领袖训练营”和政策倡导研讨会等，长期以来致力于实践各种方式、突破各种限制，向社会和残障人自己说点什么，以残障的视角记录变革，透视社会，发出残障人自己的声音。

直到有一天，我们阅读了联合国《残疾人权利公约》，明确残障问题的关键在于社会中存在的恐惧、无知、偏见以及种种社会障碍和歧视，并用一整条的篇幅规定了宣传国家对于制止关于残障人的陈腐观念、偏见和有害做法的义务，要求各国采取措施鼓励各类媒体以同公约宗旨相一致的方式塑造残障人的形象。

同时，我们在实践中又进一步发现，负面的态度已经导致陈腐的观念，给人贴标签和歧视，影响了人们如何选择行动和对他人做出反应，这一切往往又会被媒体、政策等强化！我们身处其中，正在用残障人自己的行动来改变这些，这是一加一作为中国残障领域独立媒体的责任和义务！

为此，我们自 2011 年起，通过收集主流媒体关于残障类新闻的报道，监测评析社会对残障人的态度，分季度制作《残障相关事务报道媒体监测不完全报告》，旨在与媒体探讨如何改善新闻报道的技巧和效果，正面塑造残障人形象，在社会各个层面倡导建立完善一个对残障人无歧视、机会均等的环境。

我们不求面面俱到，但求深入浅出，不求艰涩精深，但求通俗易懂，不求辞藻华丽，但求言简意赅，故取名为不完全报告，板块包括：案例、走势、用词、海外、热词、猜想、人物和微博等，通过《不完全报告》，你可以：

- ➢ 了解残障新闻中的歧视
- ➢ 直面残障报道中的误区
- ➢ 掌握残障事务中的趋势
- ➢ 见证社会发展中的态度演变

没有我们的参与，不能做出与我们有关的决定！

Nothing about us without us !

本报告全部由残障人编写并制作完成，其中一定有很多不足之处，敬请批评指正，以待进一步完善与充实！感谢比利时政府发展部、国际助残、英华残障人教育基金会给予本报告的支持和资助！

面对未来，我们知道，这仅仅是个开始……

一加一（北京）残障人文化发展中心

2012 年 1 月于北京

残障相关事务报道媒体监测不完全报告
2011 年第一季度

声明：本报告并非定量研究的结果，因此称之为不完全报告。只是以网络为媒介，选取 2011 年 1 月 1 日至 3 月 31 日的相关报道进行研究，出发点并不是对传媒的责难与褒奖，仅是一种善意的信息传达，希望能对读者有所启示。

【季度案例】

案例 1：青岛爱心卡，想说爱你不容易

1 月 1 日，某报报道了在青岛市公交公司将残障人的免费乘车卡的提示音由普通嘀嘀声换成了“爱心卡”的提示音，原本是为了方便残障人，但引发了近六成青岛残障人的不满。

点评：

爱心卡有别于学生卡、员工卡等卡的属性，涉嫌侵犯残障人的隐私。在诸多健全人看来，难于理解的是，为什么残障人居然会抗拒他们的爱心。而这个过程中，实际上是忽略了残障人自己的表达。在普遍认为残障人无多大能力的社会环境中，健全人的同情与关爱，有时候极易演变成不堪承受的爱心之重。

案例 2：盲人犯罪，这回处罚不从宽

2 月 23 日某报登载了以“盲人犯罪，这回处罚不从宽”为题的报道，争议的焦点在于“盲人犯罪应不应该从轻处罚”。经过审理，犯罪嫌疑人系盲人因减轻处罚的意见未获支持，被告终以“故意伤害罪”被判死缓。

点评：

案件的审理清晰明了，不存在疑义。但就报道的标题而言，似乎带着法律终于扬眉吐气的意味，且这种标签化的标题方式，以偏概全，给人的感觉就是残障人跟犯罪联系相当紧密，并且在犯罪之后，纷纷利用自身残障逃脱了法律的制裁，有错误理解刑法精神、误导公众之嫌。

案例 3：孩子妈自称妙龄女，与盲人按摩师开房索财数万

2 月 14 日某报报道，“孩子妈自称妙龄女，与盲人按摩师开房，并索财数万”，讲述一名女子诈骗盲人按摩师钱财的事情。其中比较有戏剧性的是盲人因女子频频借钱，并在伙计的提醒下产生怀疑，在自己无法看清女子身份证的情况下也不找健全朋友帮助，而是孤身前去查证，终将其识破。

点评：

骗财故事年年有，老盲被骗不新鲜。如果不是记者逻辑上失误，那就是这位盲人果然够笨够好骗，又难免产生偏盖之嫌，用词在力求吸引公众眼球之余，却是一种对残障人的歧视。

案例 4：报考心理咨询师，盲人遭遇开头难

3 月 16 日，某报报道了大连市两名盲人想报考国家二级心理咨询师统一考试却遭遇困难的新闻，其原因是省劳动技能鉴定部门说以前没有盲人参加考试，因此就不能做。

点评：

平等地参与社会，被纳入政治、经济教育、文化等生活中，是残障人应该享有的基本权利。报道中虽然呼吁大家为盲人提供便利，但仍旧停留在救助层面，并未认识到与健全人一起参加考试是残障人的权利，而非政府福利。如果认识不到这一点，那么残障人融入社会，平等参与社会的愿望也难以实现。

【季度走势】

1. 2011 年初，又逢中国最为重要的传统节日春节的准备与到来，因此，各大媒体承袭了一贯的报道方式，涉及残障的相关报道，以各种形势的进入残障人家庭或者福利机构赠送各种生活物资、给予各种服务及各种关怀为主，相关标题也都是“送温暖”“送爱心”等。

如某报 2 月 3 日的报道“徐少华与残疾人共度除夕”，某报 2 月 9 日的报道“秦皇岛北戴河 7.4 万元资助贫困残疾人温暖过大年”等。这些报道仍旧力图展现残障群体物质生活与精神生活的贫乏，同时也传达出社会对残障群体的关爱，尤其在各种节日前后。此类报道占据残障相关事务的绝对主体，反映了媒体大众对残障人士认识的单一化、固有化及简单化，以及一种从上向下的观察态度。

2. 节后，新一批应届毕业生即将离开校园，进入实习及工作岗位，残障人士就业问题也成为媒体关注的不可或缺的一部分。从相关报道来看，残障人士的就业问题，仍以各级残联及有关部门举办专场招聘会为主要解决途径，单独求职者，鲜有成功。

如某报 2 月 12 日的报道“残疾人专场招聘会 4~6 月定期举行”，某报 2 月 27 日的报道“山东龙口连续三年举办专场招聘会帮残疾人就业”，某报 2 月 25 日的报道“节后首场残疾人招聘会火爆，有四百多人求职”等。这些报道基调以喜悦为主，对各级有关部门的工作给予了肯定，却很少有分析这种专场招聘会实际上反映了残障人士就业难及就业受歧视的现状，还有残障人士因为普遍受教育程度不如健全人，而在与健全人共同竞争中处于劣势的现象。

【季度用词】

残废　残疾　残障

从 1 月 1 日至 3 月 31 日，以百度新闻关键词检索为样本，关于残障事务的相关报道，以“残废”为检索词的新闻条目 2750 条，占总条目的 2%；残疾条目 134000 条，占 94%；残障条目 5730 条，占 4%。

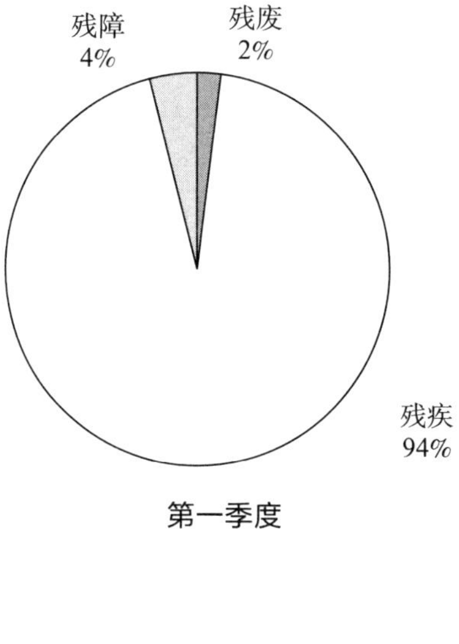

第一季度

智障　傻子

以“智障”为搜索词的条目为 8090 条，占总条目的 57%；以“傻子”为搜索词为条目为 6090 条，占总条目的 43%。

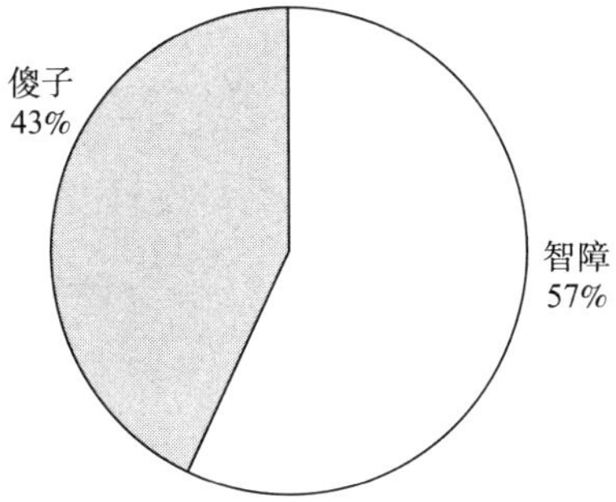

第一季度

精神障碍　疯子

以“精神障碍”为检索词的条目为 2920 条，约占总条目的 2%；以“疯子”为检索词的条目为 158000 条，约占总条目的 98%。

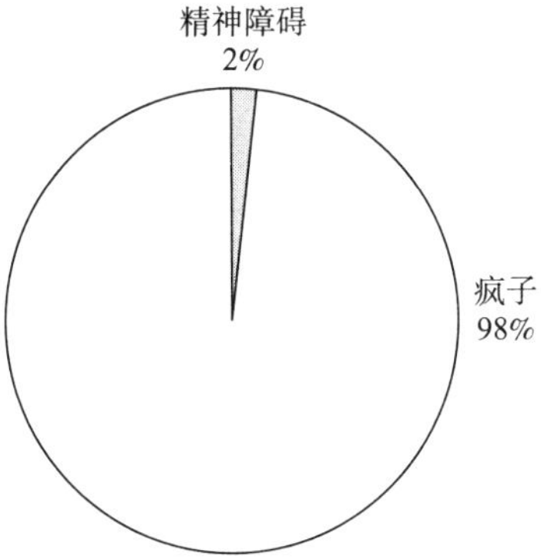

第一季度

听障　聋哑　聋子

以“聋哑”为检索词的条目 5760 条，约占总条目的 76%；以“听障”为检索词的条目有 1020 条，约占总条目的 13%；以“聋子”为检索词的条目的有 819 条，约占总条目的 11%。

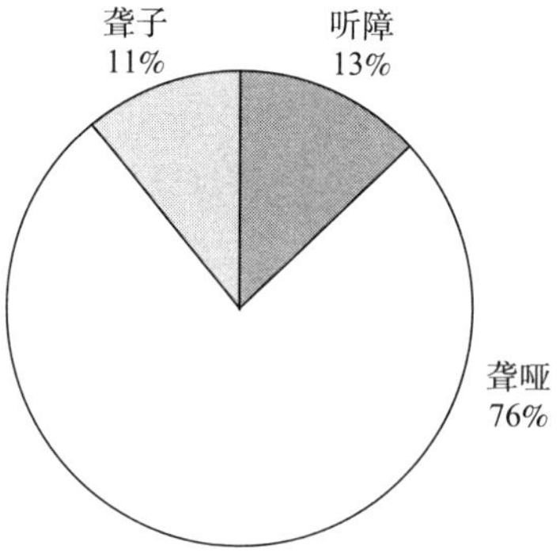

第一季度

语言障碍　哑巴

以“语言障碍”为检索词的条目有 776 条，约占总条目的 36%；以“哑巴”为检索词的条目有 1370 条，约占总条目的 64%。

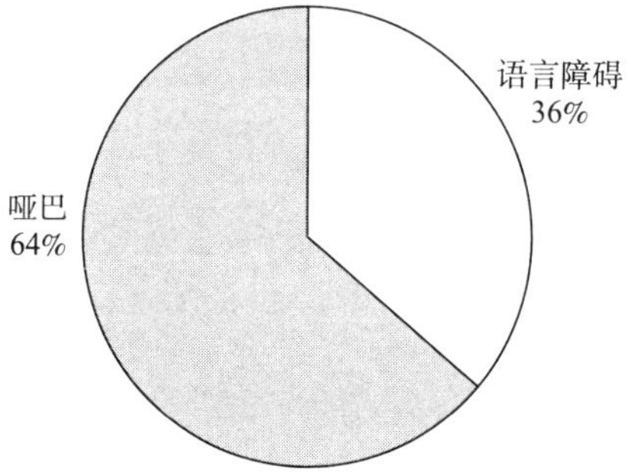

第一季度

视障　盲人　瞎子

以“视障”为检索词的条目有 850 条，约占总条目的 7%；以“盲人”为检索词的条目有 9970 条，约占总条目的 77%；以“瞎子”为检索词的条目有 2120 条，约占总条目的 16%。

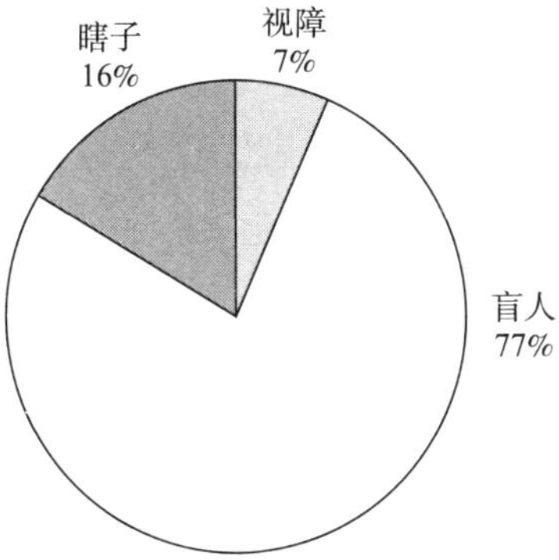

第一季度

肢残　瘸子

以“肢残”为检索词的条目有 1500 条，约占总条目的 76%；以“瘸子”为检索词的条目有 481 条，约占总条目的 24%。

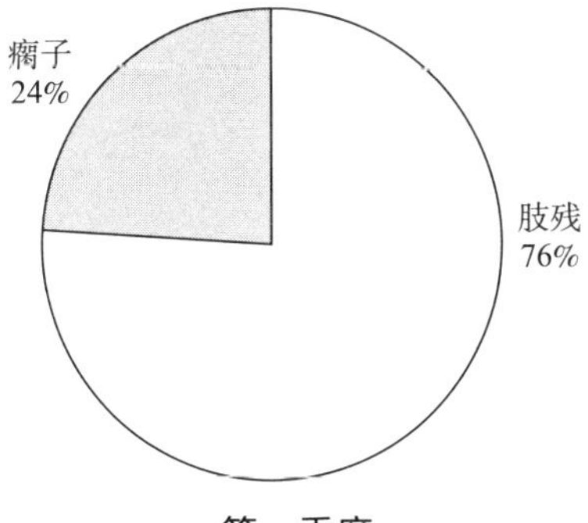

第一季度

【聚焦海外】

在 2011 年第一季度国内各大媒体转载的国外新闻及对国外事务的报道中，与残障相关的新闻主要出现在体育、科技板块。如：

➢ 1 月 26 日，《“刀锋战士”7 年来首尝败绩　100 米不敌奥运会宿敌》

➢ 2 月 11 日，《2014 年冬奥会和冬季残奥会 候选吉祥物揭晓》

➢ 3 月 29 日，《日本发现自闭症致病新机理》

此外，一些发生在国外与残障人相关的生活类新闻，也是国内媒体的社会趣闻板块竞相转载的热点。如：

➢ 1 月 7 日，《大马槟州首所华校“特殊教育班”开课　创华校先河》

➢ 2 月 21 日，《加拿大温哥华举行残疾人时装秀》

➢ 3 月 31 日，《个性化票务服务：伦敦推出“残疾人票务关爱”计划》

在第一季度大量来自海外的类似新闻中，有一则新闻一枝独秀，让人眼前一亮，那就是 2 月 14 日转自国外某知名报纸的报道《英法庭将审理是否对智障妇女强制绝育引发争议》。此篇报道的内容主要关注智障人士的生育权，对于国内公众有更多的提示意义，但此类有直接权利提示作用的报道转载数量并不多，从一个侧面也反映了公共媒体对待残障人事务的态度。

【季度热词】

公益诉讼

热词来源：

“深航拒残”已立案　残疾人为尊严索赔 1228 万元。

阐释：

关于公益诉讼的定义，一种认为是指特定的国家机关和相关的组织及个人，根据法律的授权，对违反法律法规，侵犯国家利益、社会利益或特定的他人利益的行为，向法院起诉，由法院依法追究法律责任的活动。这种观点可以称为“救济对象广义说”。“广义说”中的另一种观点认为所谓他人利益是指“不特定的他人利益”。与广义说相对应，有人认为公益诉讼是指任何组织和个人都可以根据法律法规的授权，对违反法律及侵犯国家利益、社会公共利益的行为，有权向法院起诉，由法院追究违法者法律责任的活动。这种观点可以称为“救济对象狭义说”。

不过对于提起公益诉讼的一般公众和社会团体，是不是所提起的诉讼必须是与自己没有利害关系才算是公益诉讼这一点上，各种观点之间有一定分歧。换句话说，如果这个诉讼是为了个人的利益进行的，但是诉讼本身的意义超出当事人自己私利的范围，具有社会的普遍性，诉讼的结果对公众利益影响较大，这样的案件是否可以划入公益诉讼的范围。

对此存在两种观点，一种是主观论，一种是客观论。客观论认为诉讼的提起只要结果客观上促进公共利益的增进，这样的诉讼就应当被看作公益诉讼；主观论认为原告提起诉讼如果主观上是为了个人利益而起诉的，虽然客观上对其他人也有利，不能认为是公益诉讼，必须主观上是为了公众利益起诉的才是公益诉讼。事实上，从前面对个人利益与公共利益的讨论中我们知道，个人利益与公共利益往往相互交织，有些时候对诉讼的性质的判断完全根据当事人的主观目的判断不是最恰当的，只要诉讼活动的结果具有公益性质，应当视为公益诉讼。实际上，现在社会公众比较一致的观念都承认那种“主观为自己，客观为他人”的诉讼是公益诉讼。

点评：

如何通过合理合法并行之有效的方式来维护残障人自身权益，此次深航拒残事件，给了我们一些启示。而随着公益诉讼在中国的发展，我们也逐渐认识到，在公益诉讼过程中，一个非常重要的部分，那就是影响力，而这也就涉及与传统媒体的合作以及新媒体的运作两个方面。只有有了足够的影响力，并引发公众的关注与探讨，才能更切实地维护自己的权益，并推动社会变革。

【季度猜想】

2011 年第二季度，因为 5 月 15 日是全国助残日，因此媒体在此前后所关注的仍旧会更多地集中在各地为助残帮困所举办的各类活动上。当然，就目前的状况而言，残障人在社会中处于弱势地位，确有需要帮扶之处。但我们所希望看到的，并非简单的关于救助残障人的报道，甚至着眼于对政府及社会团体的赞扬，而是借这个时间点，深入地去探讨造成残障人生活现状的原因及根本性的对策，抛开同情与温暖，做到平等地真实，让公众对残障人的了解更加真切，而非继续地固化下去。

【季度人物】

刘海军　郑卫宁

2010 年 12 月 28 日发生在首都机场的一起残障人怒砸深航柜台的新闻事件，引发了诸多媒体的关注。从怒砸，到发起公益诉讼，再到庭外和解，深航修改自己的规定，媒体纷纷进行了追踪报道。而这起事件中，事件的当事人充分利用了新媒体的力量，从事件发生的第一时间开始，就在新浪微博上进行发布，许多公众在媒体没有报道前便已经关注到此事件。同时事件的当事者郑卫宁和刘海军，从一开始就绕过了传统媒体，能够充分而自由地表达残障人的声音，并使媒体在报道中有了更多的参考与需要正视的地方。这一点，值得我们从事残障领域相关事务工作的人们借鉴。但是在媒体一边倒地支持这种制造影响力的媒体事件的同时，没有能够有进一步深入的关于残障人权益应当如何维护的探讨，让我们有些遗憾。

【季度微博】

由于系统优化，第一季度新浪微博不支持此功能。

残障相关事务报道媒体监测不完全报告
2011年第二季度

声明：本报告并非定量研究的结果，因此称之为不完全报告。只是以网络为媒介，选取2011年4月1日至6月30日的相关报道进行研究，出发点并不是对传媒的责难与褒奖，仅是一种善意的信息传达，希望能对读者有所启示。

【季度案例】

案例1：惊世纯爱，美丽女孩痴嫁残疾小伙

6月15日，某报登载了一则《惊世纯爱，美丽女孩痴嫁残疾小伙》的报道。新闻的内容并无出奇之处，是大家在媒体报道中司空见惯的残健结合的婚姻历程。起初遭遇健全方家庭的反对，后两人强行结合，并生活得很幸福，最终得到了健全方家庭的认可。

点评：

内容无法出彩，就在标题上做文章。在残健结合的婚姻已渐趋常态的今天，以“惊世纯爱”为噱头，对公众有一种误导，好像与残障人结合，有多么惊悚，多么需要勇气，而一“纯”字，更是说明健全方不图残障人士什么，因为残障人什么也没有，有抹杀残障人感情需求与付出能力之嫌。

而每每在残健结合的婚姻中，来自健全方家庭的反对声音，与媒体报道中这种若有意似无意的用词，也有一定的关系。如果是出于共建和谐社会的目的，报道时不妨多多书写残健结合的婚姻生活，也如普通家庭一样，都是平凡的幸福、平凡的温馨。

案例 2：一家七兄妹五个是盲人　不愿抛弃自尊经营磨坊自立

4 月 26 日某报新闻《一家七兄妹五个是盲人　不愿抛弃自尊经营磨坊自立》，讲述来自农村的一家七兄妹中，有五个属于视障者，他们这一家子如何通过经营磨坊来自立生活的故事。

点评：

不愿意抛弃自尊，在新闻内容中所体现的是大家的一种固有观念，那就是生活在农村的视障人士只能靠乞讨度日。但这个标题的使用，将一个原本应该归属于社会的责任问题，推诿给了许多正在依靠乞讨度日的视障人。姑且不论乞讨也是一种自我救助的权利，单就“抛弃自尊”而选择乞讨的视障人生存现状来说，其原因在于社会在康复，教育与就业方面的支持性缺失。而同时也反映了部分媒体对于残障的认识仍旧有所滞后，而没有意识到残障人所面临的障碍来自社会，而不应归咎于残障本身。

案例 3：理论上的导盲犬　与实际中的盲人

5 月 16 日某报的一则新闻《理论上的导盲犬与实际中的盲人》，报道了目前视障人导盲工具及设施的缺失和所面临的尴尬现状，并分析了造成这种现状的原因，即公众的多一事不如少一事的心理，并发表了视障人被健全人符号化的一种担忧。

点评：

一个“理论上”，一个“现实中”，两个短语的使用，既精辟又形象地反映了残障群体在公众心中符号化、标签化的现状。新闻除了报道现状之外，还进一步进行了分析和思考，提到了视障人变成一种被明眼人所定义的符号的情况，并提出了为什么见不到鲜活的残障人这样一个问题。在普遍以固有观念报道残障的环境下，着实令人眼前一亮。如若能进一步讨论，倡导残障人自我事务自我参与的理念就更佳了。

【季度走势】

承袭第一季度而来，残障人就业问题仍旧是本季度媒体关注的热点之一。而与第一季度有所不同的是，在第二季度里，电子商务在淘宝的推动下，成了解决残障人就业的热点话题。如：

➢ 4 月 19 日，《湖南省残联征集困难残疾母亲开网店》

➢ 5 月 6 日，《残疾女孩管爽爽：最坚强的淘宝卖家》

➢ 5 月 20 日，《淘宝资助云南盈江地震灾区青年创业》

➢ 5 月 23 日，《淘宝招募残疾人参与“云客服”在家 soho 也能创业》

残障人就业难的问题一直被媒体关注，从残障人专场招聘会的大量报道，转向为残障人提供匹配岗位的技能培训，开始触及残障群体生活困难的根源所在。在残障人难于接受普通教育的现状下，迫切需要职业技能培训。此类报道，结合主流，大力推动公众对残障人新职业开拓的认识，在目前来看具有相当的意义。然而电子商务一类的新职业被过度鼓吹的话，也会出现过犹不及的情况，那就是会让公众仍旧对残障人的能力有所怀疑，认为他们只适合坐在家中的工作，不利于残障人回归主流，同时也会使社会忽略软硬无障碍环境建设的重要性。

2011年6月，一起发生在2010年11月的案件成为媒体在残障领域争相报道的热点，那就是“韩群凤溺杀双胞胎脑瘫孩子”一案开庭审理。该案于6月2日在东莞第一人民法院庭审，于6月28日宣判。这起案件，起初媒体报道的焦点在于母亲杀子的道德争议以及公众的态度，关注的点在于社会问题。而随着讨论的深入，一个脑瘫家庭所面对的经济压力、父母的精神压力和对孩子未来的担忧，逐渐展现在不了解内情的公众面前，促使媒体与大众进一步思考悲剧发生的原因。而从要不要原谅这位母亲，到拿什么告慰过早离开的孩子，再到呼唤社会救助体系的出台，媒体在报道这起事件的同时，也是在与大众一起思考的过程。只是有时候我们不禁要问，是不是有些东西来得太迟，因为类似韩群凤这样的事件并非第一起，也绝非偶然，如果能够早一点，那么……由此，也引发了我们另一个思考：一个事件的新闻价值究竟在哪里？

摘选相关新闻如下：

➢ 5月22日，《广州残障儿童母亲写信为溺死脑瘫孖仔母亲求情》

➢ 6月3日，《脑瘫儿母亲溺子事件开庭审理　家庭悲剧如何不再上演》

➢ 6月29日，《母亲溺死双胞胎脑瘫儿被判刑5年》

【季度用词】

残废　残疾　残障

从4月1日至6月30日，以百度新闻关键词检索为样本，对关于残障事务的相关报道，以“残废”为检索词的新闻条目为2540条，占总条目的2%，与上一季度相比无变化；残疾条目为118000条，约占总条目的91%，比上一季度减少了3个百分点；残障条目为8610条，约占总条目的 7%，比上一季度增长了 3 个百分点。

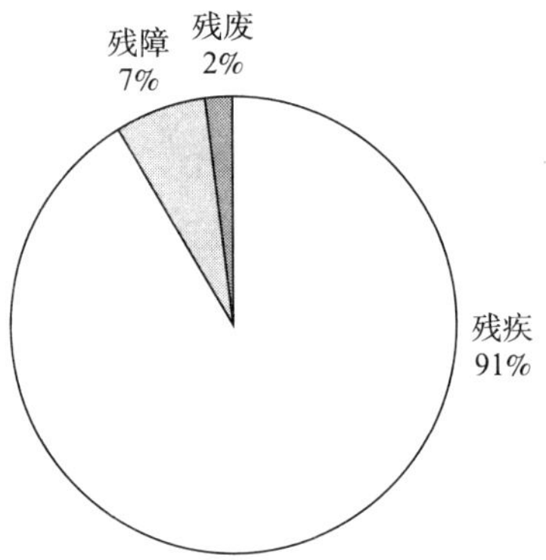

第二季度

智障　傻子

以“智障”为搜索词的条目为 12200 条，约占总条目的 57%；以“傻子”为搜索词的条目为 9060 条，约占总条目的 43%。虽然“智障”用词的报道有所增加，但百分比无变化。

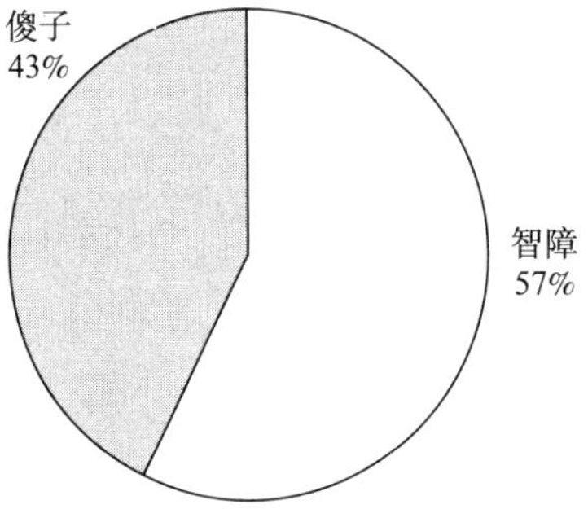

第二季度

精神障碍　疯子

以“精神障碍”为检索词的条目为 6090 条，约占总条目的 41%；以“疯子”为检索词的条目为 8780 条，约占总条目的 59%。与第一季度相比，这组用词所占百分比有明显变化。

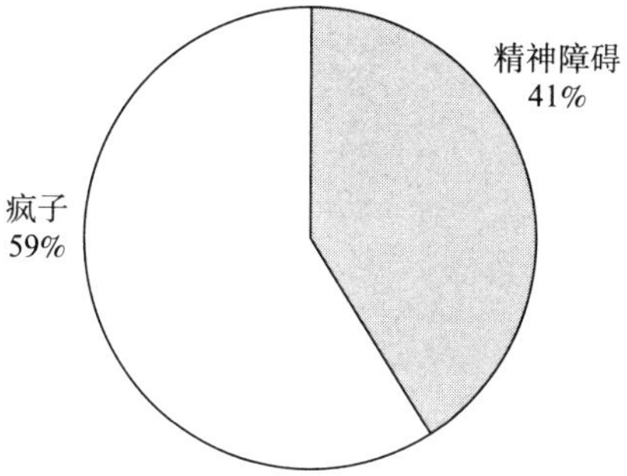

第二季度

听障 聋哑 聋子

以“聋哑”为检索词的条目为 9970 条，约占总条目的 75%；以“听障”为检索词的条目为 2260 条，约占总条目的 17%，比第一季度增长了 4 个百分点；以“聋子”为检索条目的有 986 条，约占总条目的 8%，比第一季度下降了 3 个百分点。

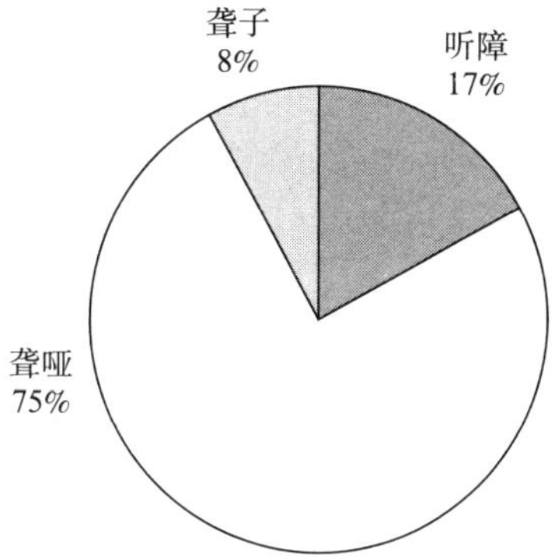

第二季度

语言障碍 哑巴

以“语言障碍”为检索词的条目为 4940 条，约占总条目的 48%；以

“哑巴”为检索词的条目为 5290 条，约占总条目的 52%。

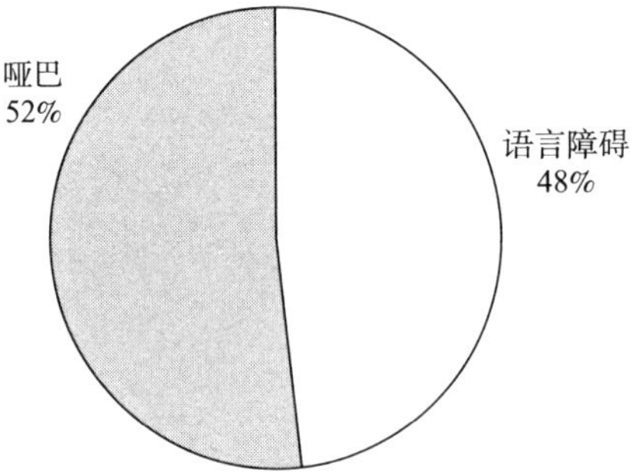

第二季度

视障　盲人　瞎子

以“视障”为检索词的条目为 1170 条，约占总条目的 6%，与第一季度相比减少了 1 个百分点；以“盲人”为检索词的条目有 14500 条，约占总条目的 80%，与第一季度相比增长了 3 个百分点；以“瞎子”为检索词的条目为 2560 条，约占总条目的 14%，与第一季度相比减少了 2 个百分点。

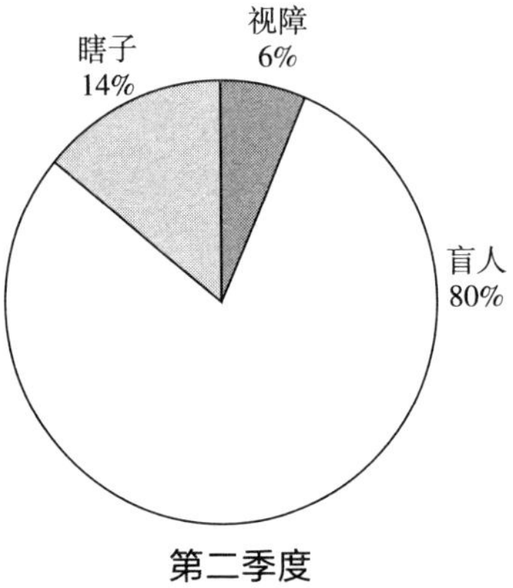

第二季度

肢残　瘸子

以“肢残”为检索词的条目为 2270 条，约占总条目的 76%；以“瘸子”为检索词的条目为 714 条，约占总条目的 24%。与第一季度相比，这组词无明显变化。

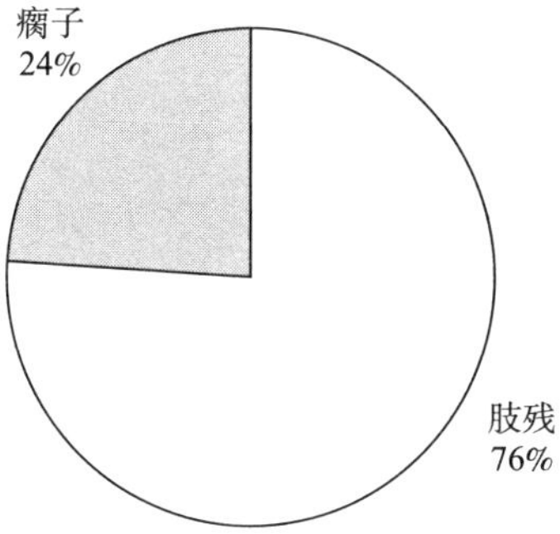

第二季度

【聚焦海外】

在 2011 年第二季度国内各大媒体转载的国外新闻及对国外事务的报道中，与残障相关的新闻主要出现在体育、科技板块。如：

➢ 4 月 26 日，《国际残奥委会公布明年伦敦残奥田径赛资格标准》

➢ 5 月 31 日，《植入式仿生眼技术测试成功　获官方批准认可》

➢ 6 月 9 日，《2011 年雅典特奥会圣火取火仪式在雅典举行》

此外，一些发生在国外与残障人相关的生活类新闻，也是国内媒体的社会趣闻板块竞相转载的热点。如：

➢ 4 月 11 日，《美国无腿青年玩转橄榄球　自信幽默交往过 25 个女友》

➢ 5 月 31 日，《加拿大温哥华举行残疾人时装秀》

➢ 6 月 21 日，《震撼！记录美国盲人学校毕业舞会》

在第二季度的海外报道中，并没有涉及残障人权利的相关报道。例如，5 月

23 日《NFB 指责美国联邦政府网站没有实现无障碍》(*Federal Government Not Complying with Web Site Accessibility Requirements*)，此篇报道主要关注的是美国信息无障碍情况，此现象从一个侧面反映了公共媒体对待残障人事务的态度。

【季度热词】

血友病 [hemophilia]

热词来源：

6 月 16 日《人民日报》的报道：《我国现有血友病患者 8 万人，仅有千人能够坚持治疗》。

阐释：

一组遗传性凝血功能障碍的出血性疾病，包括：①血友病甲：因子Ⅷ(又称抗血友病球蛋白，AHG) 缺乏症；②血友病乙：因子Ⅸ(又称血浆凝血活酶成分，PTC) 缺乏症；③血友病丙：因子Ⅺ(又称血浆凝血活酶前质，PTA) 缺乏症。这一组疾病并不罕见，其发病率为 5 ~ 10 人每 10 万人，以血友病甲较为常见。其共同特点为终身轻微损伤后有长时间出血的倾向。

点评：

血友病是罕见病的一种，目前我国诊疗水平低下，治疗药物或缺乏或昂贵，给患者带来极大痛苦，且因关节出血而具有较高的致残率，血友病人 14 岁以下 50% 出现残障，18 岁以上 90% 出现残障。而实际上，在健全的保障体制下只要药物供应充足，虽无法完全治愈，但血友病患者的生活是完全能够与健全人一样的，而这正是我们媒体所需要关注的。

【季度猜想】

进入2011年第三季度，媒体在残障领域关注的焦点可能因为第八届全国残疾人运动会在杭州的召开而渐渐转向无障碍设施改造。但根据以往传统的报道方式，更大的可能性还是在于对这种改造的宣扬，很少有媒体会关注到通用设计的重要性，也鲜有报道认识到无障碍设施具有造福全社会的属性。

另外，值得我们在下个季度关注的就是精神卫生法草案的进一步发展。当所有人生活在可能“被精神病”的恐慌之中时，当看似陌生的“精神病”可能随时与健全群体扯上关系时，大众所关注的焦点是如何来保护自己。如果在下个季度的报道中，能够出现呼吁保护精神障碍者自身权利的报道，也许会令人眼前一亮，引发公众更多思考。

【季度人物】

桑 兰

在本季度，那个曾经在亚特兰大引发万千国人关注的体操女孩，再度成为公众的讨论焦点。可与当年大家一致的同情与爱怜有所不同的是，这一次桑兰引发的是公众的争议。事情的起因是桑兰提起巨额诉讼，状告当年在美国照顾过她的人及机构。此事一出，可谓一石激起千层浪，骂其忘恩负义者有之，为其可能遭遇性侵而愤然者有之，斥其无知者有之，疑其被人操控者有之。而事件随后的发展更是扑朔迷离，双方各执一词，逐渐演变成一场闹剧。让我们颇为惋惜的是，在这样一场公众关注的事件里，大家在关注桑兰时，如果能够关注到残障人的出行、就医等方面的问题，也许会冲淡这次事件的娱乐性，使它更具有社会价值与意义。

【季度微博】

每季度按关键词搜索本季度转发最多的微博，本季度入选的微博为：

残　废

南派三叔：盗墓 8 里的一个关键情节被我推翻了，肉痛要改好多。不想盗墓 8 太惊险是怎么回事，大结局不想让故事的走向继续深入，但是光解谜感觉又不给力，要不？学杨过残废什么的？

6 月 29 日 22:48　来自新浪微博

转发 (3999) | 收藏 | 评论 (3757)

残障相关事务报道媒体监测不完全报告
2011 年第三季度

声明：本报告并非定量研究的结果，因此称之为不完全报告。只是以网络为媒介，选取 2011 年 7 月 1 日至 9 月 30 日的相关报道进行研究，出发点并不是对传媒的责难与褒奖，仅是一种善意的信息传达，希望能对读者有所启示。

【季度案例】

案例 1：残疾女从乞讨唱歌到剪纸三换谋生手段　终赢尊重

8 月 31 日某报登载的一篇题为《残疾女从乞讨唱歌到剪纸三换谋生手段 终赢尊重》的新闻报道，内容从标题中可大体看出。而该残障妇女的换行选择在文中的描述值得深思，故摘录如下：

今年，某某看到街上有许多残疾人在做手工活，有的人编手工自行车，有的做手工玫瑰，因为他们有手艺，吸引了许多人。很多时候卖出去的手工艺品，因为大家的同情，价格都远远超过了物品本身的价值。

点评：

如何使残障人在现实的社会环境中自食其力，一直是媒体竞相探讨的话题。然而以该篇报道为代表的诸多探讨中，虽然其主旨非常值得认同，即人只有自重自立，方可获得他人尊重，但如若仅仅将尊重停留在看到残障人能够劳动便可以合理进行同情的层面上，相较于嘲笑其乞讨的行为，无异于五十步笑百步。残障人的固有尊严是必须被尊重的，任何不合理的区别对待，包括优待在内，都是一种歧视。

概念推荐：歧视

案例 2：未来盲人动动嘴就能玩微博

来自某报 8 月 7 日的报道，介绍了一个网站专门针对视障人及上肢障碍者的使用设计，即利用特殊装备和网站嵌入特殊式服务的方式来实现两类身体障碍者对该网站的访问。

点评：

尽管这只是一则消息，并未加入评论，但当这则消息被刊登出来时，实际上代表了记者与编辑的倾向。关注无障碍，并力图推动其发展，是我们的共同目标。然而姑且不论现在针对视障与上肢障碍群体的软件与设备已经拥有，在报道残障类新闻时应当有所信息积累，单就这种隔离式服务来说，如果不加点评，很容易产生错误引导，使公众认为这种方式才是对残障人最好的，从而使残障人更难融入主流。

案例 3：下肢残障母亲爬行 19 年将养女送进大学

某报 9 月 2 日登载的此则新闻，以及网络拍客所拍视频，讲述的是一位下肢残障的女性以爬行的方式工作劳动，对自己的智障丈夫不离不弃，并将其养女送入大学的感人事迹。

点评：

自强不息，身残志坚，大爱无疆，最美最感人的残障事迹似乎永远都无法让人厌倦，当然我们并不否认更换时间地点、人物之后的此类残障新闻有它的新闻价值与社会意义，也自然不会以没有新意为理由对其进行诟病。在此想起陈年旧闻，没有上肢的女孩在寒风中坚持学习，脚冻得红肿不堪，同样是感人至深，振奋他人，却鲜有人想到为其做一个简单的袜套，至于其中社会“大爱”的缺失就更是只能被个人光辉所掩盖了。

【季度走势】

从酷热的 7 月到 9 月送爽，因为高考、中考等考试的结束及成绩出炉，残障学生的入学问题成为媒体所关注的焦点。在报道中，我们看到的更多是遇到困难的残障学生在焦灼中奔走，终如愿以偿的相关报道，其中更是不乏诸多感人至深的立志故事。

如某报 7 月 12 日的报道《“天线宝宝”双手残疾没耳朵 508 分被庆元中学录取》,8 月 15 日某报的报道《一个残疾学生的高考录取之路》，9 月 1 日的某报新闻《假肢女孩瞒报残疾进入石油大学》等，从诸多报道的描述来看，尤其是对于结束了高考的残障学生来说，他们都会因为自己残障而有被大学拒绝录取的担忧，而事实证明他们完全是杞人忧天，这种担忧来自他们内心的自卑感。但在我们调查的过程中发现，许多残障学生对国家的教育政策缺乏了解与信任，更对学校的无障碍设施及辅助性政策完全不了解，也是他们担忧的来源。因此，在感谢媒体热心为残障人奔走之余，也希望适当做一些信息补偿，这样也有利于残障人消除其内心的自卑感。

如果能够在大量报道肢体障碍者成功就学之余，还能将此选题拓展开来，并入关于视障人士、听障人士等受教育权利的相关报道及思考，则更会让残障人欢欣鼓舞。

【季度用词】

残废　残疾　残障

从7月1日至9月30日，以百度新闻关键词检索为样本，对关于残障事务的相关报道，以“残废”为检索词的新闻条目为2220条，占总条目的1%，与上一季度相比有所减少；“残疾”条目为252000条，约占总条目的95%，比上季度增长了4个百分点；“残障”条目为9530条，约占总条目的4%，比上一季度下降了3个百分点。

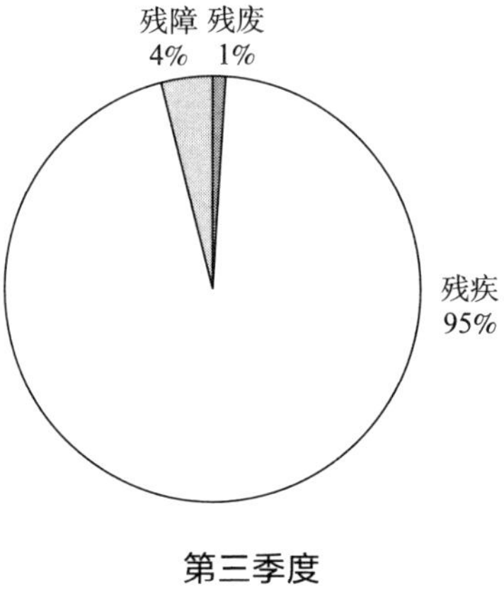

第三季度

智障　傻子

以“智障”为搜索词的条目为11700条，约占总条目的86%；以“傻子”为搜索词的条目为1905条，约占总条目的14%。

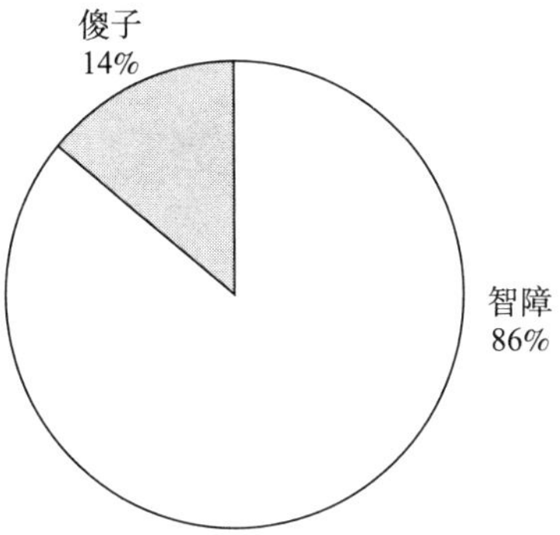

第三季度

精神障碍　疯子

以“精神障碍”为检索词的条目为3370条，约占总条目的23%；以“疯子”为检索词的条目为11280条，约占总条目的77%。

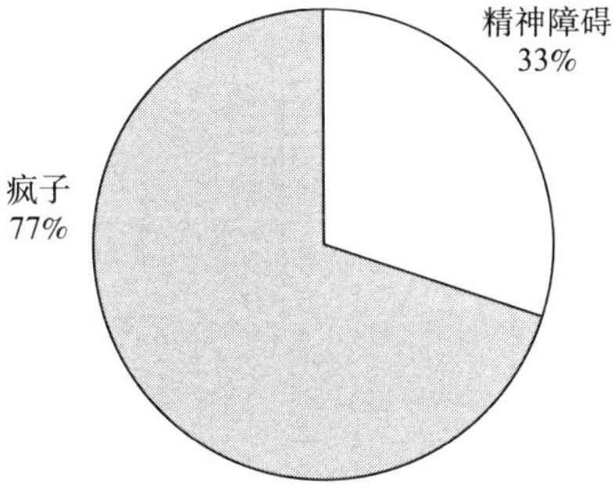

第三季度

听障　聋哑　聋子

以“聋哑”为检索词的条目7050条，约占总条目的77%；以“听障”为检索词的条目为1020条，约占总条目的11%；以“聋子”为检索词的条目为1070条，约占总条目的12%。

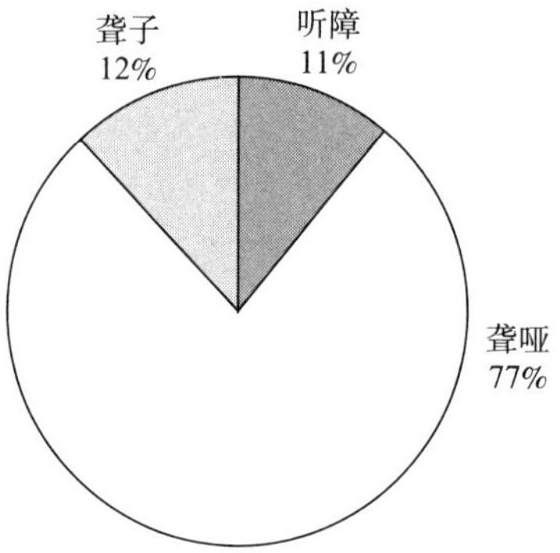

第三季度

语言障碍　哑巴

以“语言障碍”为检索词的条目为 4360 条，约占总条目的 42%；以“哑巴”为检索词的条目为 6040 条，约占总条目的 58%。与第二季度相比，这组用词的百分比无明显变化。

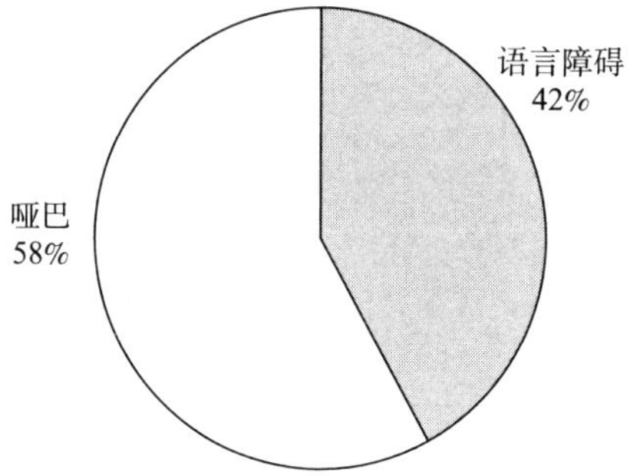

第三季度

视障　盲人　瞎子

以“视障”为检索词的条目为 1160 条，约占总条目的 6%；以“盲人”为检索词的条目 14400 条，约占总条目的 80%；以“瞎子”为检索词的条目为 2560 条，约占总条目的 14%。与第二季度相比没有明显变化。

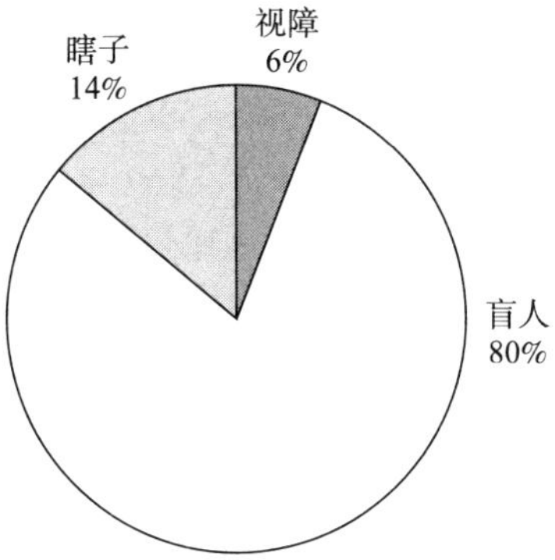

第三季度

肢残　瘸子

以“肢残”为检索词的条目为 2390 条，约占总条目的 74%；以“瘸子”为检索词的条目为 714 条，约占总条目的 26%。与第二季度相比，这组词无明显变化。

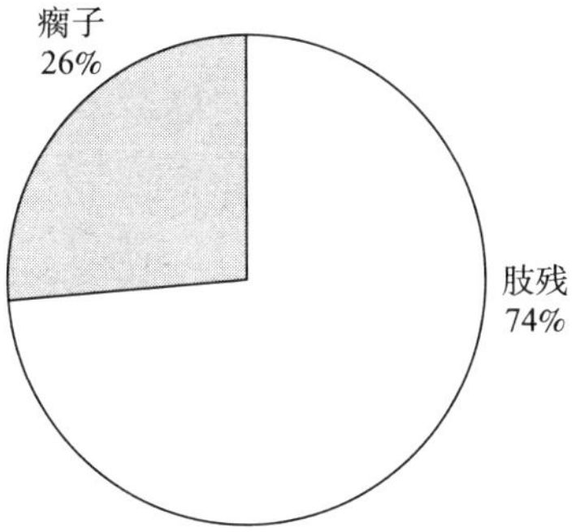

第三季度

【聚焦海外】

在 2011 年第三季度国内各大媒体转载的国外新闻及对国外事务的报道中，与残障相关的新闻主要出现在体育、科技板块。如：

➢ 7 月 4 日，《国际特奥委员会主席：让我们共同进行尊严革命》

➢ 8 月 19 日，《金妍儿再获殊荣　成为 2013 年残疾人冬奥会宣传大使》

➢ 8 月 26 日，《刀锋战士接力排第一棒　田联称此举为安全考虑》

此外，一些发生在国外与残障人相关的生活类新闻，也是国内媒体的社会趣闻板块竞相转载的热点。如：

➢ 7 月 6 日，《英国将研发智能眼镜　可让视力障碍者“复明”》

➢ 7 月 27 日，《英国残疾人被火车撞上仅受轻伤　政府成立调查组》

➢ 8 月 16 日，《美男孩截肢后倒转小腿再“安装”足踝变膝盖》

在第三季度的海外报道中，并没有涉及残障人权利的相关报道。如《美国残障人要求同工同酬》，此篇报道主要关注的是美国关于残障人的相关立法，此现象从一个侧面反映了公共媒体对待残障人事务的态度。

【季度人物】

董丽娜

残障领域内的新闻事件，大多时候因为残障人基本权益得不到保障，所以经常是换汤不换药，让我们总是看到相似的事件重复上演。当诸多肢体障碍的学子或扫兴而归，或得偿所愿之时，盲人姑娘董丽娜在 9 月底进入了我们的视野。今年两次被高等教育自学考试拒之门外的她，向北京市教委对自考办进行了投诉。而在上半年，大连两名视障人想要参加国家心理咨询师二级统考时，也遇到了同样的拒绝，最终是以个案在残联维权部门的协调下参加了考试。在以往的报道中，我们也不时会见到视障人表达其想要平等参与考试的愿望的新闻，但结果并不理想。

在关注董丽娜所选择的这种解决方式的同时，我们也关注着各媒体对此事的报道。一起与残障人相关的事件，乃至一起社会事件，它的背后其实都能深挖出大家所面临的问题。如果在报道事件就事论事进行现状分析的同时，能够进一步引导大家思考，来探讨视障人在各类考试中的被拒绝，以至于残障群体公平受教育权利的保障等，比仅仅列举《残保法》第 21 条和第 54 条要来得更加有意义。

【季度猜想】

关于残障人的事务与重大新闻，一般围绕几个节日和时间点出现，在 2011 年的最后一个季度，又到了总结工作的时候，加上有盲人节、残疾人日等特殊时间点，有几类报道的猜想在此就不做列举。不过随着近年来媒体对于残障领域内事件的关注度越来越高且专业性也越来越强，相信在第四季度，在残障人工作总结的过程中，会有一些残障人面临的问题得到概括性的解决方案，不过能否有具体措施出台，我们只能继续观望了，希望至少残障人公平受教育权及参加考试的权益能有所改善。

残障相关事务报道媒体监测不完全报告
2011 年第四季度

声明：本报告并非定量研究的结果，因此称之为不完全报告。只是以网络为媒介，选取 2011 年 10 月 1 日至 12 月 31 日的相关报道进行研究，出发点并不是对传媒的责难与褒奖，仅是一种善意的信息传达，希望能对读者有所启示。

【季度案例】

案例 1：盲人按摩店收到假钱　银行提醒右下角有盲文标记

10 月 8 日，某报登载了这样一则新闻:《盲人按摩店收到假钱 银行提醒右下角有盲文标记》。内容为一女子用假钱诓骗视障人的过程，并附以顾客与受骗视障人的感受，即骗子太缺德，同时也采访了银行工作人员，来教授大家尤其是视障人如何识别假钱。

点评：

在这起报道的末尾加上了银行工作人员的指点，在传播新闻的同时，还有一定的服务性。然而其实用价值究竟如何，想必并未进行验证，至少人民币上的盲文已经印了很多年了，但能够凭借它来识别面值与真假的视障人是凤毛麟角。如果能够进一步到视障人中进行调查并展开讨论，相信效果更佳。而文中另一点值得讨论的问题就是，在社会新闻当中，无论是谁的看法，记者在忠实记录真实之余，是否需要有自己的价值取向呢？骗子骗谁都很缺德，不是单单骗盲人。如此的报道方式，在引发读者共鸣之余，却让视障人处在道德的下游，是否在伤害这个群体的利益呢？

案例 2：重庆盲人明年到底能不能带导盲犬上街？

11 月 25 日，在某报出现了这样一则报道：《重庆拟规定盲人不得携带导盲犬搭乘公共交通》。11 月 26 日，另一家报纸的报道为《重庆盲人明年起可带导盲犬免费坐公交轻轨地铁》，内容均与《重庆市残疾人保障条例（草案）》相关。

点评：

第一条新闻是三审稿的情况，新闻一出，引起一片哗然，随即终审稿风向大转，赶紧做出了修改。媒体的力量在于监督，也有引导的责任。在这起事件里，我们在看到它的力量而欢欣鼓舞的同时，也需要更加慎重于无冕之王手中的权力。另外比较有意思的一点是，在 26 日终审通过的草案公布之后，27 日我们仍旧看到了关于三审稿的新闻，并且没有后续报道。

案例 3：政府埋单，残疾人如厕更方便了

12 月 12 日某报新闻《政府埋单，残疾人如厕更方便了》，对某地开展的残疾人家庭卫生间无障碍改造工程进行了报道，还走访了残障人家庭，察看了改造一新的厕所。

点评：

政府的各项便民惠民工程层出不穷，残障人这一块自然也没落下过。媒体从业者面临的报道环境也着实不易，这我们可以理解。如果能在赞颂事实的同时，多加一些思考或者疑问，这样的新闻会更有意义，而不是无形间将政府的责任与义务转化成了恩泽雨露。

【季度走势】

时值 2011 年最后一个季度，残障领域内的新闻报道仍旧承袭惯例，围绕时间点及大事展开。不过有趣的是，配合主流趋势，残障领域内的修法时代已经到来，虽然这种福利法及下位条例仍旧缺乏罚则，但从视障人董丽娜参加自考引发残疾人教育条例的可能修改，到各地残疾人保障条例纷纷再登舞台，让我们在岁末看到了希望。尽管大多时候只是一片赞扬，尽管很多时候残障人仍旧只能蹲在墙脚画圈圈，我们也套用一个大家比较喜欢用的词，那就是我们感受到了媒体对于残障事务的“爱心”，同时对来年也充满了期待，也许更明确的变化时代即将到来。

【季度用词】

残废　残疾　残障

从 10 月 1 日至 12 月 31 日，以百度新闻关键词检索为样本，对关于残障事务的相关报道，以“残废”为检索词的新闻条目为 3030 条，占总条目的 2%；“残疾”的条目为 114000 条，约占总条目的 90%；“残障”的条目为 9530 条，约占总条目的 8%。

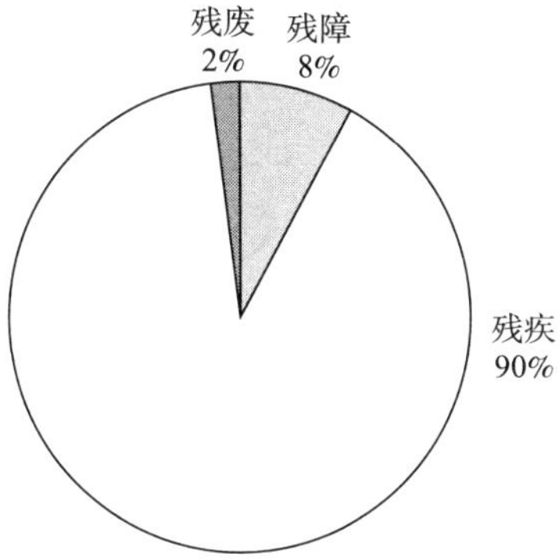

第四季度

智障　傻子

以“智障”为搜索词的条目为 8990 条，约占总条目的 53%；以“傻子”为搜索词的条目为 7990 条，约占总条目的 47%。

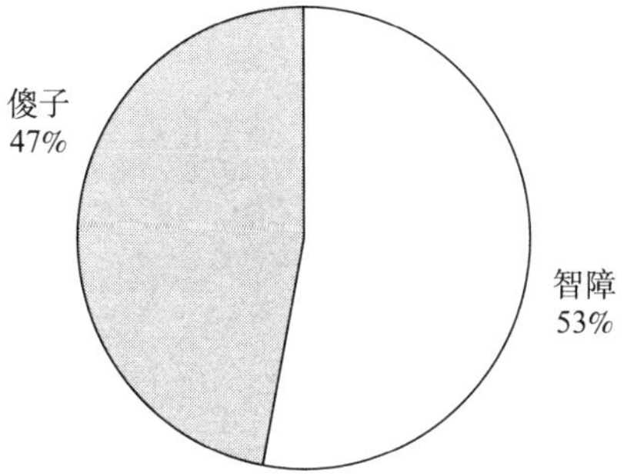

第四季度

精神障碍　疯子

以“精神障碍”为检索词的条目为 4290 条，约占总条目的 35%；以“疯子”为检索词的条目为 8000 条，约占总条目的 65%。

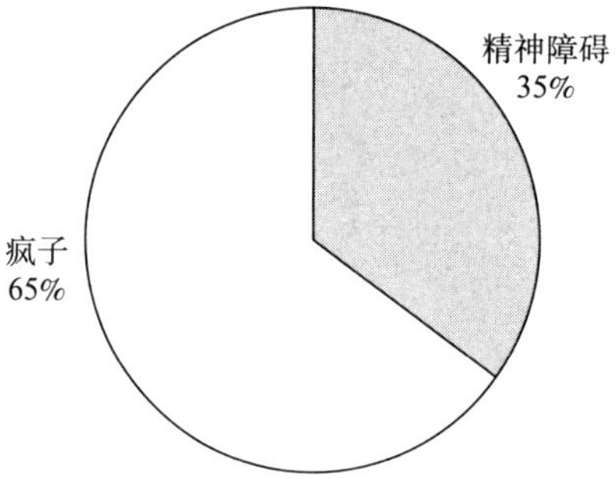

第四季度

听障　聋哑　聋子

以“聋哑”为检索词的条目为 8060 条，约占总条目的 79%；以“听障”为检索词的条目为 1120 条，与第三季度相比稍有变化，约占总条目的 11%；以“聋子”为检索词的条目为 1020 条，约占总条目的 10%，与第三季度相比下降了 2 个百分点。

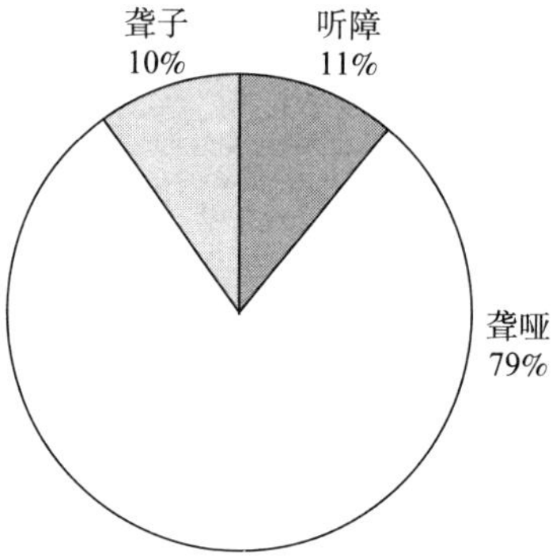

第四季度

语言障碍　哑巴

以“语言障碍”为检索词的条目为 4870 条，约占总条目的 51%；以“哑巴”为检索词的条目为 4710 条，约占总条目的 49%。

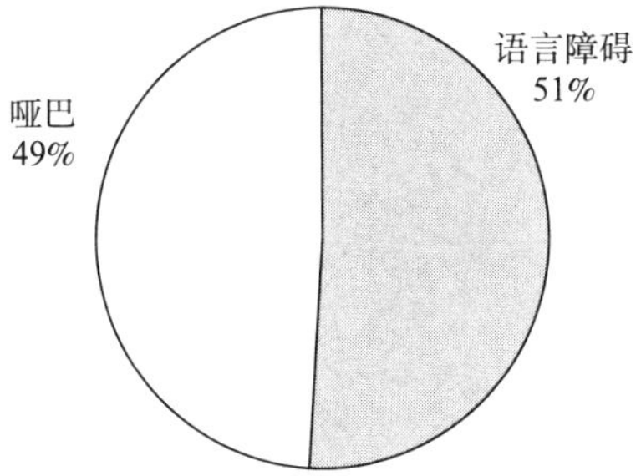

第四季度

视障 盲人 瞎子

以“视障”为检索词的条目为1260 条，约占总条目的6%；以“盲人”为检索词的条目为16700 条，约占总条目的81%；以“瞎子”为检索词的条目为2660条，约占总条目的13%。与上季度相比没有明显变化。

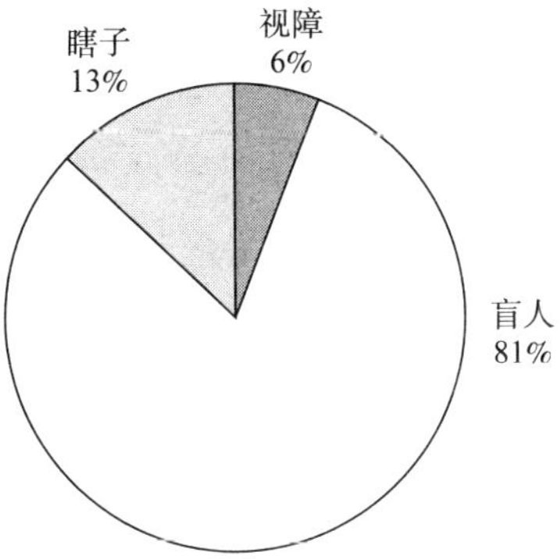

第四季度

肢残 瘸子

以“肢残”为检索词的条目为2300条，约占总条目的13%；以“瘸子”为检索词的条目为14900条，约占总条目的87%。与第三季度相比，这组词有明显变化。

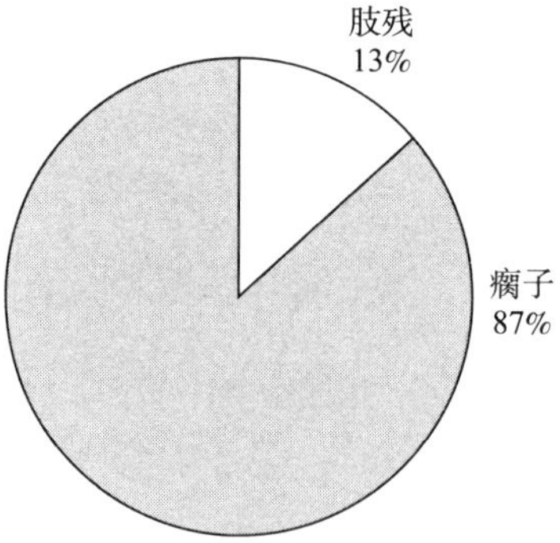

第四季度

【季度人物】

悦 悦

从我们的经验看来，对于一座城市的残障相关事务的发展与进步来说，最有效的方式莫过于利用大型活动推动。本季度我们所选取的季度人物其实并非一个人，而是第八届全国残疾人运动会的吉祥物悦悦。2011 年 10 月中旬，第八届全国残疾人运动会在杭州举行，从北京残奥会到广州亚残运，我们看到了媒体的关注，看到了无障碍设施建设的推进，同时也看到了城市文明的进步。而这一次的运动会，对于杭州的残障人来说，也算是一个福音，尽管它的媒体关注度并不如国际赛会那么高。我们看到了杭州的无障碍设施的建设，如无障碍厕所的修建，看到了人们对于残障人的见怪不怪，同时媒体对于本届残运会的主题歌《我们都一样》的解读与宣传，都使我们知道，至少在小范围内，公众对于残障人的了解又多了一些。无论是正面抑或负面，无论是正确还是误解，目前在我国，残障人其实最需要的还是走出来，发出声音，让公众见到残障人，不再将其视为异类。而我们也十分感谢媒体长期以来对残障领域相关事务的关注与报道，这些是我们最为需要的，也希望大家能够将四片舞动的花瓣、一张灿烂的笑脸、欢快跳跃的悦悦带向各地，带给公众。

附录二

残障相关事务媒体报道一加一观察与评论报告·2012年度

残障相关事务媒体报道
一加一观察与评论报告
2012 年第一季度

阅读提示

声明： 本报告选取 2012 年 1 月 1 日至 3 月 31 日媒体报道残障相关事务的典型案例，以联合国《残疾人权利公约》和《中华人民共和国残疾人保障法》为理论和法律依据，结合一加一作为中国残障领域独立媒体的实践和经验积累，进行独立的观察和评论，出发点并不是对传媒的责难与褒奖，仅是一种观点和理念的分享，以期能对读者有所启示。具体板块如下。

典型案例： 选取现阶段媒体报道经常出现的、刻意塑造残障人负面形象的、无视或违反《残疾人权利公约》的用语及报道角度和专业能力欠缺的或者符合《公约》、理念先进的案例进行评论及相关资料补充。

热点追踪： 选取时下引发社会公众热议、密切关注的新闻事件为背景的报道残障人事务的案例进行评论及相关资料补充。

一加一报道： 选取已经被多家媒体广泛报道或关注的新闻事件，提出基于残障的关于此事件的一加一报道视角。

典型案例一

非哑巴非弱智非残疾人　委员关注孤独症儿童生存状况[1]

1. 新闻标题

非哑巴非弱智非残疾人　委员关注孤独症儿童生存状况

【一加一评论】

“哑巴、弱智”，时至今日，尤其是两会相关主题，媒体记者依然使用如此具有突出性和歧视性的用词，并且使用排比，以达到标题的视觉冲击效果，此种歧视用语违背了《联合国残疾人权利公约》有关残障的定义与宗旨，标题一出，残障人的负面形象跃然纸上。

2. 报道原文

“我建议将患有孤独症的病人纳入残疾人的行列，但是由于这些病患能发音也非弱智，在残疾种类的鉴别上比较困难，甚至会涉及残疾人保障法的修改，难度相对较大。……”

【背景资料】

2006 年，中国首次将自闭症（也称孤独症）归为精神残疾，纳入全国性残疾人抽样调查的范围；2010 年 7 月 23 日，卫生部印发了《儿童孤独症诊疗康复指南》；2011 年 5 月 1 日，正式颁布实施《残疾人残疾分类和分级》国家标准。

1 《非哑巴非弱智非残疾人　委员关注孤独症儿童生存状况》，东方网，2012 年 3 月 10 日，http://news.eastday.com/c/2012lh/u1a6418054.html。

【一加一评论】

关于该委员所提的内容，一加一非常遗憾地看到与事实不符。

——孤独症已经被纳入残疾人的分类标准，中国残联针对孤独症已经开展抢救性康复计划；

——孤独症的表现包括：社会交往障碍、言语发育障碍、刻板重复的行为、智力和认知缺陷等。

该委员的注意：能发声也非弱智，看来是仅凭想象所做的定义。他所提到的残疾人保障法关于“残疾”分类的定义，根据《中华人民共和国残疾人保障法》相关规定，中国目前把残疾类别限定在视力残疾、听力残疾、言语残疾、肢体残疾、智力残疾、精神残疾和多重残疾等七类残疾，未把许多发达国家已明确列为残疾的内脏缺损、不可逆慢性疾病等可能带来社会适应性障碍的致残因素列入评残范围。所以，我国现有法律对于残疾类别的限定的确还存在一定的修改空间。

3. 扩展阅读

孤独症自古就存在。1943年美国Kanner教授经典性地描述了一组特殊儿童，即今天的孤独症（autism）儿童，自闭症研究至今已有70余年的历史，但仍旧没有明确的定义。不过一般学者均承认：自闭症系中枢神经系统受损所引发的普遍性发展障碍，常伴随有智障、癫痫、过动、退缩以及情绪等障碍。

“孤独症”和“自闭症”同为英文Autism一词的中译名。“孤独症”主要被中国大陆地区的医学及特殊教育界所使用；“自闭症”则是在我国台湾、香港地区，以及日本、新加坡、马来西亚等国家和地区使用。

典型案例二

长春正阳街道上演感人一幕——卖报盲人被爱心包围[1]

1. 新闻标题

长春正阳街道上演感人一幕——卖报盲人被爱心包围

【一加一评论】

传统意义的残障报道，以绝对爱心的视角，通过残障人生活的改变来成就他人或组织的光辉事迹。一加一并不反对社会对弱势群体的关心与帮助，但如果只是一味地强调对弱势群体的爱心，以至于用爱心将之包围，那么就会让公众忽略残障人士本身的价值与能力。这种生命中不能承受的爱心之重，只会将残障人压垮，除了爱，残障人无言以对。

2. 报道原文

"冯文悦所在的和平社区也积极协调相关部门，为冯文悦申请到了满额低保"。

【一加一评论】

结果固然是令人欣喜的，然而仔细思考我们不难发现，积极协调与拿到满额低保之间的这种条件关系明显存在问题。符合条件就应该享受应当享有的政策，不符合条件自然是不可以。为什么只有"积极协调"才能申

1 《长春正阳街道上演感人一幕——卖报盲人被爱心包围》，中国吉林网，2012 年 3 月 29 日，http://www.chinajilin.com.cn/jlnews/content/2012-03/29/content_2498883.htm。

请满额低保？这种无意识的过度包装往往从侧面反映了事实。同时让我们联想到目前在广大农村地区，因为计算收入的方法与评定标准存在问题，再加上执行环节的诸多人为因素，生活贫困的残障人难以享受到诸多普惠政策，这才是需要积极协调的地方。

“和平社区310责任田党支部已有3名党员订阅了冯文悦所售报纸。居住在冯文悦家附近的居民也有很多人自发到他家购买他每天卖剩下的报纸。”

【一加一评论】

仍旧是一个应当值得欣喜或者说是欣慰的结果，然而需要指出的是，这种结果建立在重重爱心之下，“爱心群体”的出发点建立在对残障人缺乏了解的基础上，因为对残障人能力的忽略、误解甚至是不信任，进而产生的同情、怜悯以及相对应的行为并不值得提倡。这样的宣传方式，在成就光荣的爱心群体时，却牺牲了残障人发展的机会，产生的负面影响就是爱心有理，残障无能。

3. 综合阐释

任何一个人在某种情况下都有可能需要他人的帮助，而接受他人的帮助并不可耻。但请先从尊重与认同的角度出发，不要因为多数人的观念，就抹杀了少数群体的均等机会。

典型案例三

探访“小人国”[1]

1. 报道原文

百余“小人国”居民过上正常人的生活。

【背景资料】

目前，相对残障人，很多健全人的用词为：我们正常人。据《现代汉语词典》，“正常”的意思：符合一般的情况、规律或习惯；没有问题。

20 世纪 80 年代，对于残障人的表述普遍是“残废”。1981 年，联合国大会定为国际残障人年，为此，原邮电部 1981 年 11 月 10 日发行 J72 国际残废人年纪念邮票，全套 1 枚，这是中国邮资凭证第一次涉足残障人题材。由于当时中国残障人工作尚未广泛开展，而将联合国大会倡导 1981 年全球性支持和声援残障人活动不恰当地翻译成“国际残废人年”。1984 年，中国残疾人福利基金会成立后，明确提出残疾人与健全人同样是物质文明和精神文明的创造者，摒弃了“残废人”的提法，延续至今。

残废解释为“残”= 废，虽然还有人这么认为，但已经很少有人会这么去表达了。

残疾解释为“残”= 疾病，是目前最主流的称呼，但显然不正确。

残障解释为“残”= 障碍，下一个主流，部分媒体已经开始使用，从残疾到残障是医学模式到社会模式的转变。残 = 障碍，意味着残不再是一

1 《探访“小人国”》，《云南日报》2012 年 2 月 3 日，第 09 版。

种疾病，而是一个障碍，障碍并不像疾病那样，它是有办法跨越的，而之所以存在这样的障碍是“环境”带来的，而不是“残”本身带来的。引用一句名言，残障的意思就是“没有残疾的人，只有残疾的环境”。香港使用的是伤残人士或障碍人士，台湾使用的是身心障碍人士。

【一加一评论】

在日常用词中，大多数媒体及公众通常使用“正常”“正常人”来表达非残障状态。根据《现代汉语词典》的阐释，我们不难发现，主流媒体所持有的认知仍旧是残障是违背一般规律的，是有问题的，这实际上是使用“残疾”这种医学视角的定义导致的。

联合国《残疾人权利公约》中确认了残障是人类多样性的一种，并从社会视角对其进行了明确定义。如果使用“正常”来描述非残障的状态，显然是对《公约》精神的违背。

因为我们还在大量使用正常人这样的词语，中国式的翻译往往是 normal person，但这样的翻译被认为是很不文明的，而事实上 main stream 是比较正确的一种表达方式。值得一提的是，一加一在接受外国媒体的采访时发现了一个现象，当提到一加一有 3 位是健全人士时，他们会使用 nondisabled（非残障人），也就是说，在他们看来，健全人有时候是非残障人，任何人都没有一个固定的标签，在必要的时候提到的是残障和非残障，相反，没有必要的时候也就不会去贴上残障这个标签。

显然，使用“正常”这种词语，对残障人融入社会造成了障碍，形成了非残障人与残障人的对立。

一加一认为，残障群体与非残障群体之间只存在差异，残障只是特点，并非缺点。因此希望媒体在用词用语时能够多加斟酌，摒弃落后的观念与用法，在教育公众、引导公众方面发挥积极作用。

2. 报道原文

“小人国”的居民在这里生活，似乎不用再担心大人国世界里那些不合尺寸的设施所带来的困扰，也不用再担心各种异样的眼光。

【一加一评论】

此篇报道，实际上为我们提出了弱势群体在目前的环境下生存状态的一种思考，聚集化生活的利与敝。利，有如下一些。

第一，在目前大环境包容性不足、无障碍设施不全的情况下，残障群体聚集化生活，能够在小范围内率先实现畅通无阻，方便其生活。

第二，在目前充满歧视与负面认知的社会态度包围下，残障群体聚集化生活，能够在自己生活的最近范围内形成“避风港”。

第三，在目前残障群体社群以及支持系统并不发达，无法实现独立生活的情况下，残障群体聚集化生活，能够互相鼓励，相互扶持，分享无法从外界获取的群体内经验。

第四，残障群体聚集化生活，能够在特定的时间与空间内，将自己置于多数人的情态下，以此增添信心，平等地、无顾虑地与非残障群体进行交流。

当然，我们看到了残障群体聚集化生活在目前状态下的意义与好处，不过从另一个角度来看，说明我们所生活的环境还存在诸多不足与亟待改善的地方。

对此，主流媒体不应该忽视，应该进行更多的思考。

3. 综合阐释

关于“小人国”这种模式的报道与宣传，还存在许多需要商榷的地方。利用残障人自身的特点来产生效益，本身不失为一种好的模式。例如，始创于德国的“黑暗中的对话”，就是一种给健全人的非视觉体验，其受欢迎程度不亚于目前比较火爆的心灵成长课程和团队拓展训练，并且没有出售视障人的尊严。然而，此篇报道中的这种“小人国”模式大多情况下并非发挥其特点，无论是供人参观还是与人拍照，甚至营造出童话般的场景，都缺乏与非残障人的平等对话，说得严重一点，与“马戏团”又有什么不同呢？相比较而言，如果出演皮影戏或者做童声配音演员，也许会更好一点。

热点追踪

盲人委员记录两会[1]

【事件回溯】

2012 年 3 月，全国政协十一届五次会议在北京举行，视障委员夏荣强以其手中所持设备被媒体广泛关注并报道。这个具有键盘输入与盲文点显器功能的设备，被媒体称为“盲人电脑”。

【背景资料】

点显器，又名盲人显示器或点字机，能够将计算机上的信息用盲文同步显示，便于盲人摸读，通过与读屏软件配合使用，能将读屏软件读出的文字通过盲文显示到点显器上，点显器上的盲文按点会自动凸起，盲人通过触觉来感受文字。

读屏软件是一种可以辅助视力障碍人士操作使用电脑的工具，是为视力有障碍的人设计的屏幕朗读软件。它基于主流键盘硬件，增加数字键盘

1 《盲人委员记录两会》，《东方早报》2012 年 3 月 11 日。

和大键盘的按键功能定义代替鼠标控制，以及相应快捷键的设置来实现对电脑的输入控制；通过语音的方式代替屏幕呈现对电脑及网络的访问结果，使视障人士通过声音设备接收信息输出，达到与非视障人士同样地使用电脑、访问网络的目的，对于硬件，并无特殊要求。

【一加一评论】

年年岁岁花相似，岁岁年年人相同。翻开 2011 年两会期间关于残障委员的报道，总能发现大量相似之处。夏荣强委员的“盲人电脑”和他的个人经历反复出现就是一例，其余残障委员亦是如此。一加一并不反对在两会这种全民关注的时刻媒体对于残障委员励志形象的树立与浓墨书写，然而残障代表不仅是一个代表或者一个符号，两会有残障委员参加并提出提案，已经不是新鲜事情。残障委员已经过了存在即有意义的时代。

一加一认为，媒体应该将目光更多地聚焦在残障委员所代表的群体的呼声和他们所提交的提案背后反映的群体需求及现实状况之上。但是，媒体为什么简单粗暴地仅关注表面现象？一方面与媒体的报道压力有关，多快好省；另一方面，也反映了媒体对残障深层次问题的不了解和忽视。

退一步说，媒体愿意借两会之机，通过对残障委员的特点及经历的报道，以此对残障人进行正面宣传，是一件值得欣慰的事情。然而仅仅存在这样的意愿是不够的，如果对于残障的认知存在不足的话，还容易好心办了坏事。

拿“盲人电脑”一词来说，这种标签化的称呼首先过于简单与想当然，其次容易造成公众对于残障人辅助用具的刻板印象，认为残障人的东西必须是神奇的、特殊的、专用的，从而形成隔离，不利于通用设计和融合理念的推广。这样的后果，一是认为残障人会过多地占用公共资源，来为其提供专门生产与服务；二是在新型产品开发时会忽略残障人的需求，就像视障人士可以通过安装读屏软件来使用普通的智能手机，却有厂家生产外观丑陋、功能不全的盲用手机一样。

这些情况都在根本上违背了《公约》中平等与不歧视的理念，对于残障人融入社会产生了负面影响。

一加一报道

残奥金牌教练拒交奖金停职[1]

【事件回溯】

2005年，汪成荣被中国残奥管理中心聘为教练，他所带的两名运动员在2008年北京残奥会上夺得3金1银。2011年10月，中残联奖励汪成荣149.91万元。得知消息后，汪成荣所在单位青海省体工一大队要求他上交奖金，然后由组织重新分配，汪成荣不同意。2011年12月28日，青海省体工一大队给予汪成荣停职处理。

此事一经报出，媒体争相报道，公众竞相议论，作为事件相关方的青海体工大队、残联机关、教练你方唱罢我登场，就自己的立场纷纷发言。

【一加一报道】

这起新闻事件从残障人的视角来看，原本是一次不错的发出残障人声音的机会，奈何大家都被这巨额奖励给惊掉了眼，一切讨论都围绕其展开，却忽略了在这个过程中残障运动员们所扮演的角色和所占的重要地位。

1 《残奥金牌教练拒交奖金停职》,《新京报》2012年3月1日，第A28B版。

首先，对残障人从事竞技体育，一般认知总是习惯于与“惨”“不容易”等词联系起来，一加一并不否认任何人在从事竞技体育过程中所需要付出的努力与汗水，其中包括非残障人，也包括残障人。

一加一在此仅是重申残障人从事竞技体育的原因及意义。就此，中残联前主席邓朴方在《求是》杂志上已明确指出：“提到残疾人体育运动，人们通常会问：那些身体已经残疾的人为什么还要从事体育竞技比赛？观看残疾人体育竞赛会不会让人感到很‘揪心’？我认为，开展残疾人体育运动，有四个方面的作用：一是康复治疗、强身健体，二是突破局限和障碍，三是融入社会，四是影响和改变社会。”[1]

很遗憾，我们鲜有看到具有类似角度的残障体育报道。这种观念的停滞，并非因为理论缺乏，恐怕更多的还是来源于媒体不愿意主动了解，同时也缺乏平等对待残障新闻事件及残障人的态度。

其次，有关奖金，一方面国际赛事素来为国家所重视，会有国家一级的奖励，但仅仅针对取得了成绩的选手；另一方面，类似于全国残疾人运动会这种具有地方竞争性质的国内比赛，也是各省份争相竞争引以为荣的焦点，因此会有省市一级的奖励。

需要指出的一点是，相对于健全运动员，国内大部分残障运动员均属于非职业，他们或有自己的工作，或有自己的学业，仅在比赛时会被组织起来进行训练，既然是非职业化，其待遇自然远不如健全运动员。但是在目前残障人难于接受优质教育，无法竞争高收入职业的环境下，许多残障人仍旧愿意通过付出自己的努力获得奖金，来改变自己的生活。

一加一并不否认为钱打比赛的价值，也并不鼓吹这种残障人改变生活

1　邓朴方：《共圆心中的同一个梦想——弘扬人道主义思想　办好北京残奥会》，《求是》2008 年第 17 期。

的途径，只是想中肯地指出，在竞技体育产业化的今天，残障运动员的生存状况也是需要媒体关注的一个方面，只是一味关注其不易，或者是那些催人泪下的故事，忽视其平等选择权与参与权的做法，显然是不适当的。

最后，综合整理多家媒体对此事件报道的信息或内容，一加一不得不说说残联在此事件中扮演的角色。

（1）中国残联并没有对此事做正面回应，在事件曝光之初，甚至是拒绝回应。

（2）残联给付的奖金采取汇入个人账户的方式结算，其操作程序是否合理？更何况北京残奥会中国残疾人体育代表团以 89 金 70 银 52 铜，总计 211 块奖牌的成绩蝉联金牌榜和奖牌榜的头名，实现了历史性突破。如此多的奖牌数，还会有多少“汪成荣式”奖金汇入“汪成荣”的个人账户？

以上两个视角，无一媒体报道，100 多万元的奖金，对于经济收入本已低于社会平均水平的残障人来说，可以办很多的事情。

如果没有金牌第一的任务，如果没有金牌第一的观念，如果没有金牌第一的政绩，这本该是一次可以避免的纠纷，但真实地发生在 2008 年的北京残奥会。一边是超越、融合、共享的残奥会口号，让我们觉得残障人的参与比金牌更重要；一边是用金钱实实在在的奖励，以争取金牌总数世界第一，非残障人的举国金牌，同样适用于残障领域。

2012 年，又是一个奥运年……

残障相关事务媒体报道
一加一观察与评论报告
2012 年第二季度

阅读提示

声明：本报告选取 2012 年 4 月 1 日至 6 月 30 日媒体报道残障相关事务的典型案例，以联合国《残疾人权利公约》和《中华人民共和国残疾人保障法》为理论和法律依据，结合一加一作为中国残障领域独立媒体的实践和经验积累，进行独立的观察和评论，出发点并不是对传媒的责难与褒奖，仅是一种观点和理念的分享，以期能对读者有所启示。具体板块如下。

典型案例：选取现阶段媒体报道经常出现的、刻意塑造残障人负面形象的、无视或违反《残疾人权利公约》的用语及报道角度和专业能力欠缺的或者符合《公约》、理念先进的案例进行评论及相关资料补充。

热点追踪：选取时下引发社会公众热议、密切关注的新闻事件为背景的报道残障人事务的案例进行评论及相关资料补充。

一加一报道：选取已经被多家媒体广泛报道或关注的新闻事件，提出基于残障的关于此事件的一加一报道视角。

典型案例一

狠心父母丢弃男婴，外表无明显残疾[1]

1. 新闻标题

狠心父母丢弃男婴，外表无明显残疾

【一加一评论】

细节是魔鬼，魔鬼也隐藏在细节之中。一个标题透露出两点：首先，时下丢弃残障婴孩的现象屡见不鲜；其次，从外表无明显残疾到狠心父母丢弃，可以推断出一个奇怪的逻辑，那就是，如果有残疾，那父母丢弃婴孩是可以理解的、可以接受的。现象的多发，思想的麻木，见怪不怪的行为背后透露出残障人遭遇的排斥和限制。当然，我们期望更善意的理解为：都没残疾，你还丢！

2. 报道原文

据目击者称，遗弃孩子的是一对很年轻的男女……据一位女民警推测，被弃男婴应该只有个把月大，初步检查，男婴没有明显残疾。

【一加一评论】

年轻的父母遗弃婴孩，原因多种多样，报道中不做推测，不做思考，却单单把检测无明显残障拿了出来，虽然没有表明任何观点与立场，却配合其标题再一次给了公众暗示。而这样一种残障儿童遭遇遗弃可以理解甚

1 《狠心父母丢弃男婴，外表无明显残疾》，德州新闻网，2012 年 4 月 12 日，http://www.dezhoudaily.com/news/dezhou/folder135/2012/04/2012-04-12333201.html。

至见而不责的麻木，也从一个侧面反映了残障人生存所面临的各种困境。其实非残障人认识得非常清楚，只不过非残障人要么持事不关己的态度，要么事到临头就选择逃避。

从这一则新闻我们可以联想到 2011 年 6 月发生的韩群凤溺杀脑瘫孩子的事件。韩群凤没有遗弃自己的孩子，勉力支撑，直到无法忍受，将孩子杀死。在这个过程中，媒体与公众更多的是看到了母亲的不易与艰难，在努力地为她求情、替她惋惜，却鲜见反思社会责任的缺失，以及对残障人生命权的正视与重视。此种认知，仍旧将残障归咎于残障人自身，却忽视了社会环境与社会态度的负面作用，违背了联合国《残疾人权利公约》以及《世界人权宣言》的宗旨。

无论是出于何种原因的遗弃，乃至各种情非得已的理由的杀害，都只是五十步与百步的差异，根本上都是以多数人的立场，以医学模式的视角，对残障人平等权利的剥夺。

3. 扩展阅读

孤残儿童生存现状即面临的问题：

（1）部分孤残儿童未获救助（2010 年的数据）

我国孤残儿童约 60 万人，在各类福利机构等集中供养的近 6 万人，约占 10%。分散在社会中的孤残儿童，一般纳入农村五保、城市低保予以救助。据调查，西部地区享有农村五保和城市低保的孤残儿童仅 50%左右，沿海发达地区约占 75%。

（2）孤残儿童救助标准及落实有待改善

2009 年民政部出台了《关于制定孤儿最低养育标准的通知》和《关于制定福利机构儿童最低养育标准的指导意见》，规定社会散居孤残儿童的月生活标准不低于600元，福利机构孤残儿童的月养育标准建议不低于1000元。然而，由于该文为民政部独立行文，没有明确资金来源，缺乏刚性约束，该养育新标准在不少省份无法落实。

（3）孤残儿童教育经费缺乏保障

孤残儿童接受义务教育享有法律保障，但其学前教育和义务教育后的教育经费只能挪用供养经费解决，侵占其他孤残儿童的生存权利。学前教育和义务教育阶段后的高中、中职和大学教育经费没有保障。

典型案例二

武汉江岸区智障男子不识钱　18年却存7万元[1]

1. 新闻标题

武汉江岸区智障男子不识钱　18年却存7万元

2. 报道原文

——1994年，因工厂不景气，沈顺卿下岗了。不久，沈母因病过世，临终前，老人拉着社区群干的手，请他们多多照顾这个家庭。

——沈顺卿夫妇连钱都不认识，根本没法当家理财，而除了沈母留下的一点积蓄外，沈顺卿就靠工厂每个月近两百元的临时补贴度日。想到此节，社区群干帮忙处理完后事后，主动提出代为保管钱财票卡，征得两人

1 《武汉江岸区智障男子不识钱　18年却存7万元》，《楚天都市报》2011年4月6日，第17版。

同意后，群干将其身份证、存折、医保卡等证件带到居委会，由专人保管，替这对夫妻当起家来。

——昨日上午，记者随同社区群干来到沈顺卿的家中，沈顺卿正坐在家中发呆。见到群干他很高兴，群干黄建华将买来的鸡蛋和饺子放进冰箱后，又赶紧张罗着为其整理衣被。

——这已是黄建华当天第二次来到沈家，一旁的沈顺卿摸摸面颊，示意为他剃胡子，黄建华拿起剃刀熟练地为其剃净胡子。沈顺卿不停地嘀咕着什么，记者根本无法听懂。

【背景资料】

智力障碍是指人的智力明显低于一般人的水平，并显示适应行为障碍。

据世界卫生组织（WHO）和美国智力低下协会（AAMD）的智力残疾的分级标准，按其智力商数（IQ）及社会适应行为来划分智力残疾的等级。

重度　一级 <20　极度缺陷

二级　20—34　重度缺陷

中度三级　35—49　中度缺陷

根据中残联公布的残障分级标准，智力三级障碍即为中度智力障碍，其社会活动能力为：能以简单的方式与人交流，生活能部分自理，能做简单的家务劳动，能参与一些简单的社会活动；需要环境提供有限的支持，部分生活由他人照料。

智力障碍，精神病学称为“精神发育迟缓”“精神发育不全”“精神缺陷”，教育心理学称为“智力落后”“智力缺陷”，儿科学称为“智力低下”“智能迟缓”“智力发育障碍”，特殊教育学校称为“弱智”“智力残疾”。

【一加一评论】

传统视角下的爱心宣传，一加一并不否定爱心与道德在社会发展与进步中所起的重要作用，并认为其有存在的必要性与不可缺少性。然而以过度塑造残障人弱势形象来凸显非残障人爱心的报道方式，会加深、加固公众对残障人能力低下的刻板印象。

不识钱，智力三级障碍，征得二人同意代为保管钱款，三者之间显然存在逻辑冲突。如若不识钱，其学习能力与判断能力能否支持其行使财产处置权，显然值得商榷，何况智力障碍人士在我国法律规定中属于限制民事行为能力人，那么有关其财产的托管流程，就是一个需要公证与明确的问题。当然，如果借此来凸显爱心，或者在专业知识上有所不足，出现这种问题就可以理解了。

此外，类似事件的爱心接力，照料残障人士的个案报道在主流媒体的报道中并不少见，一加一希望能有更多思考。

（1）智力障碍以及精神障碍等行为与认知存在障碍的人士的财产托管制度与保障需要建立。

（2）其托管制度应当有独立的监督机构。

（3）从财产托管到托养，实际上是一脉相承，对于自理能力存在障碍的残障人士的社会托养制度与模式有待探讨。

3. 拓展阅读

透过信托管理财产的几个优点。

（1）信托可确保财产能依照委托人之意愿使用，不需要担心其他人争夺该财产或损害受益人之利益。

（2）信托财产具有独立性，受托人需将信托财产与其自有财产及其他信托财产分别管理，当受托人死亡或破产时，信托财产不属于受托人的遗产或破产范围。

（3）信托财产具有安全性，信托财产是独立于委托人及受托人之财产，除了在办信托之前就已存在于该财产权利、因处理信托所生之权利，以及其他法律另有规定外，任何人都不得对信托财产强制执行。

（4）信托可以帮助无法自行管理财产的弱势对象，如儿童、身心障碍者，让财产做有效的管理及弹性的运用，使弱势者的生活更有保障。

（5）信托可以让财产永续经营。

典型案例三

助残日，发的钱和物救穷又救急[1]

1. 新闻标题

助残日，发的钱和物救穷又救急

2. 报道原文

这 9 件实事包括：为 100 名残疾人发放免费有机肥肥料卡；为 50 户残疾家庭分别发放 50 只土鸡苗；为 100 名残疾人发放价值 600 元 / 人的居家托养补贴；为 10 名创业残疾人分别发放 2000 元创业扶持基金；为 17 名残疾人赠送轮椅；为 6 名贫困残疾学生赠送 2000 元 / 人的助学金；

1 《助残日，发的钱和物救穷又救急》，《三峡晚报》2012 年 5 月 21 日，第 A01 版。

82 名残疾人获赠 200 元 / 人的生产发展资金；105 名残疾人获赠 200 元 / 人的燃油补贴；为 6 名残疾人分别赠送拐杖和助听器。

【一加一评论】

数字，大量明确的数字，看来是为了将这些社会救济落到实处。就目前国内残障人的生存状况而言，在社会救济层面上，大部分残障人有此需求。姑且不论造成这种情况的原因为何，单就救济发放来说，这些数字是如何确定出来的，是否具有合理性，值得在向社会表功之余进行探讨。

这些具体的数字背后还牵带出另一个问题，那就是在残障人事务方面，政府、社会一贯地重数量、轻质量，缺乏对残障人需求个性化的基本认识，无论是辅助用具及各类物资的发放，还是康复、医疗、教育、就业培训服务的提供，都是批量化、固态化，这样只是在面子上好看一些，并未起到多大的实际效果。造成这种现象，固然有中国残障人口基数大，普通生存状态艰难的原因，但更为重要的是非残障人所组成的主流社会的态度缺乏平等。

残障人在主流社会中的固有形象，一般是需要被同情的、需要被救助的、无能的、应该远离的等。这些负面认识，可从助残日这一特殊的日子窥得一二。

一加一并不否认目前有大量残障人需要依靠救助度过艰难的日子，但造成这种情况并非残障人己身的过错，在社会资源无法公平分配给残障人且社会环境与态度普遍负面的情况下，残障人需要更多努力，同时也需要和他人平等地在各个层面享受社会公共资源，而并非在救助层面成为形象代言。不过遗憾的是，逢年过节，残障人真是避无可避。

当然，对于政府的感谢，对于社会的感激，这些都是获益的残障人发自内心的，但大家没有意识到的是这样一个问题，一味地强调对于残障人的救助，这样只是从一个侧面弱化残障人的能力，强化其在公众心中无能的形象，从而影响并剥夺了其参与社会公共生活的平等机会。

观念的改变肯定是一个漫长的过程，一加一希望，改变从一点一滴开始。不妨将“助残日”这样一个爱心色彩很浓的节日更名为“中国残障人日”，这样不仅可以从某种程度上淡化残障人的负面形象，同时也可以起到公众教育的作用。至少一个有别于残疾、残废的词语，可以引发大家的好奇，从而让他们了解更多。

典型案例四

地铁上“盲人”专找靓女蹭[1]

【一加一评论】

夏日来临，公共场合的性骚扰问题困扰着许多男男女女，甭说是假扮盲人进行如此行为的，这样的真盲人也有。因为就目前残障人在婚率远低于非残障人的情况，以及残障人获得性服务难于健全人的情况来看，残障人也会干出此类违法之事。

不过回头来看这篇报道，出发点很好，提醒大家在不同场合多小心，并且描述得惟妙惟肖，既具有趣味性，又具有实用性，唯一让我们不太理解的地方，就是为什么新闻的标题不定为“公交上老人专找小伙子下手，小心性骚扰”呢？更有疑惑的是，本身第一个案例中的那个人是假扮盲人，而标题却并没有指明这一点。是记者文化程度太低，还是明显刻意误导？

1 《地铁上“盲人”专找靓女蹭》，《现代快报》2012 年 5 月 3 日，第 B10 版。

那么为什么会出现这样不合逻辑的奇怪标题呢？自然只能归咎于媒体从业者不负责任的态度与吸引读者眼球的迫切需要了。在这种情况下，社会中处于弱势的残障人，就只能任人鱼肉，为了这个噱头牺牲一下。

只有冲突够大够离谱，才可能吸引到关注，那再以最大的恶意揣测一下，之所以选择用盲人来制造噱头，大家的潜意识里，是否有“盲人还能干这样的事儿嘛”“盲人也敢干这种事儿”的鄙夷想法呢？若真如此，残障人的处境还真是尴尬了。

典型案例五

安徽脑瘫女孩考研差2分　是否破格录取引关注[1]

【背景资料】

破格复试的条件：对初试成绩未达到参加复试的基本要求，但业务能力强、专业成绩相对突出，只是总分或某一单科成绩略低于复试要求的考生，如招生单位拟破格参加复试，应填写《破格复试申请表》，签署导师和招生单位的意见，并报所在省（自治区、直辖市）高等学校招生办公室审批。一般情况，填报第二志愿的考生不允许破格；总分和单科成绩都低于复试要求的考生不允许破格复试。

“合理便利”是指根据具体需要，在不造成过度或不当负担的情况下，进行必要和适当的修改和调整，以确保残疾人在与其他人平等的基础上享有或行使一切人权和基本自由。——联合国《残疾人权利公约》

1 《安徽脑瘫女孩考研差2分　是否破格录取引关注》，《法制日报》2012年6月17日。

基于残疾的歧视：基于残疾而做出的任何区别、排斥或限制，其目的或效果是在政治、经济、社会、文化、公民或任何其他领域，损害或取消在与其他人平等的基础上，对一切人权和基本自由的认可、享有或行使。基于残疾的歧视包括一切形式的歧视，包括拒绝提供合理便利。——联合国《残疾人权利公约》

【一加一评论】

究竟应当如何对待残障群体？这是个让许多人非常纠结的问题，包括一些残障人自己也说不清楚。归根结底，还是在于大家无法适应残障人与非残障人之间存在的差异与不同。当把残障特殊化、标签化之后，很容易产生区别对待。有心想给予残障人平等的时候，又会遭遇残障人要求合理便利的尴尬。区别对待与合理便利之间如何区分呢？这是个问题。

能够看到这篇报道中提到的争论与阐述的观点，一加一深感欣慰。尽管文章中并没有提到合理便利，但人性化服务也正是人本精神的体现，是给残障人提供合理便利的出发点。

在这样一个案例里，如果给残障人加分或者降低难度，是一种对残障人的优待，但这也是同样区别于其余考生的对待，并且是以照顾的名义，否认了残障人的能力，同时也忽略了残障人的真实需求。

其实残障人与非残障人在能力上是一样的，在人格尊严上也是平等的，大家的目标同样都可以按马斯洛需求层次理论来划分，不同的只是实现的方法。如同报道中所引用的观点，残障人与非残障人都有报考的资质，不同的只是应当有适合自身条件的参考形势。

推而广之，在教育上，残障人需要的不是特殊学校，不是一切简单化，需要的只是在接受与非残障人同等教育之时提供适合其特点的资源支持；

在工作上亦是如此，残障人不需要被限定职业，或者救济就业，需要的是提供辅助支持，与大家同样平等地工作。

但是话转回来，对于此案例中的脑瘫女孩，是否应当考虑其残障而将之破格录取？一加一难以定论，毕竟在残障人合理便利的提供这块是严重缺失的，这已经造成在竞争过程中对残障人事实上的不平等。而在她的背后，还站着无法参加普通统一考试的视障人。

【后续报道】

《“特殊照顾”残疾人是否有碍考试公平》[1]

热点追踪

天津的哥免费送盲人引大关注　微博被转近6万次[2]

【事件回溯】

2012年4月17日，微博账号为“老爸跑车路”的的士司机发了一条微博，不到两天就被转发近6万次，并获一致好评。这条微博中极富戏剧性的话语“我挣钱比你容易”一时间也流行起来。

事件的经过并不复杂，一位的士司机搭载了一名盲人，以“我挣钱比你容易”为由拒收了其车费，而随后上车的一名中年人则以同样的理由多给了司机一些钱，将盲人乘客的车费一并支付。这一像链条般传递的行为，网友一致认为，它很温暖、很有爱。

1 《“特殊照顾”残疾人是否有碍考试公平》，《法制日报》2012年6月18日，第4版。

2 《天津的哥免费送盲人引大关注　微博被转近6万次》，北方网，2012年4月19日，http://news.enorth.com.cn/system/2012/04/19/009069285.shtml。

【一加一评论】

“只要人人都献出一份爱，世界将变成美好的人间”，这是社会对爱心、对温暖的呼唤与期盼，这样的爱心与温暖，逢年过节，总会闪亮在许多残障人的周围，闻者见者无不感动莫名。而平日里，扶个盲人过马路，免费送个盲人回家，这样的事情一出，也能为富有爱心的人冠以最美之名。

一加一认为，时下我们的社会确实非常需要人人都来献出自己的爱心，来建设我们这个美好的人间。残障群体作为社会的一分子，为这个建设添砖加瓦，可谓责无旁贷。

如果残障人的媒体形象，始终被宣传为被关心、被爱护的刻板模样，那么给其带来的最大障碍就是严重地弱化残障人的能力，剥夺残障人的机会平等。

当然，有情绪过激君一听闻残障人居然敢叫板公众的爱心，就会想走另一个极端：那就是不要爱心是吧，那什么都不给你了，看你怎么活。

如果要是这么想，态度里的误区都暴露出来了。

首先，任何人都有需要帮助的时候，因为任何人都有可能遇到困难，也有可能成为弱势群体。因此，被帮助、被关爱，并非残障人、老人或者某个人群的专利。举个很简单的例子，在公共交通中，需要的不是请给老幼病残孕让座，而是请给有需要的人让座。

其次，在目前硬、软无障碍条件极度缺乏的情况下，残障人在教育、就业、出行、信息获取等各方面都会面临比非残障人大的障碍，但是这样的障碍，在爱心同情视角出发的救助模式下，很难从根本上消除。尽管残障人是需要获得帮助的，但其所需要的绝非仅仅是帮助，更为重要的是获得生存与发展的平等机会。

再回过头来，从这起新闻事件出发，既然这位盲人选择打的，那他就是经过判断，自己能够负担这笔开支。一加一认为，对他来说，更需要的不是爱心，而是信任。相信只要大家以平等的视角换位思考一下，便可以理解了。

【一加一提示】

爱心有误区，施前先询问。

一加一报道

周云蓬墨镜风波[1]

【事件回溯】

“扬州旅游点，对盲人是免票的。但今早，在瘦西湖南门，检票大姐，让我出事（示）证件，没带，然后让我摘下墨镜证明看看，并说这是规定。我说这是对残障人的不尊重，坚持不摘墨镜，还是买了 90 元全票。请问扬州旅游局，有这规定么，盲人要看眼睛证明，那肢残还要卸下假肢么。”

2012 年 4 月 23 日，视障人周云蓬发出了这样一条关于他游瘦西湖遭遇尴尬的微博，迅速引起多方关注与讨论。

【观点交锋】

——因为眼睛存在缺陷，老周一般都是戴着墨镜，不希望将自己的眼睛暴露在别人面前。

——并且旁边还有人说，就摘下墨镜让人看看又怎么了。但是老周有自尊心，这种说法就是对他的不尊重。

1 《周云蓬墨镜风波》,《现代快报》2012 年 4 月 25 日。

——对于周云蓬说自己不尊重残疾人的说法，在景区工作了快 20 年的“检票大姐”胡梅感到很委屈。胡梅说，她只是履行工作职责，没想到“摘下眼镜让我看一下”的说法会让周云蓬很生气。陪同周云蓬的女士告诉她，“周云蓬不喜欢别人让他摘眼镜”。“我也没硬让他摘眼镜，也没硬把他拦在门外”。

【一加一报道】

“暴露残障，验明正身”，类似这样的事件并不新鲜，也不稀罕。在这起报道中，一加一很欣喜地看到，媒体在观点上并没有因为周云蓬的视障身份，就如以往一样，不管不顾地代表弱势群体，揪住景区的不适当做法不放，大肆讨伐，横加指责；而是从视障人的角度，从景区的角度以及第三方的角度，陈述各方观点，分析这起风波中的对与错。

因为眼睛存在缺陷，周云蓬不愿意暴露自己的眼睛，媒体对此有充分的理解与同情，相信诸多读者定能被此视角打动，并报以热烈掌声。然而一加一却在这个时候要跳出来泼盆冷水，还请暂缓拍砖。

诚然，对于自身不够完美或者说是不符合普通标准的地方，无论是残障人，还是非残障人，都不愿意被他人过多关注，譬如脸上的斑点，五官的特别，身材有异于大众审美等。但当我们成为多数人中的一员时，我们又会不自主地去关注他人的这些不同。如果他人因为你的关注而不满，更多时候我们会像这起事件中的一些旁观者，回以一句，看看又怎么了，至于这么敏感吗?

没错，至于这么敏感嘛！问题就在这里了。

在这起事件中，因为一方是处于弱势与社会长期关爱包围下的视障人，所以大家忽略了老周同志的这份过度敏感，其实仔细搜寻，报道的字里行间已然流露。

首先，基于联合国《残疾人权利公约》，从社会视角而非医学视角来看，一加一并不认为残障是一种缺陷，这只是人类多样性的一种。正如我们一直在强调的，残障只是特点与差异，并非缺点与差劲，无论我们是多数群体中的一员，还是少数群体的一分子，都要尊重这种特点与差异。

其次，如果要尊重这种差异，残障人自身必然要率先接纳自我、尊重自我，否则一味敏感与逃避，要求他人来尊重你，实在是强人所难。

事实上，这种敏感与逃避是残障人无法自我接纳的表现之一。固然会产生这样的回避心理，有社会公众歧视的原因在里面。然而单纯期待社会公众改变态度来消除这种过度关注与歧视，自身却不去坦然面对，不去接纳，只知道敏感，只会回避，强调的所谓尊严，实在脆弱，更谈不上维护了。

一加一认为，身为残障人，在争取平等的路上，要有勇气对话自己的残障，首先自我尊重，自我接纳，这样才能积极地去影响去改变社会环境。

当然，有如周云蓬者，甚至如你如我，其实在公众好奇的目光之下，要有勇气暴露自己的残障并坦然面对，确实有一些为难之处，毕竟这是长期的社会负面态度导致的结果，并非残障之罪。不过转念想想，这也是必须经历的过程，从大惊小怪到见怪不怪，再到不以为怪，这样的过程，肯定要有残障人的主动行动。退一步说，你越是隐藏，就越能激起他人的好奇心，那么这种围观要到什么时候才能消除呢？

这样的过度敏感，隐藏自己的残障，只会加深内心的自卑与恐慌，这种行为与许多健全父母将自己的残障孩子隐藏起来不愿意示人，又有何异？自重者人恒重之，自轻者人必轻之。请先接纳自我，认可自我，尊重自我吧！

我们的目标是，没有围观，生活在一个想戴墨镜就戴墨镜，想摘墨镜就摘墨镜，可以自我幽默，亦可以平等坦然与他人对话的社会。

残障相关事务媒体报道
一加一观察与评论报告
2012 年第三季度

阅读提示

声明：本报告选取 2012 年 7 月 1 日至 9 月 30 日媒体报道残障相关事务的典型案例，以联合国《残疾人权利公约》和《中华人民共和国残疾人保障法》为理论和法律依据，结合一加一作为中国残障领域独立媒体的实践和经验积累，进行独立的观察和评论，出发点并不是对传媒的责难与褒奖，仅是一种观点和理念的分享，以期能对读者有所启示。具体板块如下。

典型案例：选取现阶段媒体报道经常出现的、刻意塑造残障人负面形象的、无视或违反《残疾人权利公约》的用语及报道角度和专业能力欠缺的或者符合《公约》、理念先进的案例进行评论及相关资料补充。

热点追踪：选取时下引发社会公众热议、密切关注的新闻事件为背景的报道残障人事务的案例进行评论及相关资料补充。

一加一报道：选取已经被多家媒体广泛报道或关注的新闻事件，提出基于残障的关于此事件的一加一报道视角。

典型案例一

备战全国残运会　成都举行手语大赛[1]

【背景资料】

手语分为自然手语和手势汉语两种，它们的语法并不一样。如果是出生在聋哑人家庭的小孩，没有受到太多的外界影响，他们的手语是自然状态下的聋人彼此交谈使用的手语。而聋校的健听人教师打的手语是手势汉语，它基本上是按照中文句子中的词语顺序逐词进行翻译。打一个比方，“你叫什么名字?”这句话用手势汉语逐词比画，就是：你——叫——什么——名字；而自然手语则是：你——名字——什么。只有自然手语才是真正意义上的聋人手语，我们应该尊重它自身的规律。普通汉语的语法结构是主语、谓语加宾语；而自然手语则是主题加陈述的形式。因此自然手语更加简洁易懂，更适合手语者交流。

【一加一评论】

大会，又见大会。从 2008 年北京残奥会百万志愿者学手语，到一次又一次城市盛会前如同临时抱佛脚的手语学习及推广活动，一加一能够理解相关人士借势借机积极推广宣传手语的目的，也了解在这些盛会上，听障运动员有此切实的需要，然而仍有一些疑惑与思考。

从《公约》的视角，无障碍地获取信息、融入社会是听障人士乃至残障人士的基本权利与需求，社会应当创造条件与便利来予以实现，而非仅仅从关爱的角度来宣扬。关爱如同福利，可有可无，可以视情况而论；权

1 《备战全国残运会　成都举行手语大赛》,《华西都市报》2012 年 7 月 25 日，第 22 版。

利需要保障，绝非任何托词可以剥夺。

跳出这样的赛会式宣传，当我们着眼于公共生活，还会发现这种关爱无法关爱到的地方。如看病就医，诸多听障人士因为交流与沟通不便，在看病就医时必须有人陪同。偶有医院弄出节日关爱，请来手语导医，却是远水不解听障人士之近渴，听障人士可以等，但病可不会等。因此，至少在应当为全体公民服务的公共服务系统，考虑到所有人的需求并予以满足，是必须的。

此外，提及听障人士便单纯只言及手语的做法也存在狭隘性，因为人与人之间的交流存在多种方式，文字、语言、手势，在公共服务领域，自然是要选择最贴合群体特征的方式，但在生活交流中，一味地强调手语，忽略听障人士的其他能力，也会人为地造成隔离。总而言之，其实残障人不怕被爱，只是担心被爱这一条道爱到黑。

【一加一提示】

生活中的隔离来自思维里的墙。

典型案例二

国内首家残疾人邮局在汉成立[1]

【一加一评论】

国内首家也好，世界首创也罢，大抵在公众看来，这都是历史性的好事，是值得称扬赞诵的，当然也是值得推广与效仿的。姑且不论这种首

1 《国内首家残疾人邮局在汉成立》，《长江日报》2012 年 9 月 24 日，第 16 版。

家，第一，最XX等相关用词在残障领域常缺乏相关考证，即使是占了这个第一法则，但事实上是否就真如其想得那么好，也非常值得商榷。

邮局作为公共服务部门，与集邮爱好者俱乐部的性质截然不同。在其每一个网点都应当为公众提供适应其需求的合理服务，其中自然包括无障碍原则、就近原则，而绝非单独为残障人专设一个网点。且不说一个城市有多大，需要设多少网点才可能满足残障人的专门需求，这种做法还会带来公共资源的浪费，对非残障人来说也是一种不公平，何况残障人的需求并不在此。

此类做法并不罕见，如视障人士要使用手机，那就专门做盲人手机，视障人士要上网，那就制作专门的语音页面，更有甚者还颇为自得地宣称网站将其余信息全部过滤，只留下与盲人相关的信息，最大化地方便盲人浏览，确实让视障人士哭笑不得，难道盲人的衣食住行完全迥于他人不成？那上学、工作，当然是不能和非残障人在一起，也没法和非残障人在一起了。

这种将残障人特殊化、隔离化、专门化的做法，固然出发点是好的，但其缺乏对残障人的了解，没有从根本上对残障人平等对待，一味否定其能力，将其放在无能的弱势地位，带来的只是愈发阻碍残障人融入社会，阻碍其生活质量随社会发展程度的提高而提高。

当然，造成这种现象，绝非公众的故意，其实缺乏的是给残障人一个平等的机会，一个参与的机会，一个发出声音的机会。

典型案例三

青少年无线电测向锦标赛盲人组比赛在穗举行[1]

【报道原文】

在风靡全国的影视作品中，以超常听力和毅力捕捉无线电码、寻找敌人潜伏电台的失明者，被誉为能听到“天外之音、无声之印”的“听风者”。

随团教练介绍，盲人的听力会比较好，并且在捕捉无线电波会比较快，比较准。

【一加一评论】

艺术来源于生活，但高于生活，只是被贴上标签的特殊群体，经常会不小心在艺术中变得如妖似魔。

盲人的听力会比较好，盲人都很会唱歌，盲人都很会乐器，盲人做按摩摸得很到位……

诸如此类公众对视障人的认识，十分常见，一加一也并不否认在这些方面做得好的视障人占视障群体的比例远远超过非残障人，但是也并非所有的视障人都长于这些方面，并且这些神化的、固有的认识，也不为视障人所喜欢。

首先，有这种神化异化的认识，是因为公众单纯地只看到了这种现象与结果，在夸张想象视障人生活所面临的困难的同时，忽略了人本身适应环境、寻找方法、解决问题的能力。其实视障人并非公众所认知的那样，

1 《青少年无线电测向锦标赛盲人组比赛在穗举行》，《广州日报》2012 年 8 月 14 日，第 A15 版。

生活在黑暗的世界里，顶多只算是生活在黑暗的环境中。而在这种环境下，视障人面对生活，所需要依赖与开发的，是身体其他感官。大家的目标相同，只是方式不一样而已。换谁生存在这样的环境下，都能够开发出自身已经或退化或遗忘的能力，这一点已经被科学家所论证，不在此赘述。

其次，尽管这种认识看起来是积极的，但它仍旧将视障人与公众区别开来，使其作为普通人的能力被弱化，限制了其获得平等发展的机会。

【一加一提示】

闭上眼睛一时，你会恐慌；闭上眼睛一世，你会习惯。

典型案例四

网传汶川地震致残女孩被拒录　学校承认曾建议退录[1]

【报道原文】

——当时他们根据教育部颁发的《普通高等学校招生体检工作指导意见》，认为张凤的情况不适合被录取，“她生活不能自理，而且我们学校是培养老师的”。

——“他们根本不了解这个孩子”，王志航说，张凤完全能够生活自理，洗头、洗澡、打饭都没有问题。上下楼自己拄着拐杖也是可以的。她告诉记者，张凤偶尔跟同学去逛街，“现在一次走个一公里，完全没问题”。“张凤很倔强、也很要强，她不会给任何人添麻烦。”

——王志航的微博发出后，21 日晚，成都师范学院招生办曾打电话跟

1 《网传汶川地震致残女孩被拒录　学校承认曾建议退录》，《羊城晚报》2012 年 7 月 23 日，第 A09 版。

张凤沟通，说可以录取她，但有条件。“他们说，第一不负责毕业后的分配，第二要求有人专门照顾她生活。”

——张凤妈妈表示，这四年可以不打工、不挣钱，陪孩子把书读完。“但第一条我们绝不答应。”王志航提高嗓门:“健全孩子有的待遇，我们更应该有。”

——王志航说，灾区残疾孩子多，“相比同情，这些孩子更需要公平”。

【一加一评论】

媒体的力量毋庸置疑，不论是传统媒体，还是微博这样的新媒体。如果没有媒体介入，恐怕校方做出如此艰难的决定需要更长的时间。

校方起初以不能自理为由简单粗暴地将张凤拒绝，其中还有“我们是培养老师的”这种严重歧视性的话语，着实令人失望，甚至让人对其教育能力产生担忧。一加一在此要列出如下三点供大家思考。

首先，残障人生活能否自理，不能想当然地下结论，至少也应当有一套令人信服的测量评估标准与执行监督机构。

其次，没有任何数据实验或者科学研究证明，生活能否自理与有无接受教育的能力之间存在必然的逻辑关联性，相关法规条文借此剥夺残障人平等受教育的能力显然是不合情、不合理的。

最后，残障人能否无障碍地生活，决定因素并非残障，而在于环境的软、硬件的无障碍程度；残障人有权要求合理便利，这绝不是公众或者某些残障人自己所认为的“给他人添麻烦”。

从开始的拒绝，到后来提出的莫名其妙的两不管的条件，校方的做法着实可笑。可笑的同时，是否会有这种因为缺乏对人的基本尊重而产生的悲哀就仁者见仁了。

确实，相比同情，这些孩子更需要公平。不过遗憾的是，在这样一起事件中，媒体与残障人家长对于所谓的公平的容忍度相当大，如若学校持包容的态度，能够尊重残障学生的需求与尊严，提供相应的合理便利，残障家长又何须说出“这四年可以不打工、不挣钱，陪孩子把书读完”的话语呢?

热点追踪

不再火热的残奥

8 月 29 日 ~9 月 11 日，第 14 届残奥运会在伦敦举行。与 2008 年的残奥会相比，这届残奥会算是淡出了媒体的观察视野，但在一些不痛不痒的简讯报告之外，之前的奥运会中关于刀锋战士的争论国内亦有所关注，总算没有让这样一个本着人本精神的盛会失掉它的光彩。一加一作为残障领域的独立媒体，对本届奥运会的匠心独运有了一些观察，对于公众议论的话题亦有一些见解，希望与公众进行交流探讨。

【事件回溯】

热点一：平等·共享·参与：伦敦奥运开幕式折射的残障理念

——北京时间 7 月 28 日凌晨 4 时（伦敦当地时间 7 月 27 日 21 时），2012 伦敦奥运会开幕式在伦敦碗体育场盛大开幕。

——现场大屏幕里显示的群岛奇迹拉开了伦敦奥运开幕式的序幕。跟随镜头，伴随美妙的歌声《耶路撒冷》(Jerusalem)，英伦三岛的风土人情一一呈现。站在儿童唱诗班孩子们中间的领唱男孩是那么自然和谐，忘情的歌声婉转动听，假如不认真观察，我们很难发现领唱男孩的手有残障。

【一加一评论】

鼓声响起，工业革命的历史片段映入眼帘。引领大家雷响战鼓的是女鼓手格兰妮，如果没有解说，我们根本不可能知道格兰妮是从小双耳失聪的女孩。在喧嚣的乐声中，没有性别之分，没有残障与健全之分，没有尊卑之分，没有差别，唯一存在的只有鼓声。

在女王与“007”的特别引导之下，庄严肃穆的升旗仪式开始。护卫队到位之后，在 LC 手语同声唱诗班儿童们用手语与吟唱融合伴奏之下，《天佑女王》的音乐缓缓响起。我们很容易看到，在合唱团中有坐着轮椅的男孩和女孩，还有没有张口唱歌只用手语伴奏的孩子。从解说中我们知道，在唱诗班的孩子中也有聋哑人，他们用手语奏唱国歌，表达自己对祖国的热爱。在英国国旗下，在国歌声中，他们都是代表未来和希望的孩子，没有差别，无论肤色、种族、民族、性别，无论是否残障。

奥运火炬的传递被认为是传递奥运精神的最有效方式。开幕式现场大屏幕回顾了这次伦敦奥运会火炬从采集到传递的过程。从雅典到伦敦，薪火相传，将奥林匹克精神传遍了英伦三岛和爱尔兰。一位双腿装着假肢的朋友被从轮椅下扶下来，手持火炬向前迈步；一位坐在轮椅上的女性朋友，脸上带着灿烂的笑容，双手飞快地摇着轮椅，带着火炬向前飞奔……“人们以各种方式将火炬传递，无论是健全人、残疾人、妇女、儿童老人，每个人都用自己的方式独享这个奥林匹克的瞬间。”没有差别，人人参与。

神圣的奥运会旗进入会场，人类历史上最伟大的运动员、70 岁身患帕金森综合征的阿里作为运动的代表与奥运旗帜共荣光……

在这欢快的伦敦奥运会开幕式中，现场没有观众，人人都是表演者。人人参与是开幕式的主题。正如《暴风雨》所说，“不要怕，这岛上充满了各种声音。使人听了愉快，不会伤害人”。人人生而平等的理念传遍英伦三岛的每一个地方。“平等·共享·参与”的理念在伦敦奥运会开幕式更是一览无遗。无论是对待不同的肤色、种族、民族、性别，还是残障，都一律平等。

【事件回溯】

热点二：赞美 & 错位：“刀锋战士”事件折射出的社会残障意识

2012，伦敦奥运，精彩纷呈！

8 月 6 日，田径 400 米，“刀锋战士”，掌声无数！

8 月 11 日，400 米接力，南非，“刀锋战士”，掌声无数！

自南非肢体残障运动员皮斯托瑞斯出现在我们面前，各类媒体关于他的报道就从没有间断过。然而，令我们感到遗憾的是，这些报道都有一些共同的误区和错位！

【事件回溯】

《成都晚报》：“刀锋战士”拿着世界冠军的姓名贴说：“虽然没有晋级决赛，但我觉得能和正常人一起征战奥运会，我已经很开心了！”

中国教育在线：在残奥会上“孤独求败”的皮斯托瑞斯，自 2006 年开始便参加正常人比赛……

《青年报》（上海）：除此之外，我不认为自己与正常人有什么区别……

四川新闻网：这次伦敦奥运会赛场上，他走上了田径赛场，直接和健全人一起竞争，迎接他的欢呼，不逊于超级巨星博尔特。

【一加一评论】

残障人不是正常人？

几乎所有关于皮斯托瑞斯的报道，都将其与正常人区别开来。难道残障就是不正常？这种表述充分反映了社会对残障的认识存在错位，说明社会上的很多人在潜意识中将残障视为“不正常”，将残障作为一个参照物和所谓的“正常”进行对比，并通过网络、电视、报纸等媒介广为传播，使残障在健全人眼中变得更不正常，从而导致残障和主流社会更加隔离。

《残疾人权利公约》指出，残疾是伤残者和阻碍他们在与其他人平等的基础上充分和切实地参与社会的各种态度和环境障碍相互作用所产生的结果。残障人与健全人之间的差别在于存在机体和功能差异，以及外部环境给参展人带来的障碍。除此之外，残障人与健全人之间不存在其他任何的差别，人的固有尊严、权利、社会责任、义务等。

自有人类就有残障人，残障人是人的多样性的一部分和人类的一分子。残障，与不正常没有任何关系；残障人，更加不是“不正常的人”。

【事件回溯】

《成都晚报》：比赛开始前，当现场工作人员介绍“刀锋战士”时，全场观众给予了他最热烈的欢呼和掌声。

《温州都市报》：刀锋战士跑在命运前头，对手拥抱致敬全场动容。

《深圳特区报》：没有双腿的他敢于向有腿的运动员同场竞技，敢于挑战自己的极限。光这一点，他就配得上世界最伟大运动员之称。

【一加一评论】

赞美还是“优越感”?

媒体积极宣传残障人积极向上、努力拼搏、奋发图强的正面形象，对于社会了解残障人群体具有重要意义。然而，这些宣传却似乎积极得过了头。

国际奥委会在《奥林匹克宪章》“奥林匹克主义的原则”条款中有这样一段话：“每一个人都应享有从事体育运动的可能性，而不受任何形式的歧视，并体现相互理解、友谊、团结和公平竞争的奥林匹克精神。”从这个意义上来说，残障人参加奥运会也是理所当然的事情，又何必大惊小怪呢?

从社会现象的本质来看，各类媒体都在不自觉间以一种“来自以健全人为中心的优越感”来看待皮斯托瑞斯，其逻辑思维是如果我也是使用假肢的人，我肯定不如你，你付出了艰辛的努力，是与自己的命运赛跑，所以我佩服、崇拜、敬重你，你也给了我精神与力量。其实，每一个运动员，无论是残障人还是健全人，为了能参加奥运会，都付出了艰辛的努力，争取胜利是他们的目标，他们都值得我们尊敬。没有必要因为一个残障人的出现而大写特写，这样反而会使社会大众把残障人当作异类。随着社会进步和残障人社会意识的觉醒，毫无疑问，未来会有更多的残障人在这种大赛中出现，与健全人进行比赛。请以平等的心态来看待这样再正常不过的场景吧。

【事件回溯】

——新浪体育：迈克尔－约翰逊说：“我的意见是，我们无法确定他是不是利用碳纤维义肢得到了好处。所以，这对其他跑手来说是不公平的。”

——2007年，国际田联采纳皮特－布鲁格曼教授的结论，猎豹义肢的确能给皮斯托瑞斯带来优势，能帮助皮斯托瑞斯节省体力。禁止皮斯托瑞斯参加健全人的赛事。

——在获知结果后，皮斯托瑞斯向体育仲裁法庭提起申诉。在2008年5月，体育仲裁法庭基于皮特－魏恩德等教授们的研究结果，皮斯托瑞斯并没有因为猎豹义肢而节省体力。于是，皮斯托瑞斯重新得到了和健全人比赛的机会。

——不过，有意思的是，在当年的体育仲裁法庭的判决书中，就强调了未来的科学检测可能会发现猎豹的确有不同寻常的功用。

【一加一评论】

合理便利还是有违公平？

尽管“刀锋战士”已经参加了伦敦奥运会，然而，关于他参赛是否“有违公平”的争论依然没有停息。争论的焦点在于“猎豹义肢是否给皮斯托瑞斯带来好处”。从平等和奥运精神的角度来看，这种争论的焦点有利于我们更好地理解平等和残障。

奥运的格言是“更快、更高、更强”，支撑这一格言的是平等，当“义肢”被作为“工具”看待时，是否意味着其他运动员也可以使用“工具”；如果不允许其他“运动员”使用“工具”，有违公平，如果不允许包括“刀锋战士”在内的所有运动员使用“工具”，也有违公平，这也是此前争论的焦点。但随着《残疾人权利公约》在全球范围内得到广泛认同，“义肢”作为残障人参与社会的必要组成部分不被视为残障人自身以外的部分，而是和残障人一起作为一个整体的“人”被尊重，被平等对待。

一加一报道

自闭症儿童上学难引发热议[1]　谁来圆自闭症儿童的读书梦[2]

【事件回溯】

从 2012 年 8 月 27 日至 9 月 4 日，深圳自闭症男孩李梦（化名）四次被拒绝走进教室，甚至还遭遇了同班 19 名同学家长联名上书学校，拒绝他就读的窘境。学校一方面面对来自家长的压力，另一方面以没有专业的自闭症老师为由，将其送出了校门。

【一加一报道】

学校没有资源教师、资源教室，因此不能接受残障孩子就读，校方这样无视残障人权益的借口在此不再冗论。在这起事件中，健全孩子的家长

1 《自闭症儿童上学难引发热议》，《新快报》2012 年 9 月 18 日，第 AT01、AT02、AT03 版。
2 《谁来圆自闭症儿童的读书梦》，《新京报》2012 年 9 月 20 日，第 A02 版。

以危险为由反应激烈，我们也深表理解。在苦恼公众因为对残障人的不了解从而不理解的现状之时，一加一也想谈谈残障人自身及其家属在这个过程中可以做到的积极改变，尤其是自闭症孩子。

诚然，在这一出看似只是零合博弈的事件中，李梦和他母亲处于绝对弱势地位，并且对于家长和校方来说，似乎除了胜利，就是损失。但一些可以借鉴的经验证明，这个由自闭症孩子及其家长、校方、健全孩子及其家长多方构建的模型，是完全可以成为一种正和博弈的。

我们在媒体上看到了诸多的分析，在此事件中学校、学生家长，甚至是制度成为纷纷被指责的对象。但在现有的环境和条件下，我们更希望看到李梦和他母亲经过这样的挑战后更为积极地行动。以下是我们认为可以借鉴的一个案例:《康康和他的妈妈》。

> 康康到了该上学的年纪。上学，对于普通孩子来说，是一件多么平常的事情，可对于像康康一样的自闭症孩子，上学，无疑是一个梦。康康妈妈邹文知道许多跟康康一样的孩子求学之路非常艰难，有的孩子因种种原因一学期换了好几所学校，有的孩子因不适应学校的生活被劝退学，还有被学校赶出校门的，更多的是根本无学可上。当普通孩子的家长在为自己的孩子选择哪所好学校、选择哪些课外辅导班而发愁时，许多特殊孩子的父母却在为孩子争取上学的权利而苦苦挣扎。那一段时间，邹文每天想的最多的就是上学！上学！
>
> 历经坎坷，最后终于找到了一个学校。为了不给学校增加麻烦，邹文希望能够陪读。校长破例同意了他们的请求：陪读。这在学校是没有先例的。校长说过的一句话至今仍然深深地记在邹

文的心里，她说："每个孩子都有受教育的权利，哪怕这个孩子是不一样的。"

康康上的是学前中班，没有学业的压力，很轻松，但即使这样他仍然很不适应。那其实是在给他上小学做铺垫。建立课堂规则，培养自控能力，学习简单的沟通交流。半年时间转瞬即逝，半年里也在邹文的心里留下了许多珍贵的回忆。

为了让康康记住班上的同学，邹文给每位同学拍照并打印出来，一张一张写上名字。一个月后，班上 37 名同学康康基本能够叫出名字。不过，邹文也没有想到写名字这个习惯如此根深蒂固地记在康康脑子里，一直到现在，他见到不认识的人总是要让人家把名字写出来。

二年级的时候，邹文做出了一个重要的决定，把康康的全天上学调整为上半天课。这是一个艰难的决定。康康的认知、理解都很差，需要通过特殊学习来提升。普通教育跟特殊教育结合是他最佳的学习方式。从上全天到半天，大家都担心康康会因此跟同学的差距越来越远，邹文知道，无论康康怎样努力，跟同学们的差距都会越来越大。今天的退一步，是为了明天更好地往前走。

那一年，康康开始学画画，学打乒乓球，学会上百度搜索游戏。那一年，他终于喜欢玩玩具：碰碰吸。他还拍了第一套艺术照片。

之后的几年，在康康的教育上邹文一直是遵循"社会性康复"的原则和"社会生活自理"的目标，以社会性教育为主线，通过学校学习、家庭个别教育，提高康康的理解力，让他尽可能融入社会生活中。

直到现在，无论走到哪里，只要有机会和条件，邹文都会毫不隐瞒地告诉别人康康的情况。在他们新家的小区，邹文一直没有机会向别人解释康康为什么跟其他小朋友不一样。2010年6月，中国第一部以自闭症人士为主角的电影《海洋天堂》公映，邹文和康康爸爸去电影院买了很多票，给小区物业、面包坊以及邻居赠送电影票，跟电影票一起送给他们的还有一封感情真挚的信。信里，邹文向他们简单讲述了康康的事。邹文这样写道："或许你们时常会看到，一个12岁的小男孩，在小区门口向保安哥哥们问好，向小区认识或不认识的叔叔阿姨们问好，怪怪的声调，幼稚的行为，纯真的表情。他，就是我的孩子康康。康康是一个自闭症孩子。自闭症是一种……最后，我想说的是，如果不是因为儿子，我们可能也不会去关注这样的弱势群体。中国有8000多万残疾人，他们跟所有的人一样，渴望生活，追求美好，但他们的路走得比其他人艰辛，在这条艰辛的路上，他们得到许许多多的关爱，正是你们这点点滴滴的关爱，让他们多了一份信心和勇气，努力顽强地生活着，也让他们的家人倍感欣慰。"邹文希望通过这种方式唤起大家对自闭症群体的关爱，也希望给康康营造更好、更有爱的环境。

残障相关事务媒体报道
一加一观察与评论报告
2012 年第四季度

阅读提示

声明： 本报告选取 2012 年 10 月 1 日至 12 月 31 日媒体报道残障相关事务的典型案例，以联合国《残疾人权利公约》和《中华人民共和国残疾人保障法》为理论和法律依据，结合一加一作为中国残障领域独立媒体的实践和经验积累，进行独立的观察和评论，出发点并不是对传媒的责难与褒奖，仅是一种观点和理念的分享，以期能对读者有所启示。具体板块如下。

典型案例： 选取现阶段媒体报道经常出现的、刻意塑造残障人负面形象的、无视或违反《残疾人权利公约》的用语及报道角度和专业能力欠缺的或者符合《公约》、理念先进的案例进行评论及相关资料补充。

热点追踪： 选取时下引发社会公众热议、密切关注的新闻事件为背景的报道残障人事务的案例进行评论及相关资料补充。

一加一报道： 选取已经被多家媒体广泛报道或关注的新闻事件，提出基于残障的关于此事件的一加一报道视角。

典型案例一

盲人修电脑，这个是真的[1]

【报道原文】

10月25日上午，在南内环街的一座数码城里，37岁的高旭君坐在自己电脑公司的桌子前，熟练地将面前一台有故障的电脑全部拆开，很快找到问题并及时地排除了故障，然后又将电脑组装好。一系列程序仅用了半小时，整个修理过程与其他电脑维修者没有任何不同。没人能想到，他，3岁就双目失明，从未见过电脑。

高旭君在修理电脑时，动作和程序有着自己的规范，“右手伸出去摸到的第一个位置，肯定是螺丝刀，旁边是螺丝，再旁边是拆下的电脑零件，这样的顺序既是我的习惯，也是我对自己的要求”，高旭君说。作为盲人，他判断电脑故障的主要手段是听和摸，“一般的问题都能发现，更难找到的问题则需要我妻子在旁边帮着看”。

【背景资料】

国家标准化管理委员会、民政部、中国残联联合发布的中国首个关于残疾人认定以及种类和等级划分的国家标准——《残疾人残疾分类和分级》于2011年5月1日起正式实施。

按视力和视野状态分级，其中盲为视力残疾一级和二级，低视力为视力残疾三级和四级。视力残疾均指双眼而言，若双眼视力不同，则以视力较好的一眼为准。如仅有单眼为视力残疾，而另一眼的视力达到或优于

1 《盲人修电脑，这个是真的》，《山西晚报》2012年10月26日，第46版。

0.3，则不属于视力残疾范畴。视野以注视点为中心，视野半径小于 10 度者，不论其视力如何均属于盲。视力残疾分级如下：

级别视力、视野

一级无光感～ < 0.02；或视野半径 < 5 度

二级 0.02 ～ < 0.05；或视野半径 < 10 度

三级 0.05 ～ < 0.1

四级 0.1 ～ < 0.3

注：此处所测视力为最佳矫正视力 best corrected visual acuity，以最适当镜片进行屈光矫正后所能达到的最好视力。

【一加一评论】

“盲人修电脑，这个是真的”。这个口吻听起来很有一种小孩子很想向大人证明他所说的是真的，但又找不到什么好的证据只好这么说的感觉。或者从另一个角度想，似乎这位记者深深地明白，在他的生涯里所见过的关于盲人的报道，譬如盲人跳舞、盲人画画、盲人拍照等，至少在他看来或者调查来说，都是假的，约莫每次看到类似的报道，他都会对自己的同行嗤之以鼻，因此这一回他从自我观感的角度出发，标题就采用了这样一个口吻。

不过，纵观有关残障人的报道，尤其是在视障人这块，确实存在一些过度夸张、过分神话的情况，甭说新闻里总会用“谁也想不到他竟是一个盲人”这样的句子来渲染，诚然是我们视障人在看类似的报道时也会惊掉一地眼珠。

当然，绝大多数情况非采写者的有意，只是大家对于残障人缺乏一些基础的了解，同时在以健全的视角去通感残障人的处境时，会不由自主地带着怜悯去进行其所面临困难的推理。

就拿视障人来说，其实分为盲与低视力两种。双眼矫正视力低于0.3者即被划入低视力的行列。但是在大部分传统报道中，他们都被统称为“盲人”，而公众心目中的“盲人”，都是那种戴着墨镜、拄着盲杆摸摸索索的形象，根本不包含低视力，因此有时候难免产生误会。这种误会是视障人被过度神话的原因之一。譬如凭借歌舞双艺参加某著名才艺选秀类节目并获得年度冠军的一位视障女孩，其实她本身只是低视力，在学习舞蹈与音乐的过程中，所面临的困难并非大家所想象的那样大，可一旦被报道成一个“盲人”，结果自然是令人惊叹不已。这种情况在另一篇媒体报道《优雅的芭蕾舞者，谁想到她是盲人》[1]中就有所体现。更何况有些时候好多被“误解”出来的神人，其实并不属于残障人的范畴。

这种对视障人的盲与低视力的不了解，通常也会给诸多低视力者在生活中带来些许尴尬，如问路时“瞪这么大两眼怎么就瞅不着”“不是指给你了吗，还问”一类的话语，许多低视力者已习以为常。

此篇报道既然标题是以如此口吻，想必采写对象应当是一位实打实的“盲人”了。让我们欣喜的是，在陈述这位盲人有多神之时，这位采写者同时还揭示了神话背后的原因：总结起来其实很简单——方法总比困难多，而且克服困难消除障碍的方法，并不一定非得是多么高成本、高技术含量的。以文中的盲人来说，他也只是做到了有规律与手熟耳，并且他也绝非万能，在一些方面仍旧需要妻子的帮助，或者说是眼神儿好的帮助。这是符合社会发展规律的，这才是真正融合而和谐的。

其实这样一位盲人，尽管他有在不少健全人看来不可思议的绝活，但其实他很真实，和很多普通人一样真实。这种真实告诉我们一个道理：每

1 《优雅的芭蕾舞者，谁想到她是盲人》，《城市快报》2012年10月9日，第4版。

个人都有自己所擅长的，同时也有需要他人帮助的时候。举个比较简单的例子，同时也可以为一些人消除一些小纠结：在公交车上，考虑是否给人让座时，并不取决于他是不是一个盲人，而是应当考虑他是否需要这个座位。

【一加一提示】

白天不懂夜的黑，聊过再为它伤悲。

典型案例二

大学生街头扮演盲人　呼吁盲人国考平等权[1]

【报道原文】

只见两名大学生给你扶着一面巨大的“公考之门”，门上上了“公务员录用体检标准”的锁，两名志愿者作为守门将，身写“标准当关”“盲夫莫开”，背对路人，将另一位扮演“盲人”的大学生拒之门外。“盲人”高举“依据何在”标牌，表达不解之情。

残疾人以及盲人参加公务员考试、企业或者事业招聘，首先得享受公平公正，其次还要享受照顾，给他们提供岗位，这才能体现社会和谐，“如果不给他们提供稍微宽松的就业路，他们就更难，比正常人还要难”。

每个人都有缺点，盲人看不见是他的缺点，但不排除他有优点的可能性，如果以一个体检标准就将他拒之门外，对盲人是不公平的。“看不到已经很不方便了，我们不要在他行走的路上设一些坎坎坑坑，让他往里跳，

1 《大学生街头扮演盲人　呼吁盲人国考平等权》，中国新闻网，2012 年 10 月 16 日，http://www.chinanews.com/sh/2012/10-16/4249897.shtml。

让他绊倒，我觉得我们应该至少给他一条平坦的路，让他好好去走。”

【一加一评论】

2012 年，视障人参加国考、公考在残障领域应当算是被媒体广泛关注的一个话题，从年初视障人宣海与有关部门对簿公堂，到年末他再一次坐在国考的考场上，这一年中，媒体对他、对视障人呼吁国考平等权给予了大量的关注与充分的支持。此一点，让视障人受到了非常的鼓舞。同时也证明媒体在实现社会的公平与正义中所扮演的重要角色与存在的强大力量。

然而美中不足的是，大家在探讨国考体检标准是否合理，在力图为“盲夫”将“标准”这只拦路虎消灭之余，却忽略了一个根本性的问题：其实真正阻挡视障人享有各方面平等权利的当关者，是存在于公众思维中的对视障人的刻板印象。向大家阐明这一点，是本报告一直所秉持的宗旨，而就这个问题的详细论述，会在本季度报告中的“一加一报道”部分为大家呈现。在此，仅对该篇报道中所传达的一些误解进行梳理。

首先，视障人乃至残障人，其残障并非一种缺点，从尊重其差异性的角度来说，残障只是他自身的一个特点。关于此，在以往的报告中已经详细阐明，就不在这里赘述。

其次，给予残障人的公平与平等，不应该是大家所认为的“照顾”，而残障人所面临的类似“看不到已经很不方便了”的情况，原因也并非单纯来源于他自身的残障。残障人所需要的平等，是从社会环境与态度两个方面消除障碍，是参与机会上的均等。如果说他们需要“照顾”，那么这种“照顾”在联合国《残疾人权利公约》中体现为合理便利，就像视障人在参加国考、公考的过程中，需要符合我国《残疾人保障法》与《无障碍环境建设条例》中都规定的参考便利，绝不是因为其视障而为他降低录取分数，因为这种情况同样是区别对待，不仅否定了视障人的能力，同时也是对其他人的不公平。

典型案例三

雷庆瑶：希望帮残疾人去除“标签”[1]

【报道原文】

其实我只是希望能让观众认识真实的我，而非因为我的断臂为我贴上各种标签。

她笑言不少人因她失去双臂而同情她，对她区别化对待，“其实我和普通女孩没有差别，我也很幽默，热爱生活、爱美，也能给大家带来快乐。现在有的残疾人‘以残卖残’，拿残疾博同情，我觉得这很不好。我希望通过《青春》告诉观众，残疾人没什么特别，和普通人一样”。

【一加一评论】

从央视开始询问“你幸福还是姓曾”“你满足还是汉族”，到启发大家思考“你从哪里来”，悄然间，媒体与公众看社会的态度与角度在不断变化，不管这种变化从表面上看是否愈发雷人。在 2012 年最后一个季度，“正能量”一词开始成为大家争相使用的赞扬热词与跨年主题。

正能量是物理学科的一个科技名词，科学的解释是：以真空能量为零，能量大于真空的物质为正，能量低于真空的物质为负。

从社会意义上说，正能量是一种积极正面的人生态度，让自己乐观豁达、积极主动、不断前行的人生态度。拥有“英国大众心理学传播第一教授”头衔的英国作家理查德·怀斯曼，在《正能量》一书中将正能量阐述为：一切予人向上和希望，促使人不断追求，让生活变得圆满幸福的动力和感情。

1 《雷庆瑶：希望帮残疾人去除“标签”》，《成都晚报》2012 年 11 月 28 日。

传统视角中，取得成就的残障人都是“身残志坚”“自强不息”的，从中我们可以看到其一路走来的不易，感受到其取得成功所要付出的汗水与血泪，这种视角在努力证明着一个又一个残障个案的能力之时，却为大多数普通的残障人设下了重重障碍，使其无法选择普通。这种要么天堂，要么地狱的纠结正是雷庆瑶想要摘除的标签。

不过令人欣喜的是，如今我们发现，大量的媒体已经不再言此，而是用“正能量”来传达残障人带给大家的“震撼”“感动”等。

“身残志坚”早已是残障人的专属，“自强不息”不知从何时起已与君子无缘，现在有了“正能量”，不再是残障人的专利，因为每个人都能够去将之传递。

【一加一提示】

你说得真好，我没办法给你鼓掌，那鼓个脚吧！

典型案例四

买朵丝网花　帮帮残障人士吧[1]

【新闻标题】

买朵丝网花　帮帮残障人士吧

【一加一评论】

嗯，看到“残障”一词，心中甚是激动，一时间飘飘然不知今昔是何年，私心想着这媒体评论报告是极好的，若是给更多人看，是最好不过了，

1 《买朵丝网花　帮帮残障人士吧》，《南昌晚报》2012年12月15日，第A6版。

用“残障”，虽不合时宜，倒也颇有雅趣。结果从左到右这么一瞅，顿时又被打回了原形。

残障人也好，非残障人也罢，在公平交易中，大家出售的应该是自己的劳动成果，购买的东西也当如此。怎的要买朵丝网花来帮帮残障人士呢？按这个逻辑来讲，购买者消费的是帮助残障人之后获得的满足，非一朵丝网花带来的价值。而残障人呢？出售的恐怕就是自己那微不足道的尊严了。也许很多人仍旧在想，这事真真是挺好的，关爱残障人，就是应该这样，可其实这个“真真”不是关爱，而是一种伤害。此处不再唠叨这种关爱对残障人能力的否定与机会均等的剥夺，从残障人自身发展出发，此种关爱，只会让残障人越发堕落，万一弄得大家习惯了卖残，您消费的时候被绑架得也不舒服不是？在此说一句：父母之爱子，则为之计深远。任何关爱，亦如是。

【报道原文】

即使是制作一枝简单的丝网花，对残障人士来说并非易事，他们经常是手指被熔胶烫伤、双手被铁丝划破。

至目前，江西省人力资源市场已出资补贴举办了五期丝网花制作免费培训班，共有 100 名残障学员参加培训。这些学员中虽然有许多人掌心都被磨出了茧，但他们却制作了许多迷人逼真的丝网花。但由于缺乏有效的销售渠道，这些丝网花面临滞销的局面，他们的辛苦或将付诸东流。

【一加一评论】

制作丝网花的工艺估计是十分简单，不过残障人学起来也真心不容易，好在他们还没有“笨”到无可救药，总算是完成了这些在“普通”劳动者看来应当非常简单的工作。这个样子足够突出他们在制作过程中的辛苦，这样子呼吁起公众前来爱心购买这些滞销品，应当更有效果。但是解决这些丝网花的问题，或者说，解决残障人就业发家致富的问题，只能依靠公众的爱心吗？一千个读者就会有一千个哈姆雷特，一加一在此想借机简单地谈一谈目前我国残障人就业所面临的现状。

一般来说，根据其残障类型、受教育程度不同，我国的残障人就业方式分为三类：集中就业（类似福利企业、庇护工厂）、按比例安置就业、个体就业。

而在我国庞大的残联就业指导中心支持系统下，每年会有一波又一波各类针对残障人的培训，希望能够让残障人掌握一技之长，这样就可以迅速地搭上集体致富的高铁，搞不好还能后来居上，赶上那部分先富起来的人。

但如若细心观察，便不难发现，现在这种培训模式，类似于报道中所提丝网花这样的，都有重数量、轻质量，只管培训、不管就业的问题。简单比方，就算所有的残障人都掌握了丝网花的制作工艺，但是对受教育程度普遍偏低的残障人来说，后续的宣传、包装、销售等方面，恐怕也是他们需要掌握的技能，并非生而知之的。集中就业或者鼓励个体经商，如果不解决好相应环节，那丝网花卖不出去，只能责怪大家没有爱心、没有公德心了。

至于按比例就业，有了缴纳残疾人就业保障金这一替代性方案，加之对残障人的刻板印象，对残障人能力的怀疑，每年各类调查报告中低得可怜的数据就可以理解了……

【一加一提示】

授人以鱼，不如授人以渔。要是鱼摆在摊上变臭了，要干的不是求着大家来买，而是学着把它做成咸鱼。

热点追踪

歌手李琛携拐杖登机被阻　机场：金属拐杖不能登机[1]

【事件回溯】

2012 年 11 月 12 日 16 时许，歌手李琛发微博称自己的拐杖在杭州机场无法带上飞机，“坐了 20 多年的飞机还是第一次遇到这种情况”，并向网友求助，“大家给我出出主意吧，没有拐杖我是爬着上飞机呢还是滚着上飞机呢？”

微博发出 3 小时内即有上千条转发和超过 600 条评论，网友议论纷纷。

【一加一评论】

残障人乘机因为各种原因遭拒的事件已经不能说是新闻了，所以这一次李琛的金属拐杖不能登机之事，大家讨论一番后便像微时代的很多事件一样，迅速地被一笑而过，继而遗忘在不知道的角落。但回顾这起事件，里面仍旧有一些值得思考的地方。

金属拐杖属于“钝器”，和钢管、砖头一样，对机上顾客和空乘人员有潜在威胁，因此不能携带。有相关需求的人士，可以在订票时就告知航空公司，航空公司会为其准备专用轮椅。这样的规定，大家完全可以理解并认同，然而如同很多消费条款一样，在消费者进行消费时，一些商家没有尽到告知的义务，但一旦出现纠纷，它就会拿着白纸黑字的规定条款对着你一顿铁齿铜牙。譬如在多起残障人乘机遭拒的事件中，机场或者航空公司常用的理由都是独立出行的残障人没有提前 72 小时通知，但在购买机票的时候，无论是通过电话还是网络或者直接去买，各种渠道都没有发出过

1 《歌手李琛携拐杖登机被阻　机场：金属拐杖不能登机》，人民网，2012 年 11 月 13 日，http://culture.people.com.cn/GB/n/2012/1113/c22219-19559578.html。

提示，哪怕是给出一个有特殊需要的选项。因此到了机场拒绝之时拿他们的规定说事，确实让人难以信服。

另外，在这起事件中，还有一个非常有意思的地方，那就是我国的民用航空运输管理办法确实出于安全的考虑，对于类似于金属拐杖这样的钝器有所规定，但是 2009 年 4 月 30 日，中国民用航空局运输司以管理文件形式颁布的《残疾人航空运输办法（试行）》附件中，又规定了残障人的辅助器具是允许登机的。这种现象在残障人生活的不少方面都有出现，导盲犬就经常不知道它应该遵守什么规定。

出现这种现象的原因，主要还是在一些普式的法规制定过程中，制定者缺乏残障意识，也缺少残障人的参与，而针对残障人单独施行的法规在执行方面又找不到罩得住的部门。这种情况不仅出现在法律层面，在残障人生活的其他方面也存在。如建筑的设计、网站的设计、一些产品的设计等，多是如此。

要改变这些，一加一认为，需要残障人的积极与主动，而不是牢骚与随波逐流。

一加一报道

公众对盲人做公务员的态度

2012 年 12 月 2 日在中国政法大学召开了“完善体检标准，促进平等就业”理论研讨会。这次研讨会上，与会者就我国《公务员录用体检标准》中存在的诸多歧视性条款进行了讨论，其中就包括涉及视力与听力残障的相关规定。但由于残障人所面临的问题，从参加考试到体检，到能够进入公务员群体中便利工作，是一系列的问题，与其他群体如糖尿病患者、艾滋病病毒携带者等单纯只用面对体检标准的歧视不同，因此要想取得突破，需要消除的障碍还很多。有鉴于此，本报告的撰写发布机构一加一（北京）残障人文化发展中心进行了一次面对公众的调查，望借此揭示视障人与公务员之间的距离，观察残障人获得机会均等的路途还有多远。现将报告节选如下。

表 1　公众见过盲人公务员的情况

		见过	没见过	合计
盲人	人数（人）	57	75	132
	所占比例（%）	43.2	56.8	100.0
非盲人	人数（人）	122	474	596
	所占比例（%）	20.5	79.5	100.0
合计	人数（人）	179	549	728
	所占比例（%）	24.6	75.4	100.0

表 2　公众见过盲人公务员的地点（此为多选题）

单位：%

	残联	民政相关部门	其他部门	只选残联
盲人	85.96	15.79	19.30	52.63
非盲人	77.87	23.77	12.30	66.39

调查发现，整体而言，接受调查的人员中，86.8% 的人认为盲人可以报考公务员，也有 6.2% 的人认为盲人不可以报考公务员，6.9% 的人选择了不知道。而从盲人群体来看，其中 92.4% 的人认为盲人可以报考公务员，该比例高于非盲人的 85.6%，而选择不可以、不知道的比例也均低于非盲人群体（见表 3）。可见，绝大部分参与调查的人士均认为盲人可以报考公务员，而盲人群体则强烈认为自己可以报考公务员。但事实上，因为公务员体检标准的相关规定和招录考试无法为盲人提供替代性方案，盲人无法通过公务员招录。

表 3　公众对盲人报考公务员的看法

		可以	不可以	不知道	合计
盲人	人数（人）	122	8	2	132
	所占比例（%）	92.4	6.1	1.5	100.0
非盲人	人数（人）	510	38	48	596
	所占比例（%）	85.6	6.4	8.1	100.0
合计	人数（人）	632	45	50	728
	所占比例（%）	86.8	6.2	6.9	100.0

表 4　盲人当公务员是否会影响工作效率

		不会	会	不知道	合计
盲人	人数（人）	28	92	12	132
	所占比例（%）	21.2	69.7	9.1	100.0
非盲人	人数（人）	165	314	117	596
	所占比例（%）	27.7	52.7	19.6	100.0
合计	人数（人）	193	406	129	728
	所占比例（%）	26.5	55.8	17.7	100.0

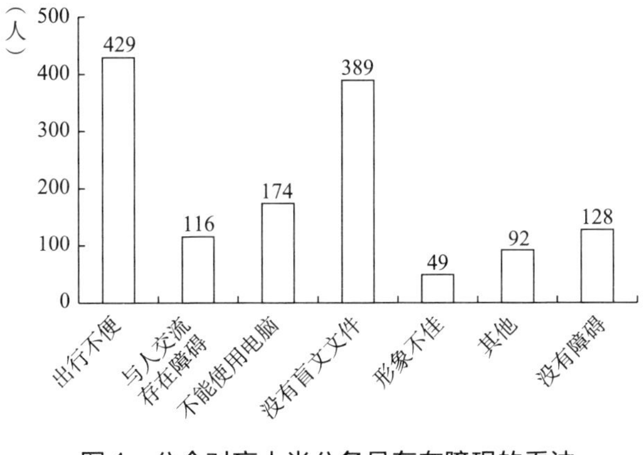

图 1　公众对盲人当公务员存在障碍的看法

表 5　公众对盲人当公务员存在障碍的态度

		出行不便	与人交流存在障碍	不能使用电脑	没有盲文文件	形象不佳	没有障碍
盲人	人数（人）	88	11	6	47	21	29
	所占比例（%）	66.67	8.33	4.55	35.61	15.91	21.97
非盲人	人数（人）	341	105	198	332	28	99
	所占比例（%）	57.21	17.62	33.22	55.70	4.70	16.61

在盲人当公务员是否会影响工作效率方面，客观地说，盲人与非盲人之间确实存在身体和机能上的差异，某些岗位可能不适合盲人。但在某些岗位上，如果无障碍设施完善，盲人完全可以胜任相关的工作。而且，根据《残疾人权利公约》，“基于残疾的歧视”是指基于残疾而做出的任何区别、排斥或限制，其目的或效果是在政治、经济、社会、文化、公民或任何其他领域，损害或取消在与其他人平等的基础上，对一切人权和基本自由的认可、享有或行使。基于残疾的歧视包括一切形式的歧视，包括拒绝提供合理便利。因此，在考虑工作效率方面，理应将是否已经提供合理便利包括在内。“合理便利”是指根据具体需要，在不造成过度或不当负担的情况下，进行必要和适当的修改和调整，以确保残疾人在与其他人平等的基础上享有或行使一切人权和基本自由。

调查显示，无论是盲人还是非盲人，都认为盲人当公务员存在某些障碍，而且大部分人认为，盲人当公务员会影响工作效率。从现实的情况来看，在无障碍设施不完善，没有提供合理便利的情况下，这种看法无可厚非。然而，如果没有考虑到是否提供合理便利，这些看法都是不合理的。为残障人群体提供合理便利是法定的基本义务。真是没有合理便利，使外部的障碍阻碍了盲人就业的实现，降低了其工作效率。因此，我们在讨论是否影响工作效率的时候，应该将是否考虑了合理便利包括在内。

从调查结果来看，社会公众认为，《公务员体检标准》的规定“双眼矫正视力均低于 0.8（标准对数视力 4.9）或有明显视功能损害眼病者，不合格”不合理，而且大部分人认为，不限制视力才是合理的。我们认为，从机会平等的角度来看，公众态度是符合逻辑的。因此，为了保证残障人群等群体的平等参与权，国家相关部门应当尽快对《公务员体检标准》进行修订。

从另一个角度来看，仅仅拥有合理标准或者是法律法规是远远不够的。从调查的结果来看，公众对盲人群体缺乏了解。例如，不清楚只要安装读屏软件，网络无障碍设施完善，盲人是完全可以通过电脑完成各项工作的；担心盲人影响工作效率。只要这些认识的误区没有改变，合理标准也难以使这些特殊群体受益。在现实中，这样的例子比比皆是。例如，按比例就业制度对于促进我国残障人就业发挥了巨大作用，但在现实实施过程中出现了偏离政策初衷等相关问题。这也和没有相关的配套实施办法和支持体系有重大关系。因此，要使合理标准和法律法规真正惠及每一个人，不仅要开展公众倡导，促进公众对残障群体的了解，同时相关部门也应该出台相关的配套实施办法和建立完善的支持体系。

图书在版编目(CIP)数据

中国残障观察报告. 2017 / 解岩主编. -- 北京 : 社会科学文献出版社, 2019.1

(残障观察丛书)

ISBN 978-7-5201-3970-0

Ⅰ.①中… Ⅱ.①解… Ⅲ.①残疾人-研究报告-中国-2017 Ⅳ.①D669.69

中国版本图书馆 CIP 数据核字(2018)第 274130 号

残障观察丛书

中国残障观察报告 2017

主　　编 / 解　岩

出 版 人 / 谢寿光

项目统筹 / 刘骁军

责任编辑 / 关晶焱　李蓉蓉

出　　版 / 社会科学文献出版社 · 集刊分社 (010) 59367161

地址: 北京市北三环中路甲 29 号院华龙大厦　邮编: 100029

网址: www.ssap.com.cn

发　　行 / 市场营销中心 (010) 59367081　59367083

印　　装 / 三河市龙林印务有限公司

规　　格 / 开 本: 787mm × 1092mm　1/16

印 张: 30　字 数: 375 千字

版　　次 / 2019 年 1 月第 1 版　2019 年 1 月第 1 次印刷

书　　号 / ISBN 978-7-5201-3970-0

定　　价 / 138.00 元